新聞自由的歷史見證

出版法廢止了。台灣言論還有一個障礙，就是刑法誹謗罪的束縛。世界上比較保障言論自由的國家，多已刪除誹謗的刑事責任，由民法的損害去救濟，讓媒體能更認真的監督公務員，制衡政府。提到這類誹謗問題，美國最高法院對「蘇利文訴紐約時報案」的判決，是言論自由歷史上的重要文獻，媒體工作者和社會大眾都可從中得到參考與啟發。

——張作錦，《聯合報》顧問

安東尼．路易士先生本身是個資深的記者和新聞學者，繼《基甸的號角》後，他再度以春秋之筆，報導和分析了美國最重要的誹謗訴訟。這個案子的判決已成為世界各國，包括台灣，在這類的訴訟中最常引用的判例，對於司法人員和新聞從業人員而言，都是個很好的省思機會。

——金惟純，《商業周刊》發行人

言論自由是促進社會公益和文明發展不可或缺的要素。這本書所呈現的案例，堪稱言論自由奮鬥史上深具指標性及影響性的里程碑。生動而翔實，讀起來趣味盎然，且將言論自由牽涉的諸多糾葛抽絲剝繭，剖析闡明，啟人深思。

——陳國祥，中央通訊社董事長

言論自由無疑已是現代民主機制不辯自明的礎石，但是人類在今日所享有的自由，絕非憑空而致。重新回顧美國蘇利文案高潮迭起的訴訟歷程，彷彿置身民權運動風起雲湧的偉大年代，更再次見證自由與文明之間永不脫鉤的親密關係。

——陳剛信，民視總經理

解嚴之後，社會複雜多變，其中最大的一塊灰色地帶，便是對新聞自由的定義。政界、法律界，甚至新聞界，對此都有不同看法。《不得立法侵犯》一書有清晰冷靜的報導與分析，幫助大家澄清了解什麼是真正的新聞自由。

——項國寧，《聯合報》社長

這是值得凝神閱讀的書。在今天，人類社會享用「言論自由」的神聖人權之際，這本書以豐富史料、生動文字告訴我們，言論自由曾在美國社會跌宕檢討自我的社會責任。我樂於推薦這本好書。

——顏文閂，前《台灣日報》社長

面對變幻莫測的台灣社會，作為一位新聞工作者，接受到各種八卦資訊，難免遭到誹謗官司纏身，如何在追求新聞與言論自由的同時，又能避免可能衍生的誹謗問題，《不得立法侵犯：蘇利文案與言論自由》一書無疑提供了一個極佳的教材；本書透過了極為珍貴的新聞歷史文獻記載，啟迪了後世新聞工作者，欲求在追求新聞與言論自由的同時避免誹謗官司的纏身，其不二法門無他，唯報導事實的真相（to print the truth）一途。

——陳啟家，曾任《大成影劇體育報》發行人

一九六四年，美國最高法院大法官布瑞南負責撰文的蘇利文案判決文，是保障新聞自由的時代經典文獻。在判決文中，大法官們一致同意：涉及公共議題及政府官員之言論應百無禁忌、充

滿活力、完全開放的：而且為避免產生寒蟬效應，除非政府官員能證明這些討論具真正惡意，否則無由請求誹謗之損害賠償。

——鄭瑞城，台灣媒體觀察教育基金會董事長

雖然言論自由已經獲得多數人認定，是符合國家發展的長期價值，但在實際操作上，民眾、媒體與政府之間，仍然存在許多鴻溝。本書重現史實，戒惕今人：「我們和這個國家其實都很稚嫩青澀。」蘇利文案二十週年紀念研討會上的話，現在看來，仍然適用於此時的台灣。

——吳楚楚，飛碟集團董事長

一九六〇年的美國南方，種族隔離政策讓黑人小孩不能與白人小孩上同一所學校。二〇〇八年，非洲裔的歐巴馬卻能入主白宮。這本書告訴我們，經歷半個世紀，美國社會用社會正義的伸張與人道價值的落實，證明了其自身的偉大。而自由且不畏權勢的美國報業，在這段歷史中，始終扮演中流砥柱的角色。反觀台灣，我們正期待自由而不畏權勢的新聞媒體早日站穩腳跟，卻眼見危害新聞獨立自由的各種力量，已讓仍嫌脆弱的民主陷入危機，令人不能不深深憂慮。

——邱家宜，卓越新聞獎基金會執行長

這是一本精采的歷史之書——關於美國民權運動史以及言論自由發展史，也是讓我們思考言論自由、媒體角色和民主憲政的思想之書。

——張鐵志，政治評論人

人·與·法·律 ❶

不得立法侵犯

Make No Law

The Sullivan Case and the First Amendment

安東尼·路易士 著
蘇希亞 譯

〈專文推薦〉

蘇利文案的歷史意義

林子儀

美國聯邦最高法院在一九六四年三月所宣判之蘇利文案（*New York Times Co. v. Sullivan*, 376 U.S. 254），對美國言論自由的發展，具有劃時代的意義。即使對美國以外的其他各國之言論自由發展，也有深遠的影響。其他國家在處理言論自由與名譽權保障之問題時，即使未完全接受該案所宣示的「真正惡意」（actual malice）原則，也會以之檢驗既存準則之妥適性。尤其布瑞南大法官在本案所揭示憲法保障言論自由的核心意義，更是為言論自由的研究帶入了另一個新的視野。

國內近幾年有幾則涉及誹謗的重大案件，引起大眾對言論自由與名譽權保障孰先孰重的關心與討論。輿論及涉案被告間或主張以美國的蘇利文案所宣示的原則，作為所涉案件的處理原則。而第一審的地方法院法官也有援引蘇利文案之真正惡意原則作為判決解釋之基礎者。然而，蘇利文案究竟是怎樣一個案件？其對言論自由與名譽權保障之間的衝突，是如何處理的？該案對於言論自由的發展有何重大的意義？應是國內關心言論自由與新聞自由者，所欲探究了解的問題。而這些問題的答案，可從安東尼．路易士先生所著之《不得立法侵犯：蘇利文案與言論自由》一書中獲得相當詳細的解答。

在本書中，作者觸及了相當多的主題。除了為了介紹構成蘇利文案的美國社會背景，而言及黑白種族衝突問題、民權運動之外，最精采的部分，應是作者對美國近代言論自由發展史，所作之扼要陳述。作者將蘇利文案判決之前，美國聯邦法院重要判決，所作之整理介紹，除了讓一般讀者立即進入言論自由殿堂之門外，也利用個案的介紹，逐步引領讀者思考言論自由的真正意義，逐步地營造了蘇利文案判決的高潮，並讓讀者逐漸了解何以蘇利文案是一個劃時代的判決。作者最後並將一九六四年至一九九〇年（本書出版前夕為止），相關重要的言論自由判決，也作了整理鋪陳，系統性地呈現了蘇利文案對美國言論自由發展的實際影響，作為本書的結論。

我個人尤其喜歡作者在書中所穿插的一些軼聞花絮，這是平日從學者論著及法院判決中所看不到的，但對法院判決又是如此具有實質影響力的一些真實紀錄。從此也可見作者之用心。

作者為紐約時報專欄作家，兩次普立茲獎得主。以六十五高齡寫作出版本書，將一本屬生硬的法律議題，寫得如此鮮活動人，令人一讀即不忍罷手。證明其誠非浪得虛名，果真薑是老的辣。

言論自由乃是民主政治的基礎。臺灣在中止動員戡亂時期之後，歷經多次全國及地方選舉，已有民主政治的形式，但民主的實質，仍有待努力。臺灣在解嚴之後，擺脫了往昔言論的桎梏。言論日趨活潑多元，各式各樣的政治主張也相互爭鳴，似不再有昔日刑罰之疑懼。然而，我們也發現統獨爭議仍為臺灣的潛在危機，政治人物、甚或媒體本身尚習動輒向批評者祭出誹謗名譽作為回覆，可見我們民主的修養仍不成熟，對於不同意見的尊重及容忍，猶待學習；政府向人民負責，接受人民監督及批評的基本民主原則，也猶待建立。凡此，亦均顯示我們言論自由的真諦仍有待學習。在國內尚缺乏給一般想了解言論自由者閱讀之書籍之時，本書之適時引介國內，應可彌補此缺憾。有興趣了解言論自由及言論自由之真諦者，本書絕對是一本不能錯過的入門書。

（本文作者為中央研究院法律學研究所所長、國立台灣大學法律學系教授）

〈專文推薦〉

貓爪下的夜鶯

馮建三

在貓爪下的夜鶯，有誰能唱出好聽的歌？

確實，國家機器與資本集團如同兩大貓爪，媒體運作其間，又如何吟唱悅耳動聽的曲調，讓公民真正能游於樂呢？

不過，兩大貓爪的銳利度，倒有些差別。

先是小資本的萎縮，以及大資本的變本加厲，造成總體來說，資本爪牙舞動之處，寒光四射，森嚴於昔。與此相對，國家或因內部衝突與制衡，或因社會運動的施壓，年來爪牙收斂，甚至翻轉習氣，提供了媒體稍可恣意歌唱的空間（但國家作為媒體最重要的消息來源，仍對媒體的民主運作，具有可觀的共生、牽制或壓制能力）。

路易士《不得立法侵犯：蘇利文案與言論自由》這本書，為國家的變臉，提供了很好的紀錄與分析。

蘇利文是美國阿拉巴馬州蒙哥馬利市警察局長，一九六〇年四月十九日在蒙市控告紐約時報公司等，指該報月前所登的全版募款廣告，涉嫌誹謗。

這則募款廣告挑戰了美國南方的種族隔離觀念，它雖提及蒙市與南方暴力人士等字眼，但未指名道姓。

同年十一月初，黑人被剔除後，陪審團由十二位白人組成，歷經兩小時二十分的討論，判決原告（蘇利文）勝訴，被告（紐約時報等）必須支付原告五十萬美元的損害賠償，是阿拉巴馬州一般誹謗賠償的一千倍，創下紀錄，這也是當年的「天文數字」。

一九六一年八月三十日，阿州最高法院確認這個判決，不但如此，它還擴充解釋，致使全美媒體對種族議題的報導，有動輒得咎之虞。若是此案成立，或許將使美國的政府公職人員，就此得有護身金鐘罩，媒體批評不得。紐約時報委請律師勤力專研，說服聯邦最高法院，論稱本案不純是誹謗問題，為此，律師必須使本案的爭辯核心，進入憲法第一修正案（不如此，則美國聯邦最高法院無權覆審阿州法院依據州法而定讞的案件）。

一九六三年聯邦最高法院十月開庭審理，次年元月庭辯，三月九日，也就是引起訴訟案的全版廣告見報將近四年之際，聯邦最高法院駁回阿州判決，紐約時報公司等被告無罪。聯邦判決有如后結論：「有關公共事務之辯論應該是百無禁忌、充滿活力、完全開放的……包括對公職人員的激烈、尖銳，甚至令人不悅的批評。」此後，美國憲法第一修正案才給予任何意見相同的保障

（先前，主張無政府或社會主義者曾被起訴），誹謗案的舉證責任，也從被告（媒體）須舉證所言為真，轉至原告須舉證被告所言具有惡意等過失，且言論為不實（英國的媒體仍須舉證，因此至今不乏惡吏以此要脅，唯倫敦衛報一九九六年連續兩度勝訴，官員落荒而逃）。

作者將此判決放在美國言論司法史上，說明美國媒體得能公開批評、監督其政府，除了歷史或有其進步性格，以及本案被告精勤努力，爬梳法條、公案，出以雄辯以外，更重要的因素應該還是六〇年代民權運動的推波助瀾，而其間甚至還夾雜著一絲意外、偶然（紐約時報在二十週年紀念研討會上說，如果蘇利文只求償五萬而不是五十萬美元，「我們絕對進不去聯邦最高法院。」）。就美國來說，越此界限後，媒體真是「堂堂溪水出前村」：既容許媒體報導的事實有若干正當的錯誤空間，新聞界自一九六〇年代起，挖掘官員自肥內幕與政策問題的勢頭（最知名的當然就是越戰與水門兩案），也就更為勇猛精進、前仆後繼了。（至於九〇年代末的總統柯林頓緋聞，似應理解為商業競爭的必然惡質表現，非關公評與否。）

蘇利文案後四年，美國又通過並施行「資訊自由法」，國家在社會運動的壓力下，再讓願意自比夜鶯的媒體，得到制度性協助，開懷高歌。接下來，若我們的目標還不只是消極地免除媒體的評論與報導的刑責、不只是略為公開政府的資訊，而是要使各階級、團體都能在媒體的再現中，同等的發現自己的聲音，那麼，社會運動、學院乃至政府有識之士，似可參考、援用費斯（Owen M. Fiss）教授的主張，提振「國家積極任事之風」（state activism），使之轉化為財稅等手段，提供媒體正面闡述美國憲法第一修正案之精神以動力，如此，才能落實羅森（Jay Rosen）教授念茲在茲的公共新聞學之理念，祈使美國媒體能不受制於廣告競爭，而是轉為對公共事務的扒糞之爭。

至於台灣，既然輿論稱之為威脅言論自由的「出版法」，先是沒有排入立法院議程，後經報端提醒而重新躋登廟堂，最終在翻騰喧鬧下，不乾淨也不俐落地，始告廢止，那麼，更能彰顯媒體進步價值的公共新聞學，其實現也就遙不可及，於是，我們有很大的進步空間，生活於是充滿希望。

一九九九年元月十三日

（本文作者為政治大學新聞系教授）

〈專文推薦〉

超越「不得立法侵犯」之外：新聞自由的民主價值

劉靜怡

Congress shall make no law.....abridging the freedom of speech, or of the press. 這段強調政府限制人民言論自由的權力應受充分節制的憲法文字，應該是年少時即嚮往美國憲法研究如我者，皆耳熟能詳的經典字句。雖然看似單純易懂，但幾乎是美國言論自由判決內容必然引用的文字和概念；美國聯邦最高法院在一九六四年宣判的 *New York Times Co. v. Sullivan* 這個案子，也就是本書的主軸，在美國司法體系大幅擴張言論自由保護範圍的一九六〇年代，可以說是為這句話下了極佳的註腳。

當時審理本案的九位大法官，以全票通過的比數，展現其對新聞自由的重視程度，雖然各個大法官在本案中針對判決紐約時報勝訴所持之理由不盡相同，不過，Brennan 大法官主筆的多數判決意見所宣示的憲法保障言論自由核心意義，和該案所揭示的「真正惡意」（actual malice）

原則，不但為名譽權與言論自由之間衝突的解決定了錨，為美國言論自由學界開拓了後續幾十年的精彩研究天地，也為其他國家的比較法制實務和學理帶來相當顯著的啟示和影響。

本書以深入淺出的寫作手法，一則引領讀者理解本案所涉及的社會和政治背景，再則也將和本案相關判決的來龍去脈交代得極為清楚，雖然出版距今超過二十年，不是令人驚艷的新著，卻可以說是值得溫習的歷久彌新之作。之所以有回味價值，不僅肇因於 Sullivan 案的重要性，更因為作者說故事的技巧頗為精妙。本書作者 Anthony Lewis 目前高齡八十五歲，和其成長於南非、大學時代即起而反對種族隔離政策，並且曾經宣告禁止同性結婚的州法違反麻州憲法的麻州 Supreme Judicial Court 前首席法官妻子 Margaret H. Marshall 常居哈佛大學所在地 Cambridge，是美國新聞界知名的自由派知識份子，早在一九五〇年代初期即任紐約時報要職，在該報撰寫專欄和書評長達數十年之久，曾經兩度獲得普立茲獎：一九五〇年代中期因為報導麥卡錫主義（McCarthyism）下的美國政府作為而獲獎；一九六〇年代二度獲獎，則是因為其長期報導美國聯邦最高法院的知名貢獻所致。細讀本書和作者其他著作，例如早期分析刑事訴訟被告的律師權（right to an attorney）之得獎著作之一 *Gideon's Trumpet*，以及二〇〇八年出版的 *Freedom for the Thought That We Hate: A Biography of the First Amendment* 一書，都不難發現，作者的博學多聞，在其關切社會脈動的新聞專業用心和嗅覺加持下，的確是鑄成篇篇深刻卻易讀的佳作之雙重緣由，也為作者在美國言論自由判決書寫史上，奠立了承先啟後的歷史地位。

從「不得立法侵犯」的憲法禁令，到當前爭議不斷的「維基解密」（wikileaks）事件，「媒體」或「新聞專業」總是扮演了直接或間接的角色，這個現象多少也證立了「媒體」在「民主」中不可或缺的地位。時至今日，在數位化與資本化兩者均日漸明顯的趨勢下，我們固然對政客、甚至媒體老闆動輒以「誹謗」或「妨礙名譽」訴訟「維護清譽」的無謂作為感到厭倦，然而，除了政府「不得立法侵犯」言論和新聞自由之外，究竟應該如何精準釐定媒體這個多少負有某些特權的「體制」和身為「民主生活共同體」的「我們」之間的相對關係，媒體體制內外的新聞工作者，又該如何拿捏自己與資本家之間的關係、如何善盡專業角色，以便滿足任何資訊和言論均不因內容和來源之故而受過濾、阻絕、壓制、扭曲，甚或變造的基本要求，使人人均有「真正的選擇自由」，恐怕是大家不能迴避的當代言論自由基本功課了。

本文作者為台大國家發展研究所暨新聞所合聘教授
哈佛法學院 Berkman Center for Internet and Society 2012-13 Fellow

目錄

不得立法侵犯

第 1 章

傾聽他們發出的聲音

故事的開端並不特別。一九六〇年三月二十三日傍晚，約翰．莫瑞（John Murray）前往座落在紐約西四十三街的紐約時報總部，洽談刊登廣告事宜。上了二樓廣告部，由業務員葛遜．艾若森（Gershon Aronson）負責與他接洽。

艾若森是紐約時報的資深員工，二十五年來「始終兢兢業業地堅守崗位」，他的女兒茱蒂如此形容父親。艾若森負責處理所有被稱為「評論式廣告」（editorial advertisements）的案件，亦即由社團組織委託刊登的廣告。這種廣告的性質五花八門，像北韓前共黨領袖金日成，每年都會向紐約時報購買兩頁全版廣告，用來歌頌他自己偉大的「動態革命理念」（dynamic revolutionary ideology）。有時候，艾若森會有一股衝動，想去勸別人不要大費周章地宣揚極端思想，但他最後總是忍了下來。

聲援金恩博士

莫瑞想在紐約時報預約一頁全版廣告，刊登一則由「捍衛金恩博士和南方自由委員會」（the Committee to Defend Martin Luther King and the Struggle for Freedom in the South）發起的募款活動廣告。當時由金恩博士領導的民權運動（the Civil Rights Movements），主要在挑戰六〇年代仍深植於美國南方的種族隔離觀念。最近的一次抗爭行動，於一九六〇年二月發生在北卡羅萊納州葛林斯波羅郡（Greensboro），導火線是因為有四名黑人大學生在只服務白人的烏爾沃斯餐館點餐時，餐廳人員拒絕供應他們午餐。於是這些學生就地靜坐，抗議餐廳的歧視行為。這項靜坐活動很快地傳遍美國南方，金恩博士也立刻表態支持學生的行動。然而，兩個星期後，當他簽署完「一九五六至五八年」州稅退稅申報書後，阿拉巴馬州大陪審團隨即以「偽證罪」起訴他，這是很重的罪名，也是阿拉巴馬州史上第一宗逃稅起訴案，金恩博士懷疑這是阿拉巴馬州政府要羅織他入罪。

「捍衛金恩博士和南方自由委員會」是為了募款援助金恩博士及其他受迫害的南方黑人而發起的組織。籌組委員包括工會領袖、牧師，以及演藝人員，如製片人哈利．貝拉方（Harry Belafonte）、演員薛尼．鮑狄（Sidney Poitier）、爵士歌手納金高（Nat King Cole）等人，莫瑞則是這個委員會的義工。身為劇作家的他，負責幫忙寫廣告文案。三月二十三日那天，他受命將這則廣告從位在一百二十五街的委員會辦公室送到紐約時報。

當時，在紐約時報刊登一則全版廣告，需要四千八百多美元。莫瑞表明將有一家廣告代理商會支付這筆費用，但為了節省時間起見，他希望報社能直接將廣告文案送打、排版。他取出一封委員會聯合主席菲立普．藍道夫（Philip Randolph）的親筆信函，藍道夫是個偉大的黑人領袖，領導「火車臥舖服務員兄弟會」（Brotherhood of Sleeping Car Porters）。這封信說明，連署人均同意以他們的名義來刊登這則廣告。對艾若森來說，一切文件均符合作業要求。因此，他將這則廣告轉給另一個部門——「廣告受理部」處理。紐約時報明文規定，凡有「詐欺、偽造與人身攻擊」之嫌的廣告，均不予受理。（同時也拒絕刊登猥褻與色情電影的廣告。）廣告受理部主管文生．瑞丁（Vincent Redding），審查過整則廣告後，同意刊登。

群眾的呼聲

這則廣告在一九六〇年三月二十九日刊出，斗大的標題寫著：「傾聽他們發出的聲音」。這句話引述自紐約時報三月十九日的社論，同時，廣告右上角也節錄了一段文長五行的社論內容：「這波由黑人發起的和平示威活動，在南方是前所未見的，也是可被理解的……請國會傾聽他們發出的聲音，因為他們的心聲終究會被聽見。」

文案內容是：

今天，全世界都知道，美國南方數以千計的黑人學生，正發起一項和平示威遊行，以宣稱黑人在美國憲法及權利法案的保障下，擁有人性尊嚴的生存權利。然而，在他們爭取保障的努力過程中，卻使他們遭受空前未見的殘暴對待，這是來自於那些蔑視這法案的人們……

接下來，廣告內舉出幾個種族歧視的實例。

在阿拉巴馬州蒙哥馬利市的州會議廳前（State Capitol），當學生唱完「我的國家，也是你的」（My Country, 'Tis of Thee）後，學生領袖隨即被校方開除學籍，而且，有一大批荷槍實彈、帶著催淚彈的武裝警察，在阿拉巴馬州立學院校區中嚴陣以待。當全體學生以拒絕復學抗議州政府濫用公權力時，他們所在的餐廳遂遭到封鎖，當局打算以挨餓迫使學生投降。

廣告中並未指名道姓批評任何人，而以「憲法保障下的南方暴力人士」指稱。如同文內所言：「這些暴力人士決定摧毀的這個人，就是風靡南方的精神新象徵——馬丁．路德．金恩博士……」廣告文案的第六段更進一步說明：「對於金恩博士的和平抗爭，南方暴力人士卻一而再、再而三地以武力脅迫來回應。他們炸毀金恩博士的家，還差點兒殺了他的妻兒；他們對他做人身攻擊；甚至以各種罪名逮捕他七次——像超速、遊蕩，或侮辱之類的罪名。現在，他們更以『偽證』罪起訴他，這是一項可能使他被判監禁十年的重罪……」

文案的下方，列出六十四個連署人的名單，其中的艾倫娜．羅斯福（Eleanor Roosevelt）和賈姬．羅賓森（Jackie Robinson）女士是這則廣告的贊助人。在名單下方有一句話：「身為每天為尊嚴和自由而戰的南方鬥士，我們衷心支持這個呼籲。」

緊接其後的是一份二十個人的名單，其中多數是南方的黑人牧師。置於右下角的則是一張供讀者捐款的回函。這張小小的表格引起了廣大的迴響，在極短的時間內，捍衛金恩博士委員會就收到數倍於廣告費的捐款。

意外的歷史事件

無論是對莫瑞、艾若森，或其他曾經手這則廣告的人員而言，這件事已經告一段落。他們怎麼也想不到，「傾聽他們發出的聲音」會在種族議題外，引發另一波更大的抗爭；他們也料不到，這則廣告會成為對美國言論自由與新聞自由的一大考驗；更沒有人會知道，這個事件最後竟然演變成美國自由史上的里程碑。但事情就這麼發生了。

這則廣告是個開端，而非結束。一場法治與政治的嚴重衝突就此展開，甚至對紐約時報的存續造成莫大威脅。它同時也危及媒體對重大社會議題的報導自由，以及人民知的權利。衝突延燒四年後，這件事才因美國最高法院的決定性改判而出現轉機，所有的威脅也因而煙消雲散。過去，美國法院以其無遠弗屆的權力，制定攸關國家生存的基本規範。但這件事不僅澄清了美國是個開放的社會，也讓人民瞭解他們有權對政府說出自己的願望；更重要的是，此事還賦予制定於一七九一年的美國憲法第一修正案新的意義：

「國會不得制定法律……剝奪言論自由或出版自由。」

（Congress shall make no laws...abridging the freedom of speech, or of the press.）

第2章

蒙哥馬利市的回應

一九六〇年時，紐約時報每天發行六十五萬份報紙。其中的三百九十四份，會被送到阿拉巴馬州的書報攤和訂戶手中。蒙哥馬利市的《廣告日報》（*Advertiser*），及其姊妹晚報《阿拉巴馬新聞》（*Alabama Journal*）都是訂戶。他們會在每一份紐約時報出刊的數天後收到報紙。當地有個年輕人是紐約時報的讀者，有時他甚至是該報在蒙哥馬利市的唯一讀者。他叫雷・傑金斯（Ray Jekins），是阿拉巴馬新聞的地方版編輯。

阿拉巴馬新聞的報導

「那一天，我在工作空檔專心讀著紐約時報，」許多年後，傑金斯回想起這件事時表示：「我看到那則廣告，於是根據廣告內容寫了一則報導。」這則報導刊登在一九六〇年四月五日的阿拉巴馬新聞上。文章是這麼寫的：「紐約時報刊登一則全版廣告，由包括羅斯福女士在內的六十位傑出自由鬥士連署一項聲明，呼籲讀者捐款支持『捍衛金恩博士和南方自由委員會』。向來致力推動種族平等的『浸信會右街教區』前牧師金恩博士，對於被控在申報退稅書中作偽證一事，已經決定出庭應訊。這位黑人牧師目前住在亞特蘭大……」

傑金斯在報導中列出部分連署人的姓名，並引述數段廣告內容。例如，他控訴說，公民權運動的領導人正遭受到「空前的恐怖攻擊」等敘述。他還寫道：

這則廣告對事實的陳述，有些是錯的，有的則未經證實。廣告中指出：「黑人學生領袖在州議會前唱完『我的國家，也是你的』後，隨即被校方開除學籍。」但真相是，這些黑人學生是因為領導靜坐抗議而被學校開除的。

這則廣告還提到：「當全體學生以拒絕復學來抗議政府公權力執行失當時，他們所在的餐廳遭到封鎖，當局打算讓學生挨餓，逼使他們投降。」針對這則廣告，學校當局表示「內容純屬無稽」。而且，春季班的註冊程序，雖然出了點兒小狀況，但仍依一般規定辦理。此外，他們也否認曾將學生困在餐廳內。

特立獨行的侯爾

當這則報導出現在阿拉巴馬新聞時，廣告日報的編輯小葛若佛·侯爾（Grover Cleveland Hall Jr.）大為震怒，「他怒氣沖沖地衝進編輯室，大聲嚷著要看這則惡意中傷的廣告，」傑金斯回憶道。他把報紙拿出來，侯爾帶著報紙回到自己的辦公室仔細研究後，咒聲連連。

侯爾是蒙哥馬利廣告日報改革派大將葛若佛·侯爾（Grover Cleveland Hall）之子，他父親在一九二六年時，因撰寫一篇抨擊三K黨的社論而榮獲普立茲獎。對於種族議題，侯爾的立場是很特異的。他一方面熱情捍衛南方和南方的種族體系，一方面又譴責極端份子與主張暴力隔離的人士。對於他的態度，在紐約時報刊出這則廣告前一個月所發生的某件事，恰巧可以清楚說明。

一九六〇年二月二十七日，正當靜坐抗議在南方如火如荼展開時，謠傳有些黑人學生試圖在蒙哥馬利的餐店用午餐，於是，有些白人手持球棒在市中心逡巡，想修理任何參與民權運動的人士，但他們並沒有看到任何抗議人士的身影。然而，卻有個黑人婦女遭人用棍棒襲擊頭部。第二天，蒙哥馬利的廣告日報不僅刊出這起暴行的照片，還在圖說當中寫出施暴者的姓名，並指陳站在附近的警察未曾出面制止這件意外。

蒙哥馬利市警察局長蘇利文（L. B. Sullivan）在看到廣告日報刊出的照片與圖說後，強烈抨擊侯爾。對此，侯爾回應說：「蘇利文在意的並不是背著相機的攝影記者，而是拿著球棒的白種人。」但侯爾譴責的不僅是「白種惡棍」，也包括「鹵莽、被誤導的黑鬼學生」。蘇利文在次年的「自由乘車」（Freedom Rides）運動中也扮演很重要的角色。「自由乘車」是美國黑人於一九六一年發起的一項示威運動。許多年輕人無視於種族隔離法令的規定，集結搭上公共汽車以示抗議。結果，因為他們的行動威脅到白人的優越地位，因而遭到強烈的侮辱與暴力對待。當時，蘇利文承諾在「自由乘客」隊伍開到蒙哥馬利時會保護他們。因此，當「自由乘客」的巴士在一九六一年五月二十日抵達時，蘇利文在公車總站部署警力。然而，卻有一群配備警棍、警哨的白人暴徒攻擊運動參與者，造成數人受到重傷，傷者還包括司法部長勞伯・甘迺迪（Robert F. Kennedy）的助理約翰・柴根塔勒（John Seigenthaler）。暴動發生後沒多久，蘇利文告訴記者：「我看到三個人躺在地上，兩個黑鬼和一個白人。」

金恩博士對於侯爾抨擊蒙哥馬利種族衝突的這篇社論，極表讚賞。「當我讀到侯爾強有力的論點時，不由自主地佩服這個既秀異、又複雜的人。雖然他自稱是種族隔離的支持者，卻又無法縱容以隔離為名的暴行，」他在《邁向自由》（*Stride Toward Freedom*）一書中寫道。

侯爾也對於媒體的報導方式感到不屑，認為他們無視於北方大城市的種族緊張關係，卻競相派遣大批記者到南方採訪種族衝突事件。一九五八年，他在芝加哥的新聞人員研討會上表示：「美國面對種族問題時之所以這麼不理性，其基本問題在於，北方報紙沒有像南方那樣認真地投入處理種族紛爭事件。」

紐約時報的廣告使侯爾勃然大怒。因此，他在四月七日的廣告日報寫了一篇激憤填膺的社論。

「說謊者有兩種，自願說謊和被迫說謊的人，這兩種說謊者在三月二十九日紐約時報的全版廣告中粗魯地誹謗了蒙哥馬利市。」這篇社論引述了廣告中的第三段文案，也就是敘述學生被校方困在學生餐廳的那一段話。「謊言、謊言、謊言，」侯爾寫道，「這八成是一些想募款的小說家編派出來的故事，好詐騙那些耳根子軟、自以為正義，卻一無所知的北方佬。」

接下來，侯爾舉了幾個一百年前發生的例子加以佐證，如南北戰爭、廢除奴隸運動等。侯爾說：「過去，政府已經施捨一大堆恩惠給那些歇斯底里、煽動廢奴的叫化子了。這則廣告的作者，鐵定是某個主張廢奴的傢伙的子孫。」

蘇利文的控訴

因為那張有個白人手持球棒的照片而卯上侯爾的警察局長蘇利文，鉅細靡遺地研究了這篇社論。次日，他寄了一封掛號信給紐約時報（信中日期誤植為三月八日）。蘇利文在信中表示，紐約時報的廣告指控他是個「嚴重失職」、「行為不當、怠忽職守的蒙哥馬利市警員」，並要求紐約時報刊登更正啟事，聲明「這則廣告有誹謗之嫌，而且全然是個錯誤」。

此外，蘇利文還將這封信寄給四個黑人牧師，這些人的名字曾出現在廣告上，連署宣稱支持該委員會的聲明，他們是蒙哥馬利的亞伯納西（Ralph D. Abernathy）和西伊（S. S. Seay Sr.）、伯明罕的沙托史華茲（Fred L. Shuttlesworth），以及莫比爾的羅瑞（J. E. Lowery）。後來他們異口同聲地作證說，在接到蘇利文的信之前，根本不知道有這則廣告，可見有人未經告知或同意，就擅自使用他們的姓名。

關於蘇利文的要求，紐約時報委託紐約羅戴羅（Lord, Day & Lord）法律事務所代為處理。他們在四月十五日回信給蘇利文。信的內容為：「我們感到相當困惑，你怎麼會認為這則廣告是在影射你。」畢竟，廣告內容未曾出現「蘇利文」這幾個字。信中接著說明紐約時報已經派員「著手調查此事（紐約時報下令調查此事後，旋即收到駐蒙哥馬利特約員唐・麥基〔Don Mckee〕的報告），而且，截至目前為止，調查結果顯示，除了無法證實州立學院將學生困在餐廳裡是為了『用挨餓逼學生投降』之外，這則廣告『所說的完全屬實』。此外，本項調查將持續進行，因為我們的委託人紐約時報衷心期盼，所有見諸報端的言論都是正確無誤的；萬一出現錯誤訊息，也希望能確實更正。同時，也煩請告知為何閣下以為這則廣告指涉到你的原因。」

蘇利文並未回覆這封信，起碼不是以書信的方式回應。四月十九日，蘇利文前往蒙哥馬利的阿拉巴馬州巡迴法院（一九四八年後改為上訴法院），控告紐約時報公司以及四個在廣告中列名的阿拉巴馬州牧師涉嫌誹謗。蘇利文聲稱，廣告中的第三段文字提及蒙哥馬利市的部分，以及第六段指稱對付金恩博士的「南方暴力人士」等字眼，有誹謗他個人之嫌。他訴請五十萬美元的損害賠償。

州長派特森的策略

蘇利文控告紐約時報沒多久後，阿拉巴馬州長約翰・派特森（John Patterson）也在五月九日發函給紐約時報，希望報社能登出撤銷廣告聲明。他聲明，這則廣告涉嫌指控「身為阿拉巴馬州長及該州前教育局長的他……嚴重失職」。他和蘇利文一樣，指出文案的第三與第六段有問題。這封信純粹只是要證明州長曾向報社要求更正一事。根據阿拉巴馬州法規定，公務員遭到媒體誹謗而提出告訴時，不得請求懲罰性的損害賠償，除非他要求對方更正未果。

一週後，亦即五月十六日，紐約時報刊出一則以「紐約時報撤回廣告聲明」為題的新聞，向阿拉巴馬州長派特森致歉。內容除了轉述派特森的抗議外，並附帶一段紐約時報的聲明。

紐約時報所刊登的這則廣告，是合法的廣告代理商循著正常的作業流程加以處理，並由知名公民及本報訂戶共同付費刊載的。這則廣告並非紐約時報的新聞報導，也不是本報編輯的評論或判斷。

這則廣告登出後，紐約時報已派員著手進行調查，也以本報所秉持的「撤銷或更正」原則，處理所有見諸報端的錯誤訊息與不當陳述。職此，本報撤銷阿拉巴馬州長所提出申訴的兩段文字。紐約時報從未意圖假廣告之名，行指控約翰．派特森先生之實；也不曾質疑他在阿拉巴馬州長任內，或擔任該州教育局長時的領導能力；更未指涉他有任何「嚴重失職、不當領導或怠忽職守之嫌」。為避免讀者根據這則廣告內容而對某些人士產生不當評價，紐約時報謹向阿拉巴馬州長約翰．派特森先生致上歉意。

同一天，紐約時報總裁歐佛．崔福士（Orvil Dryfoos）也寫了一封信給派特森。他把報上的道歉啟事剪下來寄給派特森，並再度向他致歉：「為了讀者可能根據這則廣告內容而對某些人士產生不當評價，紐約時報謹向閣下致上歉意。」

兩週後，派特森提出告訴，要求一百萬美元的損失賠償。如同蘇利文一樣，他具狀控告紐約時報，以及四個阿拉巴馬州的牧師；只是他多加了一筆，連金恩博士都列名被告。除了派特森和蘇利文之外，原告還有三個人，即蒙哥馬利市長厄爾．詹姆斯（Earl James）、牧師法蘭克．帕克斯（Frank Parks），以及前牧師克萊德．塞樂斯（Clyde Sellers）。他們分別向紐約時報與四個被告牧師，要求五十萬美元的賠償。

無辜的牧師們

四個牧師之所以和紐約時報同樣被控以誹謗罪，其實是基於相當狡猾的法令考量。原告律師將四名牧師列入被告，是為了不讓這個官司從州法庭轉到聯邦法庭。因為美國憲法規定，當被告與原告來自不同州時，國會得以授權聯邦法院審理一般民事訴訟案，如誹謗案。這項法令的規定，是為了避免A州的當事人，在B州因為被歧視而遭到不公平待遇。由於聯邦法院的立場較中立，國會因而允許將非居民所涉入的官司，由州法院轉交付聯邦法院審理。但是，這個規定只在當事人戶籍全部設在其他州的情況下才生效。設若A州的原告，控告B州的被告，但被告之中也有A州的人民時，那麼被告的身分差異性就不算完全，案件也因而不能轉到聯邦法院。阿拉巴馬州官員就是以此種策略，來打這一場誹謗官司。

刊登「傾聽他們發出的聲音」這則廣告，竟導致紐約時報官司纏身，還可能必須支付高達三百萬美元的損害賠償。在當時，這筆金額算是天文數字；而且，紐約時報的辯護律師和高階主管，都不能說服他們撤回告訴。另一方面，阿拉巴馬州法院的法官和陪審團對北方報紙干涉種族議題的行為，也顯得相當不友善。

第3章

隔離與不公平

南方生活。這個名詞讓人腦海浮現的畫面是，雕樑畫棟的白色宅邸、親切善良的白人家庭，以及如沐春風、笑容滿溢的黑人僕役。然而，種族隔離的真實面貌，絕非此番悠閒的田園風光。金恩博士曾經舉例解釋什麼叫做種族隔離：有一天，他和一群白人走在一起，這些白人都自稱非常同情黑人處境，卻又要求金恩博士放慢腳步，走在他們後頭。一九六三年，金恩博士在阿拉巴馬州伯明罕因領導示威遊行而身陷囹圄。當時，有八個當地的白人牧師批評那次遊行「不合時宜」。金恩博士因而寫信給他們，這就是眾所周知的〈伯明罕獄中信札〉（*Letter from Birmingham Jail*）。

美國南方的種族主義

「對那些從來不曾嘗過種族隔離之苦的人而言，『等待』這個字是很容易的，」金恩博士寫道，「然而，當你親眼目睹暴徒為所欲為地凌虐你的父母……；當你六歲大的小女兒問你，為什麼她不能像電視廣告裡的人一樣在公園玩耍，你突然發現自己也無言以對……當你長途跋涉，卻因為沒有旅館願意讓你歇一宿，而必須窩在車上過夜時；當你整天看到『白人』、『有色人種』等嘲諷字眼時……你終將瞭解，為什麼對我們而言，等待會是如此地困難。」

種族歧視的現象在美國隨處可見。但是南方的情況並不一樣，甚至遠比其他地方更有敵意。因為，種族歧視在南方是有法律強制規範的。在南方各州的州法裡，黑人從呱呱墜地的那一刻起，就被牢牢釘死在社會階級的最底層；而且，法定的種族隔離範圍，從嬰兒出生的醫院，到死後葬身的墓地，無所不包。黑人小孩也因為隔離政策，只能就讀教學品質較差的公立小學；至於警察則受命監視，不准黑人進出大多數的旅館和餐廳；就連搭公車，黑人也只能坐在車廂後面的座位。此外，因為南方各州的黑人幾乎都沒有投票權，所以在立法問題上也毫無置喙餘地。

官方以公權力強制施行種族隔離的情形，不只是南方偏遠角落才有的罕見現象。甚至在二十世紀中葉，華盛頓特區的商圈，仍禁止黑人在餐廳用膳，或到戲院看電影。至於南方和邊境的十七個州，以及哥倫比亞特區（即美國聯邦政府所在地，同華盛頓特區），則將黑人學童隔離入學，而且只有四〇％的鄉間公立小學招收黑人學童。在兩次世界大戰中，美國政府雖徵召黑人入伍，卻將他們編置在軍隊的隔離單位。這種全國的種族主義現象延續到一九四八年，才由杜魯門總統終結。

南北抗爭

在美國這個號稱「人人生而平等」的國家裡，以法律明文規定的種族隔離政策，何以能如此根深柢固地屹立長存呢？答案就在歷史裡。遠在一六一九年，從第一艘載滿非洲奴隸的船在維吉尼亞州登陸開始，奴隸制度就成為南方各殖民地農場經濟的重要元素。一七七六年美國獨立之後，情況仍是如此。現代的史學研究，更進一步揭發奴隸經濟的醜陋真相，亦即販奴是報酬極高的行業。在一七八七年，憲法起草代表大會（Constitutional Convention）組成後，南方各州就成立一個「奴隸制度」遊說團體（Peculiar Institution，特別使節團，美國南方流傳的暗語），負責向聯邦政府爭取南方各州蓄奴的權利，並維護南方既有的奴隸制度。當時，美國眾議院在清點選舉人口總數，以分配各州所佔席次時，他們的算法是以「自由人數」加「五分之三的其他人數」，也就是說，一個奴隸只能算是五分之三個人。儘管憲法避免使用「奴隸」這個字眼，改以委婉地稱呼他們為「現存於各州、希望獲得承認的移民或輸入人口」，但在一八〇八年前，憲法仍然限制了國會廢除國際奴隸交易的可能性。最後，憲法要求已廢除奴隸制度的州，必須應奴隸主人的要求，將潛逃到該地的奴隸遣送回去。一八五七年發生「德瑞．史考特案」（*Dred Scott Case*），負責該案的最高法院院長羅傑．坦尼（Roger B. Taney, 1777-1864）就援引美國憲法，指稱非洲後裔是「卑賤、低下的生物」，他們不配成為美國公民。

南北戰爭打破了歷史的束縛，或者說是表面上如此。後來，南方各州宣佈脫離美國聯邦（United States）。一八六一年二月四日，南方各州代表聚集在阿拉巴馬州的蒙哥馬利市，組成美國邦聯（Confederate States of America，或稱南方邦聯）。南北戰爭不僅是一場因經濟差異而引發的戰爭，也是一場為奴隸問題而打的仗，只是，最後演變成北方決意為廢除「種族隔離」的聖戰。一八六三年，林肯總統頒佈「解放宣言」（Emancipation Proclamation），宣佈解放南方邦聯的奴隸。南北戰後，美國國會隨即在一八六五年制定「憲法第十三修正案」，明令禁止奴隸制度。

民權法案和憲法第十四修正案

雖然，南方在戰爭中慘遭滑鐵盧，卻未放棄維持奴隸制度的決心。南方各州共同制定一項「黑人法」（Black Code）來管制黑人，使得他們幾乎毫無自由可言。譬如，在某些地方，脫離奴隸身分的黑人必須取得執照後，才能從事莊稼以外的工作；而且，他們無權購買、擁有土地所有權。一八六六年，美國國會通過「民權法案」（Civil Rights Act），推翻黑人法。這項法案賦予黑人擁有和白人相同的權利義務，「得享有訂約、履約、訴訟、集會結社、作證、繼承、購物、租賃、販售、擁有及讓與動產、不動產的權利……同時亦受到各種罰則、罰鍰、法律、條款、地方自治條例、條例或習慣法的約束。」

一八六八年，美國憲法增加第十四修正案。它賦予聯邦政府權利，以保護遭受州歧視或暴力傷害的人民。這項修正案宣稱，凡出生或歸化於美國，並受其管轄者，均為美國及其所居住之州的公民，因而推翻了「德瑞．史考特案」中最高法院院長坦尼的判決。這項修正案全面性地宣示：「無論任何一州，均不得制定或執行剝奪美國公民之特權或特免權之法律；亦不得未經正當法律程序，使任何人喪失其生命、自由，或財產；並不得在該州司法管轄區域內否認任何人在法律上之同等保護。」

對南方法令管轄下的黑人民權而言，這些語意空泛的文字有何意義？關於這個問題，最高法院藉著一八八〇年的「史卓德訴西維吉尼亞州案」（*Strauder v. West Virginia*），給了一個決定性的答覆，或說是一個似乎滿果斷的答案。在西維吉尼亞州，黑人依法不得被任命為陪審團成員，最高法院裁定該項規定違憲。大法官威廉．史壯（Justice William Strong）援引憲法第十四修正案表示：「宣稱黑人、白人在法律之前一律平等的法律究竟算什麼？……法令否認黑人的種種參與權利，像只因為他們的膚色，就不得擔任陪審團員，即使他們也是美國公民，這無異於由法律為他們烙上印記，宣稱他們是劣等人民，而鼓勵種族歧視。」

反撲

但是，政治變遷很快地打垮了史卓德案的判決，正義也再度蒙上陰影。當三K黨和其他南方人士轉以武力脅迫黑人時，北方政客覺悟到唯有以激烈與開放式的仲裁，才能確保黑人的平等民權，並且擺脫種族問題這個大包袱。此時，他們關注的是如何振興北方的工業。北方的執政黨共和黨，剛從種族主義的政見和解放奴隸的大夢中初醒。愈來愈多人表態支持白人與黑人的關係，就像父子一樣，乃是一種自然的階級關係；同時，傾心於「舊南方」（Old South）神話的人也日益增加。在一八七六年的總統大選中，民主黨候選人提爾登（Samuel S. Tilden）和共和黨的海斯（Rutherford B. Hayes）對決，最後竟演成四個州對「投票權」議題的論辯。在這次大選中，支持海斯的共和黨員組成一個特別委員會，全力為海斯輔選，協助他獲得壓倒性的勝利。但選舉公告卻宣佈，海斯以一票之差險勝提爾登，當選美國第十九任總統。這個結果顯然是政治談判所促成的，也就是說，共和黨只要贏得大選，就放手讓南方自行處理種族問題。

一八八〇年代後期，南方的立法者重新制定管理黑人的法令，新的法令不像「黑人法」那樣惹人厭，卻更為強硬。這個名為「吉姆．克勞」（Jim Crow，譯按：即黑人差別待遇主義，或稱種族歧視法律）的新法，將黑人被隔離的範圍從火車擴大到所有公共場所，對此，國會也不打算制定與之抗衡的平權法案了。而高等法院也反映當時政治與道德的主流觀點，「從善如流地」批准新的法案。

一八九六年，「波雷西訴佛格森案」（*Plessy v. Ferguson*），法院裁決：州政府的種族隔離政策，並未違反憲法第十四修正案所規定「人人有權接受平等的法律保護」的要求。荷馬．波雷西（Homer Plessy）是個擁有八分之一黑人血統的美國人，他因為進入路易斯安那州的白人專用的火車車廂而遭到逮捕。他質疑路易斯安那州政府有違「人人平等」條款，但最高法院投票表決，以七比一通過該項判決的合憲性。代表多數意見的大法官亨利．布朗（Henry Brown）宣稱波雷西的質疑荒誕謬誤，有預設「『種族隔離政策為有色人種貼上低等階級標籤』之嫌；如果，事實真是如此，那並不是因為法令規定的關係，而純粹是有色人種片面推論出來的」。正如史卓德案中所說的，法律的隔離黑人實際上是「替他們烙上印記」，第十四修正案與社會真實之間，還有很長一段路要走。

正義受到挑戰

另一方面，持不同意見的大法官約翰·哈藍（John Marshall Harlan）則提出警告：「法律制裁將埋下種族仇恨的種子。州政府不但立法隔離黑人，甚至以『在公共場所中，在坐有白人的長椅上歇腳』為由起訴黑人。對於被烙上低賤、卑微印記的有色公民而言，還有什麼行為比這種做法更能挑起種族的仇恨情緒？更能加深彼此的不信任感？相信每個人都同意，路易斯安那州制定這種法令的真正意圖，其實在於……粉飾每個人都能在火車裡享受『公平』待遇的假象。但這是無法矇騙世人的，也不足以彌補他們今日所鑄成的錯。」

如同哈藍大法官所預料的，種族隔離因為最高法院的加冕而獲得正當性。此後數十年，南方各州幾乎將黑人完全逐出白人的公共場所，誠如哈藍所言的（不幸被哈藍言中），讓黑人共同分享白人公共設施的蠢念頭，不過是為了掩飾他們的心虛。黑人之所以死亡，是因為白人醫院不肯讓他們就醫。那就甭談像公民權和投票權這些遙不可及的權利了。因為，州政府制定了一整套繁複的選民登記考核，像識字測驗、詳述憲法意義的能力，以及各種經濟上的恫嚇；更慘的是，負責評量這些考核的書記官，是那些主觀、對黑人有偏見的白人書記官。南方各州的民主黨，幾乎在各項重大選舉初選時，都將黑人排除在投票行列之外。

在二十世紀的前數十年裡，種族主義的意義及其對人類造成的衝擊，愈來愈難被否認。其中，德國納粹所帶來的震撼尤其重大。從此以後，如果有人採取「波雷西案」所界定的解釋，以偏頗態度對待某些階層，那麼，他就能夠理直氣壯了，即使這其實是一種藐視的做法。而且，在憲法的「公平保護」原則下，種族隔離因缺乏說服力而日益站不住腳。但在南方，波雷西條款不但完好如初，甚至受到政客的熱烈擁戴。而且，直到二十世紀中葉，美國國會對南方體制都還採取放任的態度。像美國政府打算起草公民權立法，以制定反私刑的聯邦法律。但南方各州的參議員，卻以行使參議員條例（rules）來妨礙議事進行，阻止公民權立法進入公民投票。

布朗案與南方宣言

一九五四年，種族隔離的法令基礎遭到粉碎。因為，在「布朗訴教育局案」（*Brown v. Board of Education*）中，最高法院一致認定「公立學校施行種族隔離」違憲。院長厄爾・華倫（Earl Warren）雖未直陳一八九六年「波雷西案」的判決有誤，但他表示，最高法院無法讓時光倒流，他在主稿判決文時寫道：「隔離教育設施在本質上是不公平的。」

布朗案如同一記晴天霹靂，這項判決和所有最高法院，或任何法庭所做的裁決一樣，對社會產生重大的影響。這個結果激起南方白人的強烈反彈，舊南方邦聯十一州的眾、參議員共同簽署「南方宣言」（Southern Manifesto），聲明：「最高法院在沒有合法基礎的情況下，濫用他們所被賦予的司法權力，並以其個人的政治與社會理念取代國家既定的法令規範。」

然而，這項判決也同樣激怒了南方黑人。他們認為，如果判決所反映的是法庭的聲音，那麼理當基於「平等權利」作出判決，以便將他們從古老的奴役中釋放出來，並讓他們能為數代以來所承受的不公平做些事情。

和平抗爭運動

新黑人精神的第一波示威運動出現在南方邦聯的發源地——阿拉巴馬州蒙哥馬利市。一九五五年十二月一日晚上，有個名叫羅莎．帕克斯（Rosa Parks）的黑人女裁縫在下工後搭公車回家，疲累的她就近坐在前面白人專用座位。結果司機命令她坐到後面位置，好讓座給一個白人男性。帕克斯拒絕了，結果，司機找來警察逮捕她，並以「違反種族隔離法」的罪名起訴她。（譯按：最後她被判罰鍰十美元。）

由於帕克斯一案，蒙哥馬利的黑人因而決心杯葛市公車，這項杯葛運動持續了一年多。黑人們拒絕搭乘市公車，寧願步行數里路往返工作地點，或者只坐教會的聯營公車。這項運動係由神職人員所領導，其創始人即是金恩博士。當時，金恩博士年方二十七歲，是蒙哥馬利浸信會右街教區的牧師，走出社區就沒人認識他。但他所領導的杯葛運動，使他名揚全國，甚至成為全球知名人物。

他呼籲黑人效法印度聖雄甘地（Gandhi）的和平行徑，對白人的壓迫進行非暴力抗爭。「就算我們的同胞每天被捕入獄，」他告訴群眾們：「就算我們每天被剝削，就算我們每天被蹂躪，也別讓任何人逼迫我們降低自己的品格去恨他們。我們的武器是『愛』，我們應該包容、瞭解那些恨我們的人；我們必須明白，有許多人仇視我們，並非因為他們恨我們，只因為他們被教導這麼做。但我們在午夜傲然挺立，我們永遠迎向明日曙光。」

拒絕正義的南方白人

但金恩博士的話，並未化解種族主義者的仇恨。他被指控陰謀教唆非法杯葛。但這件杯葛案一路上訴到最高法院，顯示出「布朗案」判決的效力並不僅止於教育層面。因此，蒙哥馬利公車事件也被判違憲。一九五六年十二月二十一日，黑人終於能和白人一樣，不受隔離地自由搭乘公車。

學校隔離案件對北方也有政治性的影響。公民們這才開始認真地關切南方極端的種族主義。全國性報紙、雜誌和廣電媒體，大篇幅地報導南方種族衝突。一九五七年，國會通過自一八七五年重建運動以來的第一個民權法案（the Civil Rights Act）。雖然，這項民權法案條文並不周延，但它成立民權委員會（Civil Rights Commission），並允許司法部轉移違反投票權的案件；而且，這項法案決議期間，美國的政治氣候已經有了明顯的重大轉變。

然而，南方黑人的生活卻沒那麼快改變。白人對公平權利的反抗甚囂塵上，許多社區紛紛組成「白人公民委員會」（White Citizens Councils；又稱為「鄉村俱樂部三K黨」），利用大眾集會、政治承諾，以及經濟壓力對政客與商人施壓，製造恐怖氣氛，以期維持種族隔離現狀。面對暴力的威脅恫嚇，黑人試圖要求法庭兌現先前所承諾的權利。在種族隔離作成判決後的六年裡，在阿拉巴馬、密西西比、喬治亞、路易斯安那，以及南加州等地，仍沒有任何黑人獲准進入一般公立學校或白人大學就讀。在這些美國最南部（the Deep South）的州裡，只要黑人有意行使投票權，就會慘遭毆打，甚至丟了性命。因此，直到一九六〇年代末期，在密西西比州達法定投票年齡的黑人公民中，只有四%聲請造入選舉名冊；至於在阿拉巴馬州，也只有十四%。

充滿仇恨的阿拉巴馬州

阿拉巴馬和密西西比是主張隔離態度最強硬的兩個州。一九五六年，阿拉巴馬州的中、高等教育體系在聯邦的威權下，嘗試廢除隔離措施。因此有個黑人女性奧瑟琳．露西（Autherine Lucy）在聯邦法庭的命令下，獲得阿拉巴馬州立大學的入學許可。但校方在學生群起暴動抗議的壓力下，將她逐出校園。露西小姐於是重返法庭，請求恢復入學權利。對於露西採取法律途徑的做法，校方以「道德敗壞」（outrageous）為由開除她的學籍，而且永遠不得復學。由於艾森豪政府的袖手旁觀，這個事件至此落幕告終。

連原來由聯邦掌控的州際交通也逃不掉主張隔離者所施加的壓力。一九六一年春天，民權運動的支持者，自由搭乘巴士遠赴阿拉巴馬州抗議種族隔離。當這些被稱為「自由乘客」（the Free Riders）的隊伍抵達伯明罕和阿尼斯頓（Anniston）時，遭到白人暴徒攻擊，他們被鐵鍊抽傷。另一組人馬則前往蒙哥馬利市。甘迺迪總統擔心會爆發流血衝突事件，因而派遣一支五百人的聯邦法警部隊到蒙哥馬利待命。阿拉巴馬州長派特森對此表示異議，他認為聯邦法警的出現，無異是「對阿拉巴馬州政府權利的踐踏與侵犯」。當自由乘客到達蒙哥馬利時，當時已移居亞特蘭大的金恩博士恰巧返鄉探親。就在白人暴徒將教會團團包圍時，金恩博士正在對教友講述「非暴力」課題。當時，只有聯邦法警能將金恩博士和他的教友從致命的襲擊中拯救出來。

一九六〇年四月十二日，也就是「傾聽他們發出的聲音」廣告刊出兩週後，紐約時報頭版刊登一則標題為〈恐懼和仇恨箝制伯明罕〉的報導。這則由哈里遜・沙里斯伯瑞（Harrison E. Salisbury）執筆的報導寫著：

> 沒有任何紐約人能夠真正判斷伯明罕此刻的政治局勢。白人和黑人仍然走在相同的馬路上，但他們真正共享的，卻僅限於公眾場所的街道、供水系統，以及下水道系統。球場和計程車仍有種族之分，圖書館也是。有一本書的插圖嘲諷地畫著「禁止白兔和黑兔！」甚至有法令明文規定，禁止「白人」電台播放「黑人音樂」。所有的傳播頻道、有共同利益的媒介、合理的接觸，

以及每一寸中間地帶，都被種族主義者的情緒火藥炸成碎片；而鞭子、刀槍棍棒、炸藥、火炬、暴徒、警察與各級州政府的推波助瀾，也更強化了種族主義的威力。

沙里斯伯瑞這篇分兩次刊出的報導（四月十二、十三日），為紐約時報引來更多的誹謗官司。這些訟案向紐約時報求償了三百一十五萬美元，而沙里斯伯瑞也得面對一百五十萬美元的賠償。伯明罕的報章攻訐紐約時報，就像蒙哥馬利的廣告日報抨擊那則廣告一樣，批評紐約時報充滿了「偏見、惡意與仇恨」。

這就是當時阿拉巴馬州的氣氛。此刻的紐約時報正為了蘇利文警長所提出的誹謗官司，準備在蒙哥馬利法庭為自己進行辯護。

審判

像誹謗損害賠償這樣的案件，在民事法庭中是根據「傳票簽發」（service of process）規定進行的。原告必須準備好一份正式文件（起訴書）給被告或被告代理人（defendant agent），以書面告知此項訴訟行動。然而，這看似簡單的訴訟程序，其中卻隱含著極其繁複的動作。誰是被告的法定代理人（defendant corporation's agent）？要如何提出具有法定約束力的（legally binding）必要文件？遠住他州的當事人，法律是否會強制他前往其他州法院出庭應訊？

蘇利文自訴紐約時報誹謗的行動，是從遞交起訴書給該報駐蒙哥馬利特派員唐・麥基開始。麥基是蒙哥馬利廣告日報的全職記者，平時他只花一丁點兒時間為紐約時報跑新聞。在一九六〇年時，他當特派員的年薪只有九十美元。但蘇利文的律師認為，麥基和紐約時報的關係，已經足以擔任該報在蒙哥馬利的法定代理人了。他們也同時發文給阿拉巴馬州政府祕書長（Alabama secretary of state），因為州法明文規定，當被告雖和該州有業務往來，卻未設置辦事處，或沒有法定代理人時，得指派州政府祕書長擔任法定代理人，為被告接收法院傳票。

找不到律師辯護的紐約時報

對紐約時報而言，誹謗官司從來都不是個令人頭痛的大問題。它從未制定有關誹謗的規範，不僅因為被告誹謗的件數極少，更不希望社內的規定妨礙了訴訟審理。紐約時報幾乎不曾被陪審團判過有罪，也不曾支付過龐大的損害賠償金額。但紐約時報的律師路易斯・羅伯（Louise M.

Loeb）很明白，蘇利文案不同於以往的案例，它是個極具威脅的官司。羅伯是華爾街羅戴羅法律事務所的合夥人之一，但他的時間和工作興趣幾乎都耗在某個客戶身上——紐約時報。大部分的工作天裡，他都會到紐約時報和高階編輯或經理人們做些例行性談話，而且他和發行人亞瑟·沙茲伯格（Arthur Hays Sulzberger，紐約時報第二任發行人）私誼深厚。羅伯的外表看起來有點像是長相誇張的英國上校，魁梧、剽悍；但他其實是個溫文儒雅的人，居家時間泰半浸淫在文學世界裡。他的妻子珍納特是個雕刻家，他們夫婦倆曾經赴英拜訪亨利·摩爾（Henry Moore），並在他位於英國的住家兼工作室中共度歡愉時光。

羅伯的第一步就是物色一位阿拉巴馬州的律師，擔任紐約時報的蘇利文案代表。這件事的難度遠比他預期的還高。他先打電話和伯明罕的一家大型法律事務所接洽，他們曾幫羅戴羅法律事務所處理過其他案件，但對方的合夥人以「可能有利益衝突」為託辭，含混地拒絕了。最後，他終於找到一家特立獨行的伯明罕律師事務所——貝度·安伯瑞·貝度（Beddow, Embry & Beddow）。這家事務所接過許多為黑人辯護的案件。艾瑞克·安伯瑞（T. Eric Embry）律師同意代表紐約時報出庭。

找個願意合作的阿拉巴馬州律師之所以如此困難，當然是基於種族問題。因為那則廣告的關係，州政府和地方政客大肆攻訐紐約時報，將它抹黑為妨礙南方家務事的北方煽動者。而哈里遜·沙里斯伯瑞有關伯明罕的報導，更讓紐約時報成為南方人憎恨的對象。在那樣的社會氛圍下，連律師都不願和紐約時報有任何牽扯，以免被貼上標籤。因此，在蘇利文案審理期間，安伯瑞在蒙哥馬利市完全找不到任何願意協助他的律師。而且，當羅伯南下和安伯瑞簽約時，安伯瑞不但將他安置在遠離伯明罕的偏僻汽車旅館，還用假名登記住宿。

安伯瑞和他的合夥人勞德瑞克・貝度（Roderick Beddow）飛往紐約商談此事，在場的除了律師，還有紐約時報的高階主管們。「我們在那兒停留了幾天，」數年後，安伯瑞回憶道：「見到了紐約時報所有的管理和編務高階主管。他們讓我們瞭解時報出刊的所有流程，像如何組版、如何配置廣告版面。他們表示，為了打贏這場官司，不惜花費任何代價，但也不願平白無故地犧牲任何東西。」

司法管轄權？

當羅伯和安伯瑞共同研究這件案子時，他們認為，如果想擊敗蘇利文警長，最有希望的策略應該是扣緊阿拉巴馬州法院的「司法管轄權」（personam jurisdiction）。因為，他們就是以這項權力將紐約時報拎進該州法庭。美國五十州的法院均制定有其各自的州法，州法院得以在憲法的授權下，要求在該州有業務、財產或個人關連的他州當事人，到該州法院出席應訊。但如果有個佛蒙特人和亞歷桑那州毫無瓜葛，那麼，這項條款就喪失其效力。但是，被告如果就此假設其他州法院對自己並無司法管轄權，而忽視遠距官司的話，風險可能不小。設若佛蒙特州人因為他和亞歷桑那州只有一點點關係，因而忽視這件遠距訴訟的話，亞歷桑那州法院得以進入「缺席裁判」，判他十萬美元罰鍰。同時，亞歷桑那的原告則可到佛蒙特要求該州法院強制執行此項判決。雖然，佛蒙特人可以辯稱自己並非亞歷桑歷州法院管轄下的人民，然而，一旦佛蒙特州法院認定他和亞歷桑那州的關連構成司法管轄的條件，那麼憲法就會要求他「充分信任」（full faith & credit）亞歷桑那州的判決。因此，佛蒙特人依法必須支付十萬美元，即使他在案件審理期間並未出庭答辯。職此，對其他的被告而言，審判之初即委託律師去挑戰「司法管轄權」（jurisdiction rights），會是比較穩當的做法。

安伯瑞正是如此行動。他先發制人，申請撤銷紐約時報的傳票簽發。因為紐約時報和阿拉巴馬州並沒有足夠的業務往來，沒有理由要接受阿拉巴馬州的管轄。安伯瑞主張，紐約時報單日送到阿拉巴馬州的三百九十四份報紙，相對於六十五萬份的總發行量，實在微不足道，並不足以構成和阿拉巴馬州有足夠關係的條件。同時，即使紐約時報特派員偶爾到阿拉巴馬州採訪，或阿拉巴馬州人士偶爾在紐約時報刊登廣告，其關係都不深，像一九六〇年前五個月該報對阿拉巴馬的營業額，僅一萬八千美元。這個數字放在紐約時報三千七百五十萬的年營業額中，也不過是九牛一毛。

瓊斯法官

在抗辯阿拉巴馬州法院對紐約時報有管轄權的行動中，安伯瑞小心翼翼地為紐約時報製造律師界所謂的「特殊出庭」（special appearance），這是僅適用於特定目的的原則，因為在遠距被告的案件中，辯方律師屬於一般出庭（general appearance），被告本人很容易會成為法院管轄的對象。安伯瑞為了確信自己的行動是對的，他參考了一份由華特．瓊斯（Walter Burgwyn Jones）所撰寫的重要文件——《阿拉巴馬州律師訴訟與執業須知》（*Alabama Pleading and Practice at Law*）。這種做法是比較保險的，因為瓊斯是蒙哥馬利巡迴法院的法官，而且他即將參與審判蘇利文案。然而，在種族議題當中，沒有任何事是能夠預測的。

瓊斯法官畢生致力鼓吹南方邦聯和南方的生活方式。他的父親湯馬斯．瓊斯（Thomas Goode Jones）不僅參與南北戰爭，甚至還幫南方統帥李將軍（Robert E. Lee）將停戰旗送到阿波馬托克斯（Appomattox，譯按：南北戰爭中南方最後投降地）給北方的格蘭特將軍（Ulysses S. Grant，譯按：北軍，自華盛頓以來第一個授動中將的軍人），他在戰後擔任阿拉巴馬州州長。瓊斯法官著有《南方邦聯綱領》（*The Confederate Creed*），他在書中說道：「我望著南方邦聯旗幟在南方微醺的風中搖曳，這是彰顯南方邦聯榮光的旗幟，是自由的化身，是對憲法權利的奉獻，更是榮耀與聲威的象徵。」一九六一年，在紀念南方邦聯成立一百週年時，蒙哥馬利市模仿當時傑佛遜・戴維斯（Jefferson Davis）宣誓就職為南方邦聯總統的儀式，由瓊斯法官監誓。當時參與就職盛會的某些樂手，後來在瓊斯法官的法庭中出任陪審員，並允許他們身著南方邦聯的制服坐在陪審席上。

一九六〇及六一年，瓊斯法官簽署一連串命令，以阻撓民權運動和聯邦政府。他下令禁止「全國有色人種協進會」（National Association for the Advancement of Colored People，簡稱ＮＡＡＣＰ）在阿拉巴馬州活動，也不准「自由乘客」在該州境內示威遊行，還不讓司法部查驗阿拉巴馬州任何地區的選舉人登記紀錄。連他主持的開庭都必須採取隔離。在蘇利文提出控訴之後，蒙哥馬利市長詹姆斯也針對紐約時報的廣告，控告紐約時報誹謗。當天，觀眾席上有些黑人坐在其間。次日，瓊斯法官譴責說，昨天的情形是「認可暴民和種族主義煽動者」，命令法警將他們隔離開來。蘇利文案開庭後，瓊斯表示：「這項審判的依據是阿拉巴馬州法，而非憲法第十四修正案。」他還頌揚這「誕生自遠古的英國，由盎格魯薩克遜人帶來這國家的白人正義」。

許多年以後，安伯瑞憶起審判當時的情形，他堅信瓊斯法官確實在幫蘇利文和其他原告打這場官司。他說：「廣告日報編輯侯爾和其他人一起到瓊斯的辦公室拜會，共同密謀策劃這些官司。」但假如真的有這些祕密會議，此時也無從蒐證了。

打輸了第一仗

安伯瑞提出的撤銷管轄權申請，在一九六〇年七月二十五日召開聽證會時，送達瓊斯法官手中。接下來幾天，該案的律師就紐約時報和阿拉巴馬州的關係程度爭論不休——像紐約時報在阿拉巴馬州的發行份數、特派員的薪俸、接受該州客戶委託的廣告數量等等。八月五日，瓊斯法官裁定紐約時報和阿拉巴馬州的業務往來，密切到足以構成阿拉巴馬州對它的管轄權。當上頭的法院認為瓊斯的認定有誤時，他也找到其他理由來支持他的管轄權認定：當初安伯瑞在提出撤銷管轄權申請時犯了個錯誤，不小心變成了「一般出庭」，如是，紐約時報終於被押上阿拉巴馬州法院。為了避免掉入這個陷阱，安伯瑞曾經參考瓊斯在《阿拉巴馬州律師訴訟與執業須知》中的見解，但是瓊斯法官卻推翻了他自己的意見。

紐約時報律師路易斯・羅伯認為，爭取司法管轄權的失敗是致命的一擊。現在，紐約時報必須踏上阿拉巴馬州法院，面對所有因「傾聽他們發出的聲音」廣告而引起的誹謗官司。但是，很諷刺地，金恩博士的支持者刊登這則廣告的緣起，也就是金恩博士的稅款偽證罪，卻被悄悄撤銷告訴。五月的最後一個禮拜，在蒙哥馬利法院的審判中，阿拉巴馬州政因無法出示可信的證據，證明金恩博士挪用捐款（他說他已轉交給教會和民權團體），因而當庭無罪開釋。

歧視黑人的審判

蘇利文案在瓊斯法官的法庭裡進行了三天審判，即十一月一日至三日。光是從出庭律師的人數就可以說明，這個案子並非一件普通的誹謗官司。開庭時，蘇利文並未出庭，而是委託蒙哥馬利的律師羅蘭・內克曼（M. Roland Nachman Jr.）、羅伯・史戴納三世（Robert E. Steiner III）、卡文・懷塞爾（Calvin Whitesell）等人代表。安伯瑞則有四個協同律師和他一起為紐約時報辯護。此外，出庭的被告還有其他四個人，他們就是因姓名出現在廣告內，而被蘇利文一起控告的黑人牧師們。同時，因為安伯瑞的協同律師也都是黑人——福瑞德・葛瑞（Fred Gray）、佛南・克勞福（Vernon Z. Crawford）和西伊（S. S. Seay Jr.），因而在法庭上營造出奇詭的景象。在最高法院館藏的永久檔案裡，這件案子的法庭紀錄中，稱呼白人律師為「內克曼先生」（Mr. Nachman）、「安伯瑞先生」等等，但對黑人律師則稱之為「葛瑞律師」（Lawyer Gray）、「克勞福律師」，還有「西伊律師」。只因為膚色的不同，法庭人員就拒絕以「先生」一詞尊稱他們。

審判的第一步驟是挑選陪審員。在三十六個陪審員候選名單中，有兩名黑人，但蘇利文的律師將這兩人從名單中剔除，而且從中選出十二名白人組成陪審團。阿拉巴馬新聞將陪審員的姓名，以及他們坐在陪審席的照片登在頭版上。此舉引起紐約時報律師的抗議，因為這種做法無異是對陪審員施壓，迫使他們支持蘇利文。但瓊斯法官駁回此項異議。

內克曼為蘇利文作了開場白：「基於防範被告再次犯下相同的錯，以及防範其他人犯下相同的錯，」因此，他請求損害賠償。紐約時報的律師安伯瑞則說：「從最廣義的推論來看，」廣告中都沒有任何文字指涉蘇利文，「……而且，甚至沒有任何廣告有指涉蘇利文的可能性。」代表四個黑人牧師的葛瑞則宣稱，從未有任何委員會成員徵詢過這四位牧師，可否將他們的姓名刊登在報紙廣告上，「他們從未答應過這件事，這種事情可能發生在我們任何人身上，」葛瑞說。

接下來，蘇利文的律師之一懷塞爾朗讀廣告內容給陪審團聽，由此展開這場答辯。當他唸到「黑人」（Negro）這個字時，另一位牧師的辯護律師克勞福抗議說，懷塞爾把「黑人」唸成「黑鬼」（Nigger）。瓊斯法官反問他是否想「更改」文件內容。而懷塞爾竟也表示，他「一輩子」都是這樣唸這個字。阿拉巴馬新聞有位記者茱蒂絲・羅辛（Judith Rushin）還寫說：「我們記者聽來，他似乎不是說『黑鬼』這個字，而比較像『黑人』（nigra or nigro）之類的。」

有爭議的證據

誹謗案件要能夠成立，原告必須提出幾項證據：第一，被告有公開出版的行為（the defendant published）；第二，有誹謗嫌疑的陳述（a defamatory statement）；第三，指涉原告（about the plaintiff）。（此處的「誹謗」意指損毀原告的名。）其中的第三項，正是蘇利文的律師團致力蒐集證據的部分。雖然蘇利文的姓名並未出現在廣告之中，但他們試圖說服陪審團相信廣告確實有指涉蘇利文之嫌；或套用律師的專門用語「指涉且關係到」（of and concerning）蘇利文。蘇利文是自己的主要證人，身為蒙哥馬利三位警察局長之一，他主管警政、消防、公墓和地政等事務（police, fire, cemetery & scales）。蘇利文不是每天都在管理警政；另外有值日警官在管理。但蘇利文說他覺得廣告的第三段「有關警察」的敘述所指的就是他。這段敘述是：

> 在阿拉巴馬的蒙哥馬利市州議會聽前，在學生唱完「我的國家，也是你的」後，學生領袖隨即被校方開除學籍，而且，一大批荷槍實彈、帶著催淚彈的武裝警察，在阿拉巴馬州立學院校區中嚴陣以待。當全體學生以拒絕復學抗議州政府濫用公權力時，他們所在的餐廳遂遭到封鎖，當局打算以挨餓迫使學生投降。

蘇利文同時對第六段文字表示抗議。

> 對於金恩博士的和平抗爭，南方暴力人士卻一而再、再而三地以武力脅迫來回應。他們炸毀金恩博士的家，還差點兒殺了他的妻兒；他們對他做人身攻擊；甚至以各種罪名逮捕他七次——像超速、遊蕩，或侮辱之類的罪名。現在，他們更以「偽證」罪起訴他，這是一項可能使他被判

監禁十年的重罪……

蘇利文堅稱廣告中所謂「南方暴力人士」所犯的錯，係指蒙哥馬利市警察和他個人的作為，因為廣告敘述中提及「逮捕」，而逮捕乃是警察職責所在。當辯方律師克勞福在詰問蘇利文時，衍生了一幕無人察覺的諷刺情節。

問：「蘇利文先生，請問你認為蒙哥馬利警察是南方暴力人士嗎？」
答：「我當然不這麼認為。」
問：「那麼，你認為身為警察局長的你自己是南方暴力人士嗎？」
答：「我不認為自己或南方正處在暴力之中。」

但內克曼問他的當事人：「你是否認為廣告中的陳述提及到你，並和你有所關連？」蘇利文回答：「我當然如此認為，因為這些陳述提及人民遭到逮捕，以及一卡車的警察，我覺得這些陳述都和我個人有關。」

在這些陳述是否損毀名譽的爭議上，原告必須舉證。蘇利文作證時表示，這則廣告中傷了他個人的「能力與操守」。他說，他「感受」到這則廣告「不只中傷了他個人，也殃及另外兩位警察局長，以及整個警察團隊」。在反詰問中，安伯瑞暗指蘇利文的社會聲望，其實並未受到影響。

問：「你曾被嘲笑過嗎？當你走在蒙哥馬利街頭時，會渾身不自在嗎？」

答：「我不曾讓任何人走到我面前嘲弄我。」

問：「你曾在朋友家、餐廳，或其他公共場合中避開任何人嗎？」

答：「印象中沒有。」

證人證詞

蘇利文的律師傳喚其他六名證人，證明這則廣告是否「指涉且關係到」蘇利文，以及這則廣告是否辱及他的個人聲望。第一個證人是蒙哥馬利廣告日報編輯小葛若佛·侯爾，他曾經在一篇措詞辛辣的社論中，表達過他對紐約時報那則廣告的意見。侯爾說明，他從廣告第三段有關阿拉巴馬州立學院的敘述中，聯想到蒙哥馬利市警局局長，因為他們「負責著維持社會良好秩序」，而且他「會因此自然而然地會對警察局長多了幾分揣測」。他還提到，在這則廣告裡，最令他惴惴不安的是有關「挨餓」的那段敘述，因為，他完全無法為之辯解。當侯爾被問到他和蘇利文的個人關係時，他坦承在紐約時報刊出這則廣告時，他和蘇利文因為先前廣告日報登出照片的影響，兩人關係並不好，但現在情況已經改善了。

蘇利文的其他五個證人，分別是阿諾德．布雷克威爾（Arnold D. Blackwell），是個商人兼自來水委員會委員；哈利．康明斯基（Harry W. Kaminsky），蘇利文的好朋友，服飾店經理；波萊斯（H. M. Price Sr.），食品設備公司老闆；小威廉．派克（William M. Parker Jr.），蘇利文的朋友，加油站老闆；何瑞斯．懷特（Horace W. White），懷特貨運公司老闆，蘇利文是該公司前安全主任（safety director）。這五個人作證時均表示，這則廣告會使人聯想到蒙哥馬利警察人員或蘇利文。他們還說，如果他們相信這則廣告的陳述，就會覺得蘇利文是個差勁的傢伙。譬如，白人作證表示，假如知道蘇利文「曾允許警察人員從事報紙所說的那些事」，就不願意讓蘇利文繼續擔任警察局長一職。然而，在反詰問中，這五個證人均表態，絕不相信廣告的內容，也不會僅僅因為一則廣告，就認為蘇利文會為非作歹。六個證人中，只有侯爾真正看過這則登在紐約時報的廣告，懷特並不確定他是否看過這則廣告，至於其他四名證人，則是在蘇利文的律師要他們作證時，才首次見到這則廣告。

誰在解讀真相？

真相是應付誹謗的最佳辯護，因此，蘇利文的辯護律師試圖證明廣告中的敘述是不實的：假如這則廣告真的有這個意思，它就是不實的。他們的立場就是，這則廣告指控蒙哥馬利警察和蘇利文炸毀金恩博士的家，所以他們就力陳蘇利文並沒有這麼做。至於紐約時報的立場，當然是堅稱這則廣告和蘇利文沒有半點關連；然而紐約時報的辯護律師卻無法阻止這件審判在「蘇利文確實遭到莫須有的指控」的假設下進行。因此，有些很弔詭的事情發生了。例如，廣告中描述的某些行動，事實上不可能是蘇利文所做的。像以偽證罪名起訴金恩博士的是阿拉巴馬州政府，主導州立學院的註冊和餐廳事件的是州教育局。但是，蘇利文的辯護律師詰問他的方式，彷彿他曾經正式遭到如此的指控，而他鄭重地否認這些行為，而且也不曾有其他人這麼做過。

內克曼問：「你曾經羅織任何罪名陷害金恩博士嗎？」

蘇利文答：「絕對沒有。」

內克曼問：「我問你，警察局是否曾在你任內或其他時候，炸毀金恩博士的家，或參與或默許這行為？」

訴訟程序到這裡的時候，安伯瑞跳了起來。「庭上，抗議！」他說：「並沒有任何人讀到任何文字，而認為該文字說明（或暗示）警察炸毀金恩博士的家。這完全只是臆測，庭上……」瓊斯法官打斷了安伯瑞的話，並駁回他的抗議。

廣告中的要命錯誤

在不實報導的問題上，還有其他證據。原告律師指出，廣告第三段有關州立學院事件的描述是不正確的。蘇利文的律師引了一段克勞德．希登（Claude Sitton）的報導作為證據。（希登是紐約時報駐南方特派員，一九六〇年三月二日，他寫過一則報導。在蘇利文提出告訴後，希登曾以電話聯絡過紐約時報的律師，告知有關這則報導的消息。）蘇利文的律師同時也將紐約時報駐蒙哥馬利特派員唐．麥基的另一篇報導一併提出。

這些不約而同地說明，第三段廣告文案中有幾個錯誤。如，學生唱的是「星條旗歌」（Star-spangled Banner，美國國歌），而非「我的國家，也是你的」；學生被校方開除的導火線不是此事，而是因為他們想在法院大樓餐廳裡用午餐；警察是在學校附近進行大規模的警力部署，而非「包圍」校區。除此之外，最嚴重的錯誤是有關「學生餐廳」的那段敘述。後來，紐約時報律師在致最高法院的訴狀中，提出了這個看法。他們坦言不諱地說：「……關於餐廳被封鎖是為了以挨餓學生投降的說法，是缺乏根據的，這個敘述特別引起蒙哥馬利市的憤怒。」此外，在廣告的第六段也有一個錯誤，那就是金恩博士曾被逮捕「四次」，而非廣告所說的七次。

以上是原告申訴的部分。

辯方證人

在被告這方面，安伯瑞傳喚紐約時報的員工出庭作證。葛遜．艾若森出庭描述這則廣告從接受到刊載的過程；廣告受理部門經理文生．瑞丁表示，他之所以同意刊登這則廣告，是因為這則廣告「係由一群知名人士簽署，而且他毫無理由質疑他們的動機」。此外，還有位紐約時報的行政主管也出庭作證。紐約時報公司祕書哈丁．班克勞福（Harding Bancroft）表示，紐約時報並不認為「這則廣告有任何指涉蘇利文先生的說詞」。當他被問及紐約時報為何是因為阿拉巴馬州長派特森而撤銷廣告，而非應蘇利文之請時，班克勞福回答說：「我們這麼做，是不希望有任何刊登在紐約時報的文字，變成對阿拉巴馬州政府的評論，就我們的認知，州長即等於州政府……」

最後上場的是四名牧師的答辯。此時的焦點是誹謗案中原告必須提出的第一項要件——即原告必須證明被告公開出版了誹謗言論。無庸置疑地，該項報導由被告之一的紐約時報公司所刊載。然而，四位牧師卻另有一番說辭。這四個人作證表示，他們和這則廣告完全無關，也未曾允許任何人使用他們的姓名。然後，他們的律師傳喚證人約翰．莫瑞出庭，他是在捍衛金恩博士委員會擔任義工的作家，曾經協助擬定這則廣告內容。莫瑞表示，當他第一次拿廣告到紐約時報，廣告草稿並沒有文末的二十個南方支持者的連署；這些名字是後來才加上去的。因為委員會執行長貝亞．羅斯汀（Bayard Rustin，譯按：曾與金恩博士共同領導公車杯葛運動）對這則廣告並不滿意。莫瑞又說，在經過一番討論後，羅斯汀拉開抽屜，從裡面取出一份名單，那是加入「南方基督教領袖會議」（Southerm Christian Leadership Conference）的牧師名單。莫瑞問他，委員會是怎麼說服這麼多人同意委員會使用他們的名字。羅斯汀回答，不需要取得他們的同意，因為他們都是運動的一部分。

代表四位牧師的福瑞德．葛瑞，要求庭上撤銷該案中對這四位牧師的控訴部分，因為沒有任何證據顯示這四人和「公開出版該廣告」有任何關係。然而，瓊斯法官駁回此項提議。葛瑞在結辯時問陪審團：「假如這些被告根本沒有發表過這樣的言論，他們又要如何撤銷這些聲明呢？」他形容這四個被告是「被遺忘的被告」（the forgotten defendants），他們「和這件案子絲毫沒有任何關係」。但蘇利文的律師之一史戴納認為，廣告中的名單包括兩位蒙哥馬利的牧師（即西伯納西和西伊），正是顯示「這則廣告談論的是蘇利文」的有力證據。他還說：「報紙是非常好的東西，只是，報紙必須報導事實真相，要引起報紙注意的最好方法，就是用錢打動它們。」安伯瑞則認為，這則廣告只有一個錯誤，那就是有關將學生關在餐廳的那段敘述，但這個錯誤「絕對不可能指涉蘇利文警長」。他還表示，其實，廣告裡根本沒有任何內容指涉到蘇利文，所以，他並未因為這則廣告而受到任何損害。「有任何證據顯示蘇利文先生因為這則廣告而受到任何傷害嗎？」安伯瑞問陪審團：「這則廣告究竟是讓蘇利文先生受罪了，抑或因而提高他的社會聲望？」

瓊斯法官指示下的判決

當瓊斯法官責付陪審團做判決時，他將考量的問題轉移到這則廣告是否有誹謗事實上。他告訴陪審團說，廣告中受到質疑的陳述是「當然誹謗」（libelous per se），也就是說，確定中傷了所敘述的對象，因為他們可能會傷害某些個人的名譽、生意或職位。瓊斯繼續指示陪審團可以忽略「不實報導」這個問題。他說，在阿拉巴馬州法裡，有當然誹謗性質的敘述可以推定為不實報導；被告只有提供能證明該陳述為真的證據，才能推翻這個假設。由於紐約時報承認廣告中有明顯的錯誤（封鎖餐廳的那段文字），因此紐約時報舉證失敗。此外，本案的損害賠償也是推定性的，因此蘇利文不需要提出任何受害的證明。總之，在法官指示本案是「誹謗的、不實報導的、造成傷害」之下，案子送交陪審團裁決。陪審團判決只需要裁定三個問題：一、被告有無公開出版這則廣告？二、這則廣告是否「指涉且關係到」蘇利文？三、設若陪審團肯定以上兩個問題，則蘇利文應獲得多少損害賠償？

陪審團一共費時兩小時又二十分鐘討論做成決定。陪審團判決原告勝訴，紐約時報和四位牧師必須支付蘇利文所訴請的五十萬美元損害賠償。

第5章

報紙被消音

在陪審團裁定給蘇利文五十萬美元的損害賠償後，蒙哥馬利的晚報阿拉巴馬新聞對此評論說：「這項判決可以警告北方那些鹵莽的報紙……重新審視他們在媒體上好發議論、危及南方和南方子民的惡習。」該報社論也提到，南方「每天都遭人誹謗」，南方現在受到的中傷，遠多於「新英格蘭時期狂熱廢奴者」《湯姆叔叔的小屋》的詆毀（*Uncle Tom's Cabin*，譯按：為美國極著名的反奴隸制度的小說，一八五二年出版，作者為史道夫人〔Harriet Beecher Stowe, 1811-1896〕）。當時，北方報業「向來以為，由於鞭長莫及，他們的罪行就不會被舉發；而且，他們也誤以為，萬一他們因怠忽職守而遭到起訴，至多只是在家鄉的法院接受審判罷了」。然而，這篇社論寫道，蘇利文案改寫了這個遊戲規則。它建議說：「紐約時報公司被傳喚從千里之外到蒙哥馬利來為自己的罪行辯護，其他的報紙和雜誌也會面臨同樣的未來。為了避免長途跋涉到異地接受審判，最好的方法就是刊載事實真相（to print the truth）。」

打壓報業

「刊載事實真相」聽起來很簡單。但在蘇利文案審判後，就完全不是那麼一回事了。這個由瓊斯法官創下的判例，使得一九六〇年代的報紙噤若寒蟬，因為他們必須冒著誹謗罪高額賠償的風險，去報導南方種族主義的真相。任何特派員到阿拉巴馬採訪，或到當地發行報紙，或者接受當地人士廣告的報社，都可能被揪到州法院去。新聞報導或廣告中連名字都不曾出現的政府官員，居然可以要求賠償，而且輕易地就能夠使陪審團相信說，他們對於當地情況的描述可以推想是在影射他。如果這樣解讀的文字使他的名譽受到了損失，那麼這些文字也會為被推定為不實的言論。報紙要推翻不實報導的推定，就必須舉證澄清被質疑的報導是正確無誤的。他們也會做所謂的「不容置疑的法律推定」（irrebuttable presumption），亦即認定原告因某報導而受到傷害，即使沒有證據顯示有人會因為對他的不實報導而鄙視他；而地方陪審團可以漫天開價地裁定賠償金額。

或許是一時疏忽的坦白，蒙哥馬利市的廣告日報對這個誹謗案件寫了一篇〈州認定可怕的合法團體打擊州外的報紙〉（State finds Formidable Legal Club to Swing at Out-of-state Press）的報導。這是互為因果的。蘇利文和派特森州長以及其他人士，企圖把傳統設計來補償個人名譽損失的誹謗法，轉變為州政府用來嚇阻新聞界的政治武器。究其實，這個行動的目的並非為了打擊不實言論，而是為了阻止那些對白人優越體系生活的真實描述：報導人們因為想投票而遭到私刑；譏諷法官以州法鎮壓人民行使憲法所賦予的權利；揭露警政首長放警犬去攻擊想在百貨公司食品街喝杯可樂的人民。這是為了威嚇報紙、雜誌、電視網等全國性傳播媒體，好讓他們放棄對民權議題的報導。

這個策略的確狡猾。因為它讓紐約時報陷入嚴重的財務危機。蘇利文獲償的五十萬美元，是阿拉巴馬州有史以來金額最高的誹謗賠償，而且以其他地方的判決標準來看，這個數字在當時也是天文數字。此外，這也是破天荒由單一廣告引起五宗訴訟案的例子。紐約時報面對的第二起誹謗官司，係由蒙哥馬利市長詹姆斯所提出的控告，即將在二月開庭。想當然耳，陪審團同樣判決詹姆斯可獲得五十萬美元的損害賠償。至於紐約時報，則必須預先準備好所有官司求償的三百萬美元。此外，紐約時報還須面對好幾起因沙里斯伯瑞的伯明罕報導所引來的官司。在那段時日，紐約時報極易受到財務方面的攻擊。紐約時報的律師詹姆斯・古代爾（James Goodale，譯按：為當時該報的副社長兼法律總顧問）談到一九六〇年的誹謗官司時說：「當時紐約時報正為了罷工事件和獲利太低而焦頭爛額，如果無法撤銷這些判決，紐約時報恐怕很難繼續生存。」

民事誹謗罪

在數年後公開的伯明罕市政府檔案，揭露了當時該市官員以誹謗罪打壓民權運動的意圖。一九六三年，有個自稱為「市內公民委員會」（The Inter-Citizens Committee）的組織，發行了一本六頁的小冊子。該委員會由威爾（J. L. Ware）牧師列名主席，奧利佛（C. H. Oliver）牧師則是秘書長。這本小冊子揭發一個駭人聽聞的故事。希歐提斯・昆姆斯（Theotis Crymes）是個二十六歲的黑人青年，他在一九六〇年三月十九日晚上，開車返回阿拉巴馬州蒙特瓦洛（Montevallo）的途中，被一名警察攔下。他將雙手放在警車上接受盤查後，警察朝他背後開槍，他問警察原因時，該名警員回答：「閉嘴，黑鬼！」此後，昆姆斯的下肢就終身癱瘓了。美國聯邦調查局獲悉這事件後展開調查，並對阿拉巴馬州海樂納的警察隊長羅伊．丹朗（Roy Damron）進行偵訊。後來，丹朗雖被聯邦大陪審團（Federal Grand Jury）起訴，卻在全由白人組成的陪審團手中獲判無罪開釋。這本小冊子所說的故事指涉了伯明罕司法局（department of law）。一九六三年十月十四日，伯明罕市法院助理檢察官威廉．湯普森（William A. Thompson）向上級反映，這本小冊子已構成對丹朗隊長的刑事誹謗罪（criminal libel）。

以民事誹謗訴訟威嚇媒體的策略，在美國各地延燒起來。哥倫比亞廣播公司（Columbia Broadcasting System）因為在節目中，探討蒙哥馬利黑人聲請投票權的困難度，而遭人控告，求償一百五十萬美元。南方各州政府紛紛仿效阿拉巴馬州的做法。在一九六四年美國最高法院駁回紐約時報對蘇利文案判決之前，南方官員控告媒體誹謗的總求償金額高達三億美元。

如果這個策略奏效；如果南方法官和陪審團擁有最終裁決權，媒體在美國沒有更高的求助管道；如果南方官員真的榨取到數億美元的損害賠償；如果報紙除了療傷止痛的文章外，不再做任何關於種族問題的報導——如此一來，民權運動的進展會變成什麼樣子？廢除南方白人優越制度、允許黑人參與政治過程的政治改革，其步調是否會因而趨緩？歷史會因此而有所改變嗎？金恩博士的策略顯示，這些疑慮有一天都會成真。

金恩博士的策略就是甘地的模式。甘地以非暴力的抗爭結束了英國在印度的殖民統治。甘地之所以成功，是因為他有一大群聽眾——英國人民，他們被甘地的理念所感動，而且他們對於英國政府鎮壓甘地的作為也感到極度憤怒。甘地的做法對鐵石心腸的殖民統治者，或對不知道英國政府在殖民地作為的人民而言，未必有用。但對金恩博士而言，情形是一樣的。金恩博士之所以認為非暴力抗爭可以推翻南方既存的白人優越統治，正在於他預設自己也有一群聽眾，那就是廣大的美國人民，他相信有一天，總會喚醒美國人民的良知，會為野蠻的種族隔離政策感到憤怒。然而，這個信念卻需要勇於披露真相的媒體的幫助。

被侮辱者與被損害者

一九五四年，當「布朗訴教育局案」宣判時，美國多數地方對南方仍抱持著浪漫的憧憬，就像電影《亂世佳人》（*Gone with the Wind*）的情節一樣，而不是隨身帶著警犬的警察。然而各大報紙和雜誌現在卻努力蒐集資料和擴大版面，以報導南方社會白人優越統治的真相。同時，美國的記者們，儘管他們的報導不夠嚴謹，也很少引起人們的注意，卻真正掌握到這個歷史變遷的脈動。許多傑出的記者致力於報導南方的故事，他們從人性的角度告訴讀者種族隔離社會的真實面貌。紐約時報駐南方特派員克勞德·希登（Claude Sitton），就是這群傑出人士中的一位。

希登本身是個土生土長的南方白人，他操著濃重呢軟的南方口音。在從事新聞工作之前，他也曾受到種族主義的魅惑。但後來，他勇敢地記錄種種侮辱與恐嚇的景象，那是黑人的真實處境，卻也是南方人士竭力粉飾的。其中最清楚的例子，是他在一九六二年七月二十六日有關喬治亞州塞瑟郡（Sasser）的報導。內容摘錄如下：

泰瑞爾郡（Terrel）警長馬修（Zeke T. Mathews）說：「我們要我們的有色人民過著像過去一百年一樣的生活。」然後，他轉過身，不屑地睥睨聚集在奧利佛山浸信會教堂的群眾。三十八名黑人和兩名白人聚集在此，爭取選舉權。「喂，聽著，我已經受夠了選舉人登記這檔子鳥事了，」馬修斯繼續說道。

當這位高齡七十、面容和善的老人說話時，他的姪子，也就是副警長小馬修（M. E. Mathews）正神氣地把玩著黑色皮製子彈帶，和一把點三八左輪手槍。至於，另一位副警長唐納威（R. M. Dunaway）則不停地拍著放在掌心的閃光燈。這三個執法人員輪流干擾參與集會的民眾，並不時地發出警告——假如繼續這種集會，是會「打擾到白人公民的」……

對馬修警長而言，「執政二十年沒遭到任何抵抗」，是可以被理解的。泰瑞爾郡有八二〇九名黑人居民，卻只有四五三三名白人。根據阿拉巴馬州政府祕書處統計，該郡選舉人名冊中的白人有二八九四人，但登記為選民的黑人卻只有五十一名。

現場獲得投票許可人民的聲音迴盪在教會四周，連附近的停車場都聽得清清楚楚。但群眾因為恐懼而神色凝重。有一支由十三名執法人員組成的部隊，以及一些穿著隨便的白人走進教堂。其中一人舉臂指著坐在前面的三個記者大喊：「他們在那裡。」

「如果上帝可以與我們同在，那麼，他也可以棄我們而去，」與會的許若德（Sherrod）先生大聲朗讀著：「我們就像任由屠夫宰割的羔羊一樣。」

馬修警長衝進教堂，大步走向堂前，副警長唐納威尾隨其後。他們在三名記者面前站定，目光卻掃向群眾，馬修警長開始向群眾發表演說：「我對任何宗教組織均懷抱著無比的崇敬，但我的人民對此類的祕密集會卻不堪其擾。」

接下來，馬修警長面向黑人群眾，說明該郡的黑人對其生活都沒有任何不滿。然後，他要來自泰瑞爾郡的民眾站起身來。

「你有被打擾到嗎？」

「有，」有個低沉的聲音回答。

「如果你的資格符合，你會去投票嗎？」

「不會。」

「你需要別人告訴你，你該做什麼嗎？」

「需要。」

「這一百年來，你會覺得日子過得不好嗎？」

「不會。」

然後，馬修警長向群眾表示他不會去控制地方上的白人，而且，他希望能夠防範暴力事件的發生。他說：「其實，泰瑞爾郡已經太出鋒頭了。我們不想樹大招風，招惹暴力。」

警長馬修繼而提出他的見解：「在泰瑞爾，並不是黑人本身想要聲請投票權，而是某些從麻州、俄亥俄和紐約來的有心人士唆使他們去投票的……」

接著展開尖銳問題的爭執。過了不久，馬修斯警長對群眾說：「從現在到十二月，暫時禁止聲請投票權……」

繼而，他要唐納威記下現場所有民眾的姓名。「我只是想知道，有多少泰瑞爾郡居民對生活現狀不滿，」馬修斯解釋。

旋即，他指著一名由麻州前來幫忙登記事宜的白人大學生，轉身對當地一名黑人說：「他兩個星期後，便會離開這裡回家去；而你，還要一直住在這裡……」

警長臨去時對記者說：「現場的部分黑人，不久之後就會投票給古巴的卡斯楚和蘇聯的赫魯雪夫了。」

此時，黑人們開始哼起一首歌，那是靜坐示威的民謠「我們一定會勝利」（We shall overcome），當執法人員撤退到教堂外面時，群眾的歌聲也越來越高亢。

聚會很快地平息下來，有個史瓦斯摩（Swarthmore）學院十八歲的白人女學生潘娜洛普．派區（Penelope Patch），報告她在李郡（Lee County）的工作；亞倫（Allen）先生說，上週六他被人毆打了兩次，還在道生郡（Dawson）受到死亡威脅……

十點以後，黑人站起來牽手圍成圓圈，他們隨著旋律而擺動，口中一遍遍唱著「我們一定會勝利」……然後，他們走出教堂，穿過執法人員。「我記住你了，」一個警察對一名黑人說：「我們會逮到你們的。」

暴動、私刑、種族隔離！

此外，希登還報導南方的私刑。一九五九年四月二十五日，一名被控強暴白人婦女的二十三歲黑人麥克·帕克（Mack Charles Parker），被人從密西西比州派勒佛（Poplarville）監獄劫走，並加以殺害。一九六〇年一月四日，希登在派勒佛寫了一篇特稿，重構這件謀殺案的各個細節。希登說，這件案子的情節是小鎮裡茶餘飯後的話題。聯邦調查局派員對此私刑案進行鉅細靡遺的調查，寫了一本厚達三百七十八頁的調查報告，並將之轉呈給密西西比當局。但是，當巡迴法院法官希布·戴爾（Sebe Dale）在派勒佛組成大陪審團審理此案時，卻未向聯邦調查局調閱該份報告，還駁回聯邦探員自願出庭作證的請求。希登說：「當戴爾法官對陪審團做指示時，他表示近來最高法院的判決，是促成這件私刑案件的導火線。他告訴法官們，聯邦社會局已經穿上法官的法袍越俎代庖。」三天後，大陪審團對帕克案並未作出任何判決，就解散回家。他們說，居民普遍同意陪審團的裁決。他們無法起訴殺害帕克的凶手；他們承認說，審判只會使他們的社會更尷尬而已。一個官員說：「就算你握有施以私刑的錄影存證，你也不能將嫌犯繩之以法。」

在阿拉巴馬州的伯明罕，也上演著白人拒絕妥協的劇碼。一九六三年春天，黑人發起活動，呼籲廢除百貨公司餐飲吧台的種族隔離禁令，並要求開放機會，讓黑人也能從事售貨員這類的工作。負責處理此次靜坐抗議和示威遊行的是綽號「公牛」的警察局長尤金．康諾（Eugene "Bull" Connor）。他以警犬和濫捕行動對付運動參與者。這次行動，最後在包括甘迺迪總統在內的聯邦官員請願下，終於說服阿拉巴馬州當局，以簽署「廢除隔離協定」（Desegregation Agreement）落幕。然而，兩天後，暴徒卻炸毀了伯明罕黑人區，而金恩博士的弟弟金恩牧師（the Reverend A. D. King）的家也在暴動中化為灰燼。五月十三日，希登與伯明罕市長亞瑟．漢斯（Arthur J. Hanes）晤談。市長漢斯與警長康諾在日前的一次選舉中，遭到人民投票罷免，只是在法院做出判決前，他們仍將繼續服公職。漢斯說：「馬丁．路德．金恩是個革命黨。司法部長應該派人好好調查調查這個金恩黑鬼。天曉得，這個黑鬼竟然有司法部和白宮幫他撐腰。」希登繼續寫著，漢斯接下來抨擊司法部長勞伯．甘迺迪，「我希望他吞下去的血滿出來，最好把他噎死。」

此時，校園的廢除種族隔離行動也在許多地方引發暴動。一九六〇年十一月，四名黑人小女孩進入紐奧良（New Orleans）白人小學就讀一年級，這是路易斯安那州廢除種族隔離的第一步。希登報導，州立法機關通過的反制法案，扭曲了聯邦法院記錄，他還報導了許多暴力事件。多數的白人家長讓小孩轉學，而寧願冒險帶著孩子穿過龍蛇混雜的幫派地盤，到其他學校就讀。十二月四日，希登報導了一則特例。

有個無畏幫派惡勢力的女子，那就是歐蘭朵・蓋伯瑞（Orlando Gabrielle）太太，她知道當她帶著六歲大女兒優蘭達（Yolanda），走過八個路口去上學，是必須冒著生命危險的。每個週二和週三，都有一群衣著邋遢的婦女尾隨著這個四十二歲的母親，在她身後發出連串震天價響的詛咒。還有身形魁梧的警察，曾經兩度試圖將她拖倒。某個晴天午後，在那些婦女開始破口大罵之前，蓋伯瑞爾太太搶先一步說，她之所以公然抵抗那些咄咄逼人的種族隔離者的原因……

「這並非有色人種的錯，畢竟他們是被迫來到這裡的，」她說：「假如你讓黑人流離失所，你就必須付出很大的代價，這個代價，是南方必須承擔的……」

起初，蓋伯瑞太太當然擔心女兒和自己的安危，但「我決定絕不向這些暴徒屈服」。為了勇敢面對那些嘲笑的婦人，她說她已吃了秤鉈鐵了心，並且不斷默唸詩篇第二十三章：「縱使我走過死蔭的幽谷，我也不怕災害。」她對那些折磨她的人毫無恨意。

「我可以包容他們，」她說：「他們正走向最深的地獄，有人給了他們一個命令，他們就被牽著鼻子走，而無法自拔了。」

喚醒大眾的媒體

希登和其他駐南方記者的報導，讓大多數忽視或不關心南方問題的北方人士瞭解了南方政府種族主義的意義。深入美國人的生活的電視，也不遺餘力地傳達這些訊息。耶魯大學法學教授亞歷山大・畢克（Alexander M. Bickel），在一九六二年撰寫一篇論文，研究紐奧良、阿肯色州小岩城和其他地區人民對抗廢除隔離的現象。他研究發現，電視報導已經改變了全國的輿論。他說：「強制種族隔離就像州政府權利，也像『南方生活方式』一樣，對很多中立或同情的人民而言，只是一個抽象的概念，但這些暴動，使得美國人得以立即明瞭種族隔離的具體意義。在當地土生土長的人民，狂暴地對付他們的敵人，兩個、三個，甚至更多個卑微、拘謹，有如驚弓之鳥的有色人種，以及他們異常勇敢的小孩。這些令人不齒的現象，就是南方人道德破產的明證。」

被報紙、廣電媒體喚醒的，並非只有美國大眾，還有北方的政治人物。正當其他地方先後揭竿而起，激烈挑戰種族主義時，南方政客對聯邦政府干涉其種族措施的反制行動終於幻滅。而且，地方政客和政治領導人也開始擔心了。在一九六三年伯明罕暴動事件發生後，美國最重大的變革就是甘迺迪總統在半推半就下，向民權運動靠攏。他在全國電視網上發表種族司法演說，這是白宮對此議題的首次公開發言。

這個國家由來自各國、各種背景的人共同建立而成，我們的建國根本在於人人生而平等，以及個人權利不能威脅到其他人的權利……因此，各種膚色的美國學生都應該有權進入他所選擇的公立學校就讀，而不需要有任何背景；各種膚色的美國顧客，都有權在各個公共場所——飯店、餐廳、劇院和雜貨店裡，享有同等的待遇，而不須被迫走上街頭爭取這些應有的權益；各種膚色的美國公民，都有權在不受妨礙和報復恐懼的威脅下，在各項自由選舉中投下神聖的一票。總之，每個美國人民都有權受到他所希望接受的待遇，或他所希望他的孩子能受到的待遇。然而，事實並非如此……我們的國家和人民正面臨著一個道德危機。這是警力所無法鎮壓的，這是再多示威遊行也無法驅離的，這也是口頭保證所無法平息的危機。現在應該是在國會、在你們的州立法局，以及在各地方立法機構中，尤其是在我們全部的日常生活中採取行動的時候了……

遲來的春天

幾天後，甘迺迪呼籲通過全面性的聯邦民權法案，但他在該項法案通過立法前，就遭人刺殺身亡。一九六四年，美國參議院議員以冗長發言阻撓議事進行，致使民權法案的決議無限期延長下去。後來，國會通過、詹森總統簽署了另一項議案，規定任何在公共場所、學校和雇用上的歧視均屬違法。次年，國會在制定「投票權利法案」（Voting Rights Act）時，擬定強有力的法令條款，終於使南方黑人得以擁有投票權。此後數年，黑人先後當選為市長或州立法委員，地方的政治局勢也陸續轉型。而且，南方參議員為了贏取選民的青睞，也轉而支持民權立法。有位黑人米克．艾斯皮（Mike Espy）兩度當選為密西西比州國會議員；另外還有位道格拉斯．懷爾德（Douglas Wilder）則被選為維吉尼亞州州長。在蘇利文案審判過後三十年，蒙哥馬利的黑人歷史紀念碑成為阿拉巴馬州觀光旅遊局的促銷景點。

雖然這個春天來遲了，但美國憲法體制終於如實起了作用。自從一七八七年的立憲會議（Constitutional Convention）以來，美國就相信，美國人民有自由知道他們政府在做什麼，也有自由批評或改革政策。一七九一年，憲法增補第一修正案，禁止國會剝奪人民的言論或出版自由，這時後才真正保證了這自由。當時，國民議會的主導人物，也是第一修正案起草人詹姆斯·麥迪遜（James Madison, 1751-1836）即清楚預見到政治民主與言論自由（freedom of expression）的密切關係。麥迪遜說，假如英王喬治三世（George III）在一七七六年以前箝制美國報紙，那麼美國現在可能還是「悲慘的殖民地，我們則是在外來政權的宰制下，過著怨聲載道的生活」。

執行判決

蘇利文警長真正要攻擊的目標，是美國作為民主改革代言人的報界。他和南方其他控告紐約時報誹謗的官員，都試圖阻撓任何揭發種族主義本質的行動，以及影響人民對此議題的政治態度。因此，最廣義來說，誹謗訴訟即是對憲法第一修正案原則的挑戰。但若想針對此一論點進行法律論辯，則勢必會面臨極為艱鉅的阻礙。因為，誹謗言論向來被認為不受第一修正案保護，僅被視為第一修正案所保障之言論自由的例外。而且，美國最高法院曾三令五申，誹謗的出版品是不受保障的言論。一九五二年，在「布哈那斯訴伊利諾州」（*Beauharnais v. Illinois*）一案中，法院根據伊利諾州州法宣判，凡出版任何「鄙視、譏諷、誹謗」種族或宗教團體的文字均屬違法。該案主審法官表示，誹謗並不在「憲法保障的言論範圍之內」。

在蒙哥馬利陪審團宣判蘇利文獲得五十萬美元損害賠償後，紐約時報的內部月刊《時報漫談》（*Times Talk*）刊登一篇文章，報導紐約時報在阿拉巴馬州的誹謗官司。這篇文章由羅戴羅律師事務所的年輕合夥律師隆納德・戴安納（Ronald Diana）執筆。他在文中條列出一些在上訴中準備提出的論點，即「紐約時報在阿拉巴馬州並未受到合法的審判」，這則廣告「其實也沒有指涉」蘇利文；而且，蘇利文獲判損害賠償一事已構成「嚴重的暴行」。但是，戴安納在這篇文章中對第一修正案卻隻字未提。

儘管如此，紐約時報的辯護律師決定就第一修正案出抗辯。安伯瑞也曾針對此一論點與瓊斯法官爭辯過，他指出，允許蘇利文因一則未曾指涉他的廣告而獲得損害賠償，是違反新聞自由的判決。然而，安伯瑞此舉並未成功。因此，律師們試圖更新此議題和其他論點上訴，好讓阿拉巴馬法院撤銷這宗判決。

紐約時報和四位牧師採取的第一個步驟，即是提議更審。瓊斯法官將此次審訊安排在一九六一年二月初，後來，這次的開庭因紐約時報聲請延期，而順延一個月。但由於四位牧師並未另外再要求延期更審，因此，瓊斯法官據此判定他們喪失要求更審權。瓊斯的這項判決，讓四位牧師陷入極悲慘的境遇。瓊斯法官裁示，由於牧師們未申請申請延期，是故當審判終結，法院得以查封拍賣四位牧師的財產，以支付五十萬美元的損害賠償。警察馬上就查扣亞伯納西牧師的一九五七年別克轎車。同時，瓊斯也立即簽發命令，查封亞伯納西和其他三位牧師在當地的所有動產和不動產。

旋即，警方就在亞伯納西牧師名下的一塊土地上，就地辦起法院拍賣會。當紐約時報針對此事刊出一則短文時，發行人亞瑟．沙茲伯格讀後怒不可遏，遂寫了一封短箋給他的律師好友羅伯，轉述四位牧師的窘境。沙茲伯格問：「我們可以透過什麼法律途徑來幫助他們？」羅伯回信時表示：「假如他們的狀況和我們的一模一樣的話，我們就可以為他們盡點兒力。但很不幸，我們的情況並不相同，他們沒有司法管轄權的問題，這是我們達到撤銷判決所需要的。」（根據羅伯的建議，紐約時報在一年內，不要派遣特派員進入阿拉巴馬州境內，使得該州法院無法發出傳票，這樣紐約時報在司法管轄權的問題就有可能獲勝。）

上訴失敗

羅伯在信中告訴沙茲伯格：「恐怕這是我唯一想得到的辦法了，也就是說，在未來的所有訴訟中，我們都必須和牧師們密切合作。我們現在所能做的是，竭盡所能地撤銷這項審判，我有信心我們一定會成功。所以，我們要盡力幫助他們，贖回被那些喪心病狂的傢伙奪走的財產。」

由於瓊斯法官否決了紐約時報更審的提議，因此，他們採取第二步驟：向阿拉巴馬州最高法院提出上訴。對紐約時報和四位牧師而言，前景是黯淡無光的。當時，阿拉巴馬州法院傾力維持種族隔離狀態。他們費盡思量大玩法律遊戲，將「全國有色人種協進會」擋在該州境外，長達八年之久。一九五六年，瓊斯法官於「阿拉巴馬州請願書」（State's Request）中，在未開聽證會的情況下，簽發暫時禁令，限制「全國有色人種協進會」成員進入該州。當時，瓊斯法官以該協會不願呈繳成員名冊給阿拉巴馬州法院為由，宣判「全國有色人種協進會」觸犯藐視法庭罪。結果，美國聯邦最高法院駁回這紙藐視罪狀，但阿拉巴馬州法院卻拒絕執行最高法院的判決，還批評最高法院是在「錯誤前提」的基礎上做此判決。最高法院決定再次支持「全國有色人種協進會」，只是，阿拉巴馬州法院不願正視該會的功績，因為，這件訴訟案其實是在同一目標下，兩派立場相左的人馬的角力。阿拉巴馬州法院這個貧弱的藉口，被最高法院三度駁回。最後，以耐性、溫文謙和著稱的法官約翰．哈藍，終於忍無可忍，以他的意見作成如下定論。「如果，阿拉巴馬州法院不儘速履行這項判決，那麼，『全國有色人種協進會』將採取行動，赴聯邦最高法院聲請法律救濟。」這回，阿拉巴馬州法院終於服從上級裁決，解除長期以來對「全國有色人種協進會」的禁止令。（接下來的數年，阿拉巴馬的種族歧視情形逐漸趨緩，政治生態慢慢改變，連法院也不例外。一九七五年，為紐約時報在蘇利文案中擔任辯護律師的安伯瑞，因為列名在喬治．華勒斯〔George Wallace〕的法官候選名單中，而膺選為阿拉巴馬州最高法院法官。）

一九六二年八月三十日，阿拉巴馬州最高法院確認阿州法院對紐約時報和四位牧師的判決。最高法院不僅完全支持該項判決，還以更廣義的解釋宣判這件誹謗案，此舉無異對媒體在種族議題上的報導造成更大的威脅。主審法官同意瓊斯法官的觀點，認為廣告中的陳述本質上確是誹謗（libelous per se），並由此推定此一廣告為不實、有傷害他人之實的敘述。同時，陪審團判決這則廣告內容「指涉且關係到蘇利文」。該案法官表示：「一般人民都有這個常識，在自治都市中，像警察、消防等人員，都是受到市府執政團隊的管轄和指示而行動的公務員，而他們更是直接隸屬於單一局長的管轄。因此，任何對此一團隊表現的評價或批判，通常都與管轄此團隊的官員有關。」這段「指涉且關係到蘇利文」的陳述，無異是對報導，或對所有討論政府作為的個人、團體的恐嚇。亦即，所有對阿拉巴馬州公共事務的評論，如對「警察」的推論，都會被指控為對官員名義上的人身攻擊，而且會被判處金額極高的誹謗賠償。

阿拉巴馬州最高法院也同意，瓊斯法官判給蘇利文的五十萬元損害賠償並不算過分。庭上表示：「紐約時報著實不負責任，身為新聞媒體，卻在廣告中刊出查無實證的錯誤言論。」該報因無法證明其所載言論為真，故被判處支付一大筆罰鍰。況且，該報在應州長之請，刊登撤銷廣告聲明時，卻未同時回應蘇利文的要求。然而，此二人所遭受的「不實指控其實是相同的」，法庭如是說。

紐約時報終於提出第一修正案的觀點，但阿拉巴馬州法院以一句話就駁回其聲請：「美國憲法第一修正案不保障誹謗言論。」只要任何法庭堅持這個論點，這項法庭的聲明就變成是正確無誤的。

第6章

自由的意義

一七八七年，費城制憲會議（Philadelphia Convention）在制定美國憲法時，幾乎未曾提及現今所稱的「憲法的權利」（constitutional rights）；同時也因為立法程序或其他對個人的非正式保障（familiar protections），而未將人民的宗教等自由納入保障範圍。這部憲法主要是一份結構性文件（structural documents），其制定目的在於促成已獨立的十三州能在新聯邦政府的領導下，結合成一個國家。當時，各州仍處於彼此對立的狀態中，各自為政，他們對各種州際貿易強徵稅賦；同時，各州各有流通的貨幣，全國並沒有統一的貨幣制度，也沒有一個中央政府負責發行共通貨幣。亞歷山大・漢彌爾頓（Alexander Hamilton）與詹姆斯・麥迪遜（James Madison）因而出面擘劃（planned）此次會議（「密謀」〔plotted〕這個詞還不足以形容），以建立一個中央政權。但局勢的詭譎，讓他們直到最後一刻，也就是華盛頓同意參加會議時，才確定有足夠的代表支持制憲會議。他們排除萬難，制定了中央政府的章程。但是，他們也考慮到自己和人民心裡另一種的深層感受——對權力的恐懼。他們因反抗英國國王而革命，他們也不希望極權政制以任何偽裝的方式死灰復燃。他們的兩難是，他們同時也希望建立一個大有為的政府。

一波三折的制憲會議

制憲會議起草建立一個人民獨立自主的共和國，亦即讓人民擁有法案制定的最終表決權，以及變更政體的權利。但是，他們並沒有構思出任何足以防範濫用治權的方案。因此，會議採行了麥迪遜所提的「輔助預防措施」（auxiliary precautions）。這是個分權和「以地方包圍中央」的結構策略。首先，各州得保有充分的主權，只將某些特定的權限讓渡給中央政府，例如，外交和州際貿易等事務；其次，聯邦政府的架構必須三權分立，讓立法、行政、司法各權彼此制衡。當某一部門權力擴張太大時，其他兩權得以反擊，此種設計得以讓三個部門在權力競爭中，防範獨裁政權出現的可能。制憲者認為，這些設計可以讓美國人相信這部憲法能夠預防專制政權。從結構設計的特質來看，他們是對的，但他們卻錯估了人民的感受。

我們現在這麼的敬畏憲法，甚至以為十八世紀的美國人民也是這樣服膺憲法規範。但是事實根本不是這樣！當初提出讓十三州通過的憲法草案（proposed constitution），曾遭到強烈的反對。像維吉尼亞州的自由派大將派區克·亨利（Patrick Henry）和喬治·梅森（George Mason）即主張，即使以地方包圍中央，新的中央政府還是可能會走向專制。這部憲法之所以被通過，只是因為制憲代表普遍害怕權力的集中。這項憲法簽字認可，在反對最甚的麻州、紐約州和維吉尼亞州簽署時，面臨關鍵性的試煉。在麻州，代表大會主席（即該州州長）約翰·漢卡克（John Hancock）提出一個解除權力恐懼的天真想法。他建議以憲法將認可簽字與人民要求的第一屆國會選舉結合在一起，如此便可驗證聯邦政府主權的特定限制了。他的策略在麻州代表大會中奏效，麻州因而以一八七票比一六八票同意憲法簽字。紐約州和維吉尼亞州也分別以三〇比二七、八九比七九通過憲法認可。只是，這兩州不約而同地要求，制憲會議必須訂出一套修正案或權利法案來限制中央政府的權力。

權利法案

理所當然地，第一屆國會認為制定修正案是為了迎合各州代表大會的要求，因此，一七九一年，國會與各州政府同意在憲法中增補十項修正案。這就是日後眾所周知的「權利法案」（the Bill of Rights）。

> 國會不得制定關於以下事項之法律：確立宗教或禁止信教之自由；剝奪人民言論或出版之自由；剝奪人民和平集會或向政府陳情救濟之請願權利。

第一修正案中的言論自由條款所指為何？從字面看來，它的意義似乎是很簡單而無所不包的。該修正案規定，「沒有法律」能夠「剝奪人民的言論或出版自由」。更直接地說，美國人得以自由地表達、出版任何東西，而無須畏懼任何法律的威脅。然而，它從未成為事實，而且，也不可能成為事實。如果真是如此，那麼，黑函攻擊在美國就不會被判有罪了，因為發黑函的人就是以說或寫的方式進行；此外，在法庭上作偽證，也就不會被判定有罪了。

那麼，言論和出版條款的意義是如何決定出來的？或先問另一個問題：由誰決定的？從現今觀點來看，答案是顯而易見的：釋憲是法院的職責，尤其是最高法院。然而，當時的情況沒有這麼明確，有些人相信政府的每個部門都應該自己判定憲法的意義。譬如，當國會通過一項法令時，國會議員應該思考該法令有何缺失；總統在簽署法案時，也應該有相同的考量。制定（enactment）是立法的最後決議，此時，法規的各項條文必須是合憲的，因此，當某人觸犯此法時，不得要求法院廢除這項法令。但如果這個觀點在當時獲勝的話，則憲法的規定只能作為引導或勸誡，而不具法律的約束力。幸好這觀點沒有成功。一八〇三年，在「馬伯瑞訴麥迪遜案」（*Marbury v. Madison*）中，最高法院判定憲法是法律，而且，院長約翰・馬歇爾（John Marshall）裁決：「裁定法律是什麼，是司法部的職權與責任。」但湯馬斯・傑佛遜（Thomas Jefferson）總統對馬歇爾的觀點相當不以為然，他說：「如果司法部門有權裁定政府各部門是否違憲，院長就很容易會造成司法獨裁。」早年，各州召開制憲會議時，傑佛遜是美國駐巴黎外交官，當時他曾促請麥迪遜制定權利法案，因為「司法體系應該也需要法律的牽制」。無論如何，自從「馬伯里訴麥迪遜案」提出後，法院終於還是獲得釋憲的最後裁量權。

習慣法

不管最高法院或其他法院，向來皆以習慣法（Common Law）來解釋憲法，也就是視各案情況，以先前法官的判例為本案進行判決。遠從中世紀起，英國法官即依據各種判例進行審判，並為不斷改變的現實提供可參考的前例。如果先前的判例是，主人讓牲口跑到其他人的土地上闖禍，這名主人應被判處罰金；但現例則可能是：「如果惡犬……」因為判例數量的持續增加，因而衍生出一種法律制度——習慣法。習慣法是法官從各個案例積累而成的法規，其判決係依據經驗。何姆斯（Oliver Wendelll Holmes, Jr.）大法官在其鉅著《習慣法》（*The Common Law*）一書中表示：「法律的生命不是本於邏輯，而是經驗。」這種異於大陸法系中法官必須遵循的鉅細靡遺的法條的制度，一直被英語系國家所沿用。（當然，現今的英美法中，已有許多成文法規否決了習慣法的效力。）

為了延續習慣法的傳統，法院不會抽象地解釋就憲法條文的意義，除非個別的案件要求憲法條文的解釋。法律的意義是從實際狀況（situation）中產生的。例如，憲法所指的言論自由，包含「不」說的自由嗎？抽象地看，問題會太過廣泛而無法回答。但是我們可能鎖定在較具體的問題上——州政府有權要求公立學校的學生向國旗敬禮嗎？如果學生拒絕，校方有權開除這個學生嗎？這些事實凸顯了其中所涉及的價值觀與緊張關係。（一九四二年，美國最高法院裁決，校方得開除拒絕向國旗敬禮的學生，因為這些學生是耶和華見證會教徒，他們認為敬禮是對偶像的崇拜。法院裁定校方的決定侵犯了他們的言論自由。）

遠在一七九三年，最高法院規定法院不得給予諮詢意見（advisory opinions）。當華盛頓總統要求法官在出版法問題上提供意見時，法官們回答說，他們不得提供「司法以外」的意見（不是實際訴訟所需要的意見）。是故，他們並沒有並沒有量身打造地、有方法地解釋憲法。當歷史和法學運動思潮創造出和當時人類議題有關的個別條款時，他們也不斷地重新解釋憲法。

釋憲與社會變遷

解釋業務契約、遺囑和法令等文件，是法官的例行職責。這就是釋憲之所以成為法官義務的原因。然而，釋憲和解釋其他文件是截然不同的兩回事。憲法和修正案制訂者的遣詞用字都極為籠統，像「言論自由」、「法律的平等保障」，而對一些具體問題卻未給予自明的答案。例如，第十四修正案的制訂者，並未直接說明是否允許種族隔離，而改以「平等保障」稱之，讓後世人們以其時代的觀點自行界定這些法令。制訂者揚棄細節，只擬定大原則，其實是別具用心的。他們避免以定義過於精確的法令，去約束未來的社會。這表示他們瞭解到，「精確是永恆之敵人」（precision is the enemy of permanence），而細瑣的法令所反映的是一個時代的狹隘眼界，反而會成為局勢變遷的絆腳石。一部鉅細靡遺的憲法是無法長存的，因此，制憲者只是提供一個清楚的輪廓來告訴我們：「不得制定法律……剝奪人民的言論自由。」他們在憲法中制訂能被翔實詮釋的條文，以期這部憲法得以因應未來的新環境。一八一九年，最高法院院長馬歇爾在憲法中標註：「憲法是要長存於時代的，而且必須能因應人民所面臨的各種危機。」正因為偉大的法官們能秉著憲法的精神，加以適度地詮釋，因此，憲法至今仍得以是美國的基本法。

法官們會盡可能地探索憲法中像是「言論與出版自由條款」的源頭，去瞭解制憲者在想什麼。就像成文法一樣，面對憲法的時候，法官會檢索立法的歷史：像作者的陳述、國會的委員會報告，以及議會辯論紀錄。然而，有關憲法第一修正案的文獻卻如鳳毛麟角。第一屆國會的維吉尼亞州代表麥迪遜，為了達成制憲時某些州代表會議的要求，遂致力於催生「權利法案」。起初，他只能孤軍奮戰。一七八九年六月八日，麥迪遜首次為推動權利法案而發表演說，他擬定數項修正案，其中之一即是：「不得剝奪人民談論、書寫或公開出版個人意見之權利；出版自由是自由權的重要屏障之一，是不可侵犯的。」眾議院委員會在未經解釋的情況下，將之修改為：「言論與出版自由，以及人民為其共同利益而和平集會、磋商的權利，均不得侵犯之。」當眾議院針對第一修正案進行辯論時，眾人對於「言論與出版自由」的意義均不得其解。後來，參議院將言論、出版，以及對宗教與請願的集會保障合併納入保障範圍，此即現今第一修正案的雛型。這一回，我們仍然不知道憲法遭到變更的原因。參議院未保留當時的辯論紀錄，也沒有其他人會像麥迪遜一樣，在極具歷史參考價值的個人備忘錄裡，逐一記錄制憲會議的內容。參眾兩院在一七八九年九月二十五日達成協議，提出十二項修正案。其中第一、第二項有關各州代表席次與國會給薪的規定遭到刪除。（所以，現在的第一修正案是當時的第三修正案。）獲得保留的十項修正案於一七九一年十二月十五日，在維吉尼亞州代表終於簽字、達到法定的四分之三同意的狀況下，成為美國憲法的一部分。

出版自由的歷史回溯

如果立法歷史未能提供有意義的線索，那麼研究者會去查證當時在演說、政治文件、報紙、法律議事錄中和憲法類似的語言。在那裡有相當豐富的文獻資料，可以用來印證第一修正案中關於出版自由的條款。在「出版自由」這個名詞出現在聯邦憲法之前，最初獨立的十三州裡，已有九個州在其州法或其他官方文件中使用「出版自由」一詞。維吉尼亞州一七七六年制訂的「權利宣言」（Declaration of Rights）是最早提到出版自由的文件：「出版自由是自由權的重要屏障之一，除了獨裁政體之外，均不得箝制之。」（至於言論自由，則僅有賓州的權利宣言中曾經提及。）十八世紀末，言及「出版自由」的美國文件不計其數，但使用的政客、編輯或法官，對這個名詞的用法卻分成兩種至為懸殊的定義。

「出版自由」其中的一個概念，僅僅是指人民有權出版任何言論，而不須事先獲得官方的許可，亦即，不受律師所言的事前限制（prior restraint）的規範。但此一自由的定義並未給予發行人或表意人（speaker）出版後的保障。如果他批評政府，還是會成為刑事懲罰的被告，現在看起來，這其實稱不上是自由。而自由的另一個概念，是指更廣泛的自由：政治評論不僅在出版前不受事前限制，也不用害怕事後的追懲。至於一七九一年美國人所理解的「出版自由」究竟是什麼，曾經引發廣泛的論戰。李奧納·李維（Leonard W. Levy）教授於一九六〇年出版的《壓制之傳承》（*Legacy of Suppression*）一書，引起極大騷動。他指出，對於出版自由的保障，獨立後和殖民時期的美國法庭都採取狹隘的觀點。大衛．安德森（David Anderson）引述美國獨立革命前的《凱托信札》（*Cato's Letters*）予以反擊，《凱托信札》是一部頌讚廣義言論與出版自由的英國文獻論集，其學說對政治思想有著既深且廣的影響。安德森補充說：「假如美國殖民地在革命前是個受到壓制的社會，那麼，在實際上而非法律上，報業是可以自由批判政治的，不論是用煽動性言論甚或任意謾罵。」在《壓制之傳承》一九八五年增訂版中，李維坦承，如果不看法官的判決，媒體其實是擁有廣義的出版自由的。

美國人對出版「事前限制」的極度憂慮，可追溯至英國史上一個在英美人民心中永難抹滅的印記，即「報業許可制」（the practice of licensing）。報業許可制濫觴於一五三八年，英王亨利八世（Henry VIII）規定任何言論在付梓之前，都必須事先取得皇家檢查官的許可，這項政策隱含著雙重目的：一來，這在經濟上有助於控制新興的印刷產業；再則，於政治上可以防範不受歡迎言論的傳散。這項強制推行的皇家許可，一直沿用到克倫威爾（Cromwell）推翻專制政權之前。一六四三年，克倫威爾主導的大議會（Parliament）制定了另一套許可制法令。對人民而言，許可制是相當沉重的負擔，凡有意出版書籍、小冊子、宗教經文，甚至傳單者，都必須先獲得檢查官的出版許可（imprimatur）才能印行；而且，人民對於檢查官的專斷蠻橫，並無可供申訴的法律途徑。約翰．彌爾頓（John Milton）完成於一六四四年的經典之作《雅典最高法院法官》（*Areopagitica: a speech for the liberty of unlicensed printing*），表達了對許可制的強烈抗議。對彌爾頓而言，此一制度的存在彷若是晴天霹靂。幸而，這項法令在一六九四年終於因大議會決定不予增修而宣告終止。

誹謗政府罪

彌爾頓主張，任何人有權在未得到官方事前許可的狀況下出版任何東西，然而，他並未主張保障（其實是不寬恕）出版，當出版品涉及對教會、國家或官員不敬時，還是必須接受懲罰。他認為，「出版品一旦中傷或誹謗他人時，執法者得採取最適當且有效的方法補救之。」言下之意，他仍將此行為視為犯罪。這項罪行就是「誹謗政府罪」（seditious libel）。法官將之定義為「習慣法罪」（common-law crime），而且，由於這個極度寬鬆的定義，因此法官可能以「意圖出版政治異議言論」為由，脅迫任何人民。任何有貶抑政府、公家機關或官員名譽之嫌的出版品，都可能以「誹謗政府罪」遭到法院起訴。如果你批評皇室成員或官員腐敗無能，你將不被允許舉證說明自己並未觸犯妨害治安法。「事實」不能作為辯解的理由，因其罪行是貶抑他人的名聲，而「事實」是最有效的犯罪工具。俗話說：「愈是事實，愈可能是誹謗。」「誹謗政府罪」雖由陪審團審判，但陪審團所裁決的只限於被告有無出版攻擊文字，以及是否影射政府部門或官員。至於法官則判定出版品有無「惡意」或「惡劣傾向」，並據此判決被告是否觸犯誹謗政府罪。判定這種罪名的理論基礎，是由十七、八世紀英國首席法官約翰・侯特（John Holt）於一七〇四年提出：「對所有政府而言，人民善意的批評是必需的；但是對任何政府而言，是可忍，孰不可忍？再沒有什麼事情會比面對刻意挑起的仇恨和處理仇恨更糟的了。因此，這樣的行為向來被視為犯罪，而且，如果不處罰此等罪行，政府就無法安心。」

「誹謗政府罪」聽起來或許是遠古的事了，但這個概念對二十世紀的人類來說，絕對不陌生。這是獨裁政權以刑法隔離異議的標準動作。在戈巴契夫（Mikhail Gorbachev）推動蘇聯開放政策（glasnot 或 perestroika）之前，有一項被名之為「反蘇聯煽動」（anti-Soviet agitation）的法令，即是「誹謗政府罪」的一種。著名的言論及出版自由法規作者，芝加哥大學法學教授小哈利・卡爾文（Harry Kalven Jr.）指出，「誹謗政府罪」的觀念是「全世界封閉社會的共同特徵，在這項法令規範下，政治評論被視為誹謗，可判處徒刑。此種視言論為洪水猛獸（犯罪）的想法，是植基於對言論所存在之威脅的正確理解；而且，它很有可能會侵蝕人民對政府政策與執政官員的信心。然而，一旦政府以權力與法令壓制評論意見時，政治自由就蕩然無存了。依筆者之見，誹謗政府罪的存廢，是判定社會的標準……假如法律規定『誹謗政府罪』有罪，那麼，這就不是個自由社會，更遑論其他的法律了。」

「誹謗政府罪」既然令人如此深惡痛絕，那麼十七、八世紀「熱愛自由的英國人」（大法官菲力斯・法蘭克福特〔Felix Frankfurter〕如此稱呼他所景仰的英國人），何以能在「誹謗政府罪」當道的情況下，侈談「出版自由」呢？答案是，當時輿論自由的觀念，僅在哲學家和政治評論家之間緩緩滋長。不僅是批評政府和官員會被判刑，甚至連客觀意見也被視為具有危險性。彌爾頓思想雖被尊崇為自由的天籟，但在宗教上，他以清教為唯一的真理。因此，他主張禁止出版羅馬天主教和非基督教的福音書，但此種情況直到約翰・彌爾（John Stuart Mill, 1806-1873）的意見自由思想被英國人奉為圭臬後，才獲得改善。一八五九年，彌爾在《論自由》（*On Liberty*）一書中，為此種自由辯護：

> 首先，我們不得不承認，那些被視為不實而遭到壓制的言論，有可能是真實的；如果我們否定此一說法，即表示我們假設自己永遠不會犯錯。其次，受到壓制的言論可能是不實的，但通常也都包含有部分的真理；不論是一般的或是廣為大眾接受的意見，甚少或從來都不是百分之百的真理，唯有讓各種意見彼此辯證，才有機會發展成完全的真理。再者，如果我們確信既存的言論為真，而且全部都是真實的，我們也必須接受對立意見的挑戰和檢驗，以使其免於淪為武斷、非理性的偏見……

威廉・布雷克史東的《英國法律註解集》

英美律師所推崇備至的習慣法權威威廉・布雷克史東（Sir William Blackstone），在其一七六五至六九年出版的《英國法律註解集》（*Commentaries on the Laws of England*）一書中陳述：

> 根據英國法律，凡涉及褻瀆、敗德、叛國、分裂國家或人身攻擊的誹謗，均應接受懲罰……然而，正確說來，法律不得侵犯與剝奪出版自由。甚至，出版自由是自由國家之根柢，意即出版品不應受到事前限制，惟已出版之言論若涉及犯罪時，則不得豁免。每位自由公民均享有公開表達意見的權利，然設若其發表之言論為不當、傷人或非法時，則必須為個人之鹵莽負起責任。就現行法令而言，懲處任何已出版之危險或誹謗言論，必須就其惡劣意圖進行公正不阿的審判。如此一來，方能維護政府和宗教的和平與秩序，並鞏固公民自由的基砥。

行文至此，應該補充說明的是，在布氏對「誹謗政府罪」訴訟的「公正不阿的審判」中，並不認為事實足以作為辯解的理由，而且只有法官才可以裁定出版品是否構成「誹謗政府罪」。

布氏的《英國法律註解集》對一七七六年後的美國，深具影響力。這個已然獨立的國家，在法庭上依循英國的習慣法，而《英國法律註解集》正是最便利的習慣法判例大全。州法院慣常參考布氏的著作，並數度在宣判妨害治安案件時，直接援引其論點。甚至，遲至一八〇三年，紐約哈德遜一位編輯哈利．克羅斯威爾（Harry Croswell）被控「誹謗政府罪」，法官還是依據布氏所制定的習慣法判例進行審判。克羅斯威爾所服務的《黃蜂報》（*Wasp*，或稱《白人新教報》）

在一則新聞指出，傑佛遜擔任亞當斯的副總統時，曾經花錢買通一名記者詹姆斯・克藍德（James T. Callender），用不堪入目的言辭公然抨擊亞當斯和前總統華盛頓。（克藍德稱華盛頓為「賣國賊、強盜和詐欺犯」。）當克羅斯威爾接受審判時，他為了傳喚克藍德出庭作證有無受傑佛遜收買，而提出延期開庭的聲請，但遭到法官駁回。法官並宣稱此事其實與該案毫無關係，因為事實並不構成抗辯理由。最後，法官以該報導確實觸犯「誹謗政府罪」，遂宣判克羅斯威爾有罪。（一年後，紐約州議會通過一項條文，規定在「誹謗政府罪」案件中，事實是可以作為抗辯理由的，克羅斯威爾終於獲釋。出獄後，他放棄新聞工作，轉而成為英國國教牧師。）

李維教授在其一九六〇年出版的著作中指出，第一修正案生效後，布氏有關妨害治安的論點還是廣受美國人採納，因此，當時所謂的「出版自由」，其實僅指不受「事前限制」的自由。但到了一九八五年，他在該書增訂本中修正其觀點，他表示，先前不該僅就法學理論和司法意見率而發表論述。

當時的社會背景

李維表示，他此刻方才明白，十八世紀末葉的社會現實和理論的差距極其懸殊。當時的報業「謾罵成癖」，極盡苛責政治人物之能事。而當時的政府因為害怕大眾會同情被告，因此，「誹謗政府罪」訴訟是非常罕見的。「實際的自由是很不一樣的，就像『出版自由』這個法律概念，其實是壓制言論的手段。法律就是要壓制；但報業所表現出的，卻是無視於這項法令的存在。」李維論斷，在美國，「英國習慣法的定義已經不再合適，而且，自由主義的理論也跟不上社會現實。」在現實中，出版自由意指，「一種針對所有公眾利益議題所進行的刺激、刻薄與攻訐討論的權利。」

美國獨立之初，美國報紙充斥著抹黑言論。如果二十世紀末的政治人物自覺受到媒體的不公平對待，不妨回首兩百年前的景況，或許會為當時的政治人物一掬同情之淚。放眼美國歷史，有哪位政治人物在面對批判時，能比華盛頓更傲然無愧的？一七九七年，華盛頓第二任總統任期屆滿前，費城《曙光報》（*Aurora*）批評道：「此人乃吾國一切不幸之源頭，他現下終於回去吃老米飯了，而且再也不能專擅大權，危害美國了。如果有什麼時刻值得舉國歡騰，那就是此刻了，民心因自由與幸福而澎湃激昂；因華盛頓政治濁流、法制崩壞時代的結束而歡聲雷動。」政治漫畫家也不遺餘力地貶抑華盛頓，甚至有幅漫畫把華盛頓畫成一頭驢子。

「誹謗政府罪」在第一修正案時代的問題是：各州法院仍我行我素，報業也喧囂不已，完全無視於這觀念的存在。結果引來一個意外插曲，使得第一修正案和「誹謗政府罪」概念的關係，演變成迫在眉睫的政治議題：國會在一七九八年通過「危害治安法」，明文規定「批評聯邦政府」為犯罪行為。

第7章

危害治安法

或許，這是普遍的真理：國家當中所犧牲的自由，是為了抵禦實際或假想的外侮。一七九八年五月十三日，詹姆斯．麥迪遜在給副總統傑佛遜的信中，提出此一洞見。這個真理一再於美國歷史中得到驗證，像政治人物對人民自由的壓抑，即是出於對外來意識型態與權力的內在恐懼。在麥迪遜寫這封信時，美國瀰漫著對法國的恐懼。

仇法情結

獨立戰爭時，法國支持美國殖民地對抗英國政府。然而，一七八九年法國大革命後的恐怖專制與斷頭台，使得這感激之情逐漸被警戒心所取代。美國，尤其是保守派人士，自此將法國視為企圖在大西洋兩岸散布異端邪說的萬惡淵藪。因此，一七九三年英法戰爭爆發後，美國旋即宣布中立；次年，美國和英國簽署「傑伊條約」（Jay's Treaty，為一片面優惠英國的條約），而同意英國有權扣押為法國運輸物資的中立國船隻。結果，法軍從一七九六年起，開始攻擊與英國有業務往來的美國商船。

這股仇法情緒，終於在一七九八年因為XYZ事件而達到沸點。這個事件的起因是，法國外長塔力漢（**Talleyrand**）拒絕接見美國為緩和兩國緊張關係而出使巴黎的外交特使團。塔力漢派遣三名代表，要求美國支付一大筆金額作為談判的代價，美國特使拒絕此項要求後隨即返國，並以急件向亞當斯總統報告此事。亞當斯將此事告知國會時，特別隱去法國這三位唐突代表的姓名，而分別改以X、Y、Z稱之。亞當斯引用Y的話說，法國並不擔心讓美國特使鎩羽而歸，因為「親法美人」（the French party in America）會迅速修復兩國關係的裂痕。

亞當斯在國會的支持者，和被稱為「親法美人」的傑佛遜是政治對手。當時，美國的政黨才剛剛成形。制憲者並未預見如此的發展，因此，他們當初將總統選舉權賦予高高在上的選舉人團（the Electoral College），而非全民普選。而且，首次總統大選，勢不可免地會由華盛頓當選。但為了贏得華盛頓之後的總統寶座，副總統亞當斯與國務卿傑佛遜開始形成兩大勢力。在華盛頓兩任總統任期屆滿前，一七九六年總統大選結束，亞當斯以七十一票比六十六票擊敗傑佛遜，當選為第三任美國總統，至於票數居次的傑佛遜則成為副總統。（美國現行的總統副總統選舉制，係由一八〇四年制訂的憲法第十二修正案所確立的。）

亞當斯的支持者為聯邦黨人（Federalist party），傑佛遜的擁護者則自稱為共和黨人（Republicans）或民主共和黨人（Democratic Republicans），此即現在民主黨（Democratic Party）的前身。在兩百年後的今天，我們或許並不容易瞭解當時這兩派人馬何苦相逼至此，甚至連獨立宣言簽署人與制憲會議代表均涉入其中，像「聯邦論」（Federal Papers）作者之一、釋憲權威亞歷山大．漢彌爾頓是聯邦黨人，和他一起撰寫「聯邦論」的麥迪遜則屬於民主共和黨。然而，他們之間卻可以感覺到情緒化的歧見，就像「親法美人」這個詛咒的字眼一樣。聯邦黨的組成份子以資產階級為主，維護社會秩序是他們關注的焦點；他們希望建立一個大有為的中央政府，其對外立場偏向親英。民主共和黨人則較平民化，成員多為農民與社經地位較低者，他們質疑聯邦政府的權力。但是，這些通則總是屈服於現實環境的，像傑佛遜就任總統後，他們就不再批評聯邦政府怯懦、無能了。然而在當時，他們都誇張地渲染彼此的政治立場。對民主共和黨而言，聯邦黨人偏好中央集權和英國政體，因而被認定為極易走向獨裁專制；而聯邦黨人則認為，民主共和黨無異是法國的雅各賓黨徒（Jocobins，譯按：此為法國大革命時，由中產階級所組成的政治社團之一，該名稱源於巴黎市郊的舊道明派修會，此派修士即被稱為雅各賓）的同路人，如果讓他們執政，豈不將美國帶入法國的恐怖政治之中。當時的第一夫人亞碧蓋爾・亞當斯（Abigail Adams）在一七九八年給友人的信中寫道，親法美人（民主共和黨人）正汲汲於在全國各地「播下邪惡、無神論、腐敗和動亂的種籽。」

以國家安全之名，行言論箝制之實

「危害治安法」（Sedition Act）即在這樣苦澀、猜忌的政治氛圍中，於一七九八年通過立法。當時，聯邦黨人雖掌控了國會和總統一職，但他們也目睹了民主共和黨人的政治斬獲。聯邦黨人相信，自己可以藉由打壓人民對政府的批評，尤其是民主共和黨人的報紙，來遏阻這種勢力的消長。因此，扼殺言論自由亦是基於政黨因素。一七九八年六月，參議院提出一項有關危害治安的法案，並在七月四日（特地選在這一天是因其支持者為了表明該法案實為愛國立法之故）經政黨政策投票後通過立法。眾議院則在七月十日通過眾院版本，該法案在民主共和黨人的運作下增列了一項條文：即危害治安法將於一八〇一年三月三日現任總統任期屆滿前，終止其效力。總統亞當斯於七月十四日簽署通過此一法案。

危害治安法規定：「凡意圖破壞政府或總統與國會之聲譽，而發行惡意中傷或不實報導政府之出版品者，或煽動人民憎恨政府、抗拒法律、幫助他國以對抗美國者」，得判處兩年以下徒刑，或易科兩千美元以下罰金。然而，這項處罰詆毀國會與總統者的條例，卻明顯地將副總統傑佛遜排除在保障的範圍之外。

這項條例只懲處「不實、誹謗與惡意」的批評，以及具有誹謗意圖者。根據聯邦黨人的說法，該項法案可以改善習慣法中的誹謗政府罪（事實不得作為抗辯理由）。儘管他們似乎承諾太多，但究其實，該法案卻徒具虛文，在實際訴訟中卻鮮少或甚至沒有作用。因為，聯邦法官均由聯邦黨的總統任命，他們在解釋「不實報導」時，要求被告必須舉證報導為真。即使針對一般的意見，法院也套用這個嚴苛的條件。假如，報社記者報導政府政策將導致人民的災難，那麼他就必須在法庭上證明此一預言為真。他當然無法證明！其次，惡意也在預設之列，至於意圖誹謗，則是依據習慣法中有關判定誹謗政府罪的古老原則——從出版內容的「惡劣傾向」推論而得。此外，這項條款的另一個從寬規定，是讓陪審團判決言論的事實與刑責。但法官總會指示陪審團該如何判決，因此，陪審團除了譴責已出版的陳述外，即無所事事。更甚於此的，現代研究者發現，聯邦法官和警察局長總是選派由聯邦黨人擔任危害治安訴訟的陪審員。

各種形式的白色恐怖

在一七九八年，聯邦黨人並非唯一實施「恐懼政治」手腕的。在理察・霍夫斯達特（Richard Hofstadter）所稱的「美國政界的偏執風格」（the paranoid style in American politics）中，還有許多重蹈覆轍的例證。像美國國會在二十世紀通過許多法令，在市井小民、觀光客，或任何絲毫不具共黨特質的人身上，烙上罪無可逭的印記；四十餘年來，許多政治人物以指控其對手對共產黨人抱持溫和態度而贏得選戰。危害治安法正是此種狂熱風氣與政治考量下的產物。多數聯邦黨人可能相信，其對手是危險、極可能蹂躪國家的激進份子，這個信念揉雜了保守人士的「執政者有權繼續執政」的假設——康乃狄克州代表約翰・亞倫（John Allen）在眾院為支持危害治安法發言時表示：「請各位看看本地（即費城，當時的中央政府所在地）和其他地方發行的報紙，問問編輯們是否在報紙上刊登了未經許可的危險言論，以出版卑劣的謊言來顛覆、毀滅這個國家。」亞倫說，批判性報紙刊載著，聯邦政府的作為有違國家福祉，「因此，應該被取而代之，所有人民都應擊起大纛，推翻這個政府。」亞倫輕易地將報紙對政府的評論扭曲為陰謀叛亂之上。民主共和黨的報紙在評論態度上固然是敵對的，但他們是要以投票、而非以叛亂來取代聯邦黨人的執政地位。

來自賓州的民主共和黨人，也是傑佛遜時代後期傑出的財政部長亞伯特．蓋勒汀（Albert Gallatin）對眾議員說：「其實，這項法案和法案支持者認定，任何人討厭聯邦內閣和國會中暫時的多數，而以語言或文字表達其個人對執政者的不滿和不信任，就構成了危害治安罪。雖然，他們不只是政府的敵人，而且是憲法的敵人，因此，這種行為是應該受到懲處的。」蓋勒汀說，這項法案是執政黨維繫「其不朽權威和既有地位」的唯一武器。

危害治安法的憲法爭論

辯論結束後，眾議員轉而討論這項法案的合憲性。民主共和黨人主張，國會其實無權制定這項法案，因此，基於以下兩個理由主張該法案違憲。一、憲法並未賦予中央政府管轄出版的權力。（部分制憲者據此主張，權利法案中的保障出版自由是多餘的。）二、第一修正案的言論和出版條款，特別否決國會通過此類立法的權利。對此，聯邦人士的回應是，有權防範報業的煽動誹謗攻擊，對任何政府都是必要事項，因此，憲法條文准許國會通過所有「必要和適當」的法案，以履行它所被賦予的政權。聯邦黨人更進一步地根據布雷克史東的說法主張，第一修正案保障的「新聞自由」，僅指不受事前限制的自由。

接下來，蓋勒汀和眾議員約翰．尼可拉斯（John Nicholas）繼續發表演說，批駁危害治安法的合憲性。蓋勒汀譏嘲說，布氏的新聞自由論點是悖離常理的。因為，布氏認為制定此法以懲處犯案者，並非剝奪人民的自由。蓋勒汀繼續提出更鞭辟入裡的創見。他指出，將布氏的論點應用在第一修正案的言論自由上，的確「荒謬」（absurd）。如果，「自由」指的只是免於事前限制的自由，試問，政府要如何以事前限制來規範人民的言論？言論自由條款的設計，必須先褫奪國會「對美國人民封口割舌」的權力，「才能消除事前限制，達到保障言論自由的目的。」尼可拉斯進而表示，其實，任何企圖分辨言論真偽，或經由特許而來的自由，都是表裡不一的自由。聯邦黨人之所以主張二者不同，不過是為了替危害治安法護航罷了。他繼續說，如果任何嚴苛的政治評論，都被指控為杜撰的不實言論，那麼，報業將會因此而「不敢說出真話，即便說了真話，也未必能滿足法院所要求的事實確認。」在這段話裡，尼可拉斯預見了二十世紀關於言論自由的理論的重要元素，也就是，真正的自由必須為錯誤留一點呼吸的空間。

一七九九年初，民主共和黨眾議員提案駁回危害治安法，但這項提議在委員會的政黨政策投票後被退回。於是，尼可拉斯寫了一份代表少數意見的委員會報告，進一步闡明言論自由的真義。他說，危害治安法其實是源於政治體制與美國完全不同的大英帝國。「根據英國的政府結構，世襲的國王被視為絕對不會犯錯的神人。而代表國王的政府官員，也雨露均霑了國王不可侵犯的神聖地位，因此，與我國政體相較之下，二者所受到的尊敬是不同的。我國的公務人員乃是人民的公僕，是可受公評的；而且，人民可以在各種選舉中，以選票解除公務員的職務。」

麥迪遜與維吉尼亞州決議案

然而，在危害治安法的論辯中，最重要的人物還是非麥迪遜莫屬了。在法案通過後，麥迪遜與傑佛遜決定在後續的州法審議中，再度提出反駁。他們暗中進行這項計畫，以防制憲之父與美國副總統遭到「危害治安」罪名的控訴。傑佛遜草擬一份決議案送交肯塔基州議會，該決議案於是年十一月通過立法。此舉引起聯邦體制的激辯，亦即，憲法是否應保留所有與出版相關的權力給州政府。同時，維吉尼亞州也通過一項由麥迪遜起草的決議案。麥迪遜在此決議案中直陳，言論和出版自由是共和政體的基本保障。維吉尼亞決議案（Virginia Resolutions）抗議妨害治安法「明顯且驚人地違憲」。這項決議案指稱，危害治安法行使了憲法未曾賦予聯邦政府的權力，甚至，恰好是憲法修正案中最積極、明確禁止的一項權力。此外，相較於其他權力，這項權力的行使應該喚起大眾的警覺，因為，這不但約束了人民自由檢視公眾人物和政府法案的權利，也限制了人民自由傳播的權利。更重要的是，這種民權正是其他權利能否受到保障的基準。

麥迪遜所謂的「自由檢視公眾人物和政府法案的權利」，引起廣大的迴響，成為此後數十年美國政治體制的前提。這就是後人所稱的「麥迪遜前提」（the Madisonian Premise）。一七九九年底，麥迪遜將這個理念擴大，寫成「維吉尼亞決議案報告書」（a Report on the Virginia Revolutions），並於一八〇〇年一月在維吉尼亞州議會通過立法。他在報告書中寫道：「基於美國憲法，擁有絕對的主權的是人民，而非政府。」這和尼可拉斯所持的英國式見解是「截然不同」的。「在差異如此懸殊的社會環境下，讓媒體擁有評論的自由，不是很自然，也很必要的嗎……在美國，新聞媒體臧否公眾人物的權利，連在普通法的嚴苛規範中，都未曾受到限制。因此，從出版自由的立足點來看，自由的基石仍未奠下。」

馬歇爾的反對意見

在美國言論自由和新聞自由的發展史中，維吉尼亞決議案和麥迪遜的報告書，是重要的里程碑。在同一時期，維吉尼亞州議會下院（the House of Delegates）還有另一派支持危害治安法的「少數意見」。他們主張：

> 如果，危害治安法無權懲處誹謗政府言論，即表示，我們的國家無能維護社會的和平，也無力保護自己免於遭受惡劣人民的不斷攻訐，及其對公眾安寧的長期騷擾。政府有責任保障人民的福祉與安全；因此，人民為了維護政府，遂允許政府有權立法，以維繫其自身安全，免於受到祕密謀反或公開敵意的侵擾。但是，政府並不能就此高枕無憂，因為不實的惡意誹謗，足以搖撼人民對它的信任與忠誠。
>
> 希冀「真理長存，誹謗他人者終將遭到報應」是徒然的。「曾參殺人」，歷史告訴我們，再

正直的名譽，也會因誹謗而被玷汙；再無瑕的品格，也會因誹謗而引人懷疑。雖然，大多數人民的心靈，並不會受到誹謗者的引誘和蠱惑；但他們卻會嚴重破壞社會的和平，危害人民的安全。職此，人民有權防患未然；而且，世界各國均一致認為，匡正不當言論是政府不可或缺的權力。

根據《最高法院院長約翰．馬歇爾的標準生活》（*The standard life of Chief Justice John Marshall*）一書的作者亞伯特．畢佛瑞吉（Albert Beveridge）所言，這份少數意見係出自馬歇爾之手。（他在一七九九年四月以聯邦黨人身分當選為國會議員）但有更多的近代學者認為，該文件的作者應該是另一位維吉尼亞州的聯邦黨人亨利．李（Henry Lee）。不管是誰寫的，這份少數意見精采闡述了危害治安法的政治前提。作者將政府視為易碎的物體，因此需要防範受到「頑劣人民」（wicked citizen）的侵擾。這論點和傑佛遜完全相悖，傑佛遜認為民主政府絕對禁得起風險和變革的考驗。或像麥迪遜所說的，人民是獨立自主的，因此，人民有權選擇由誰來暫時執政。然而，對於抱持少數意見的人士而言，政府是至高無上，並有權保護自我的。這種論調十足是英式觀點。

危害治安法與第一修正案

至於第一修正案，少數意見的作者主張，危害治安法並未悖逆第一修正案保障新聞自由的精神。同時，第一修正案雖明定「國會不得制定『有關』（respecting）確立宗教之法律」，但當它論及出版事業時，「有關」這兩個字卻被拿掉了，而且，國會僅限制通過任何剝奪出版自由的法律。職此，該作者指出，確立宗教條款是絕對的障礙，但出版條款僅僅禁止國會剝奪當時所被瞭解的出版自由。繼而，少數意見作者以極端狹隘的布氏觀點來界定出版自由：「其實，出版自由有個眾人皆知的明確定義，也就是享有不受事前限制即可出版的自由……，但這不是指人民得自由散播可能摧毀和平，或破壞他人或團體之聲譽的不實言論和惡意誹謗。」（解讀第一修正案制定者之意圖後可以發現，「有關」這個曖昧字眼的存在，是因為制憲者有意防範國會確定國教的可能，或藉此命令各州廢除既存的國教教會；因此，「有關」的模糊語意，是為了便於讓國會能夠靈活運作。）

危害治安法案例

危害治安法的意義，藉著案件的興訟而獲得釐清。詹姆斯．史密斯（James Merton Smith）所著的《自由的桎梏》（*Freedom's Fetters*）一書中，對危害治安法有極翔實的記載。該書係描述再危害治安法實施的短短三年內（一七九八年七月至一八〇一年三月），十四名被指控觸犯該法的人士的故事。其中包括共和民主黨主要報紙的編輯和發行人——像費城《曙光報》（*Aurora*）、波士頓《獨立紀事報》（*Independent Chronicle*）、巴爾的摩《美國人報》（*American*）、里奇蒙

《檢查報》（*Examiner*）。紐約州的《時計報》（*Time Piece*）和波里忍特山的《紀錄報》（*Register*），因為遭到危害治安法的起訴而減少發行量；康乃迪克州新倫敦郡的《勤奮報》（*Bee*）也由於該報編輯查爾斯・侯特（Charles Holt）因危害治安罪入獄服刑，於一八〇〇年四至八月停刊四個月。多數危害治安案件都集中在一八〇〇這一年，並非是個巧合。當時，亞當斯的國務卿提摩西・皮克林（Timothy Pickering）大興文字獄，藉此逼使親共和民主黨的主要報紙，在一八〇〇年亞當斯與傑佛遜角逐總統寶座時保持沉默。

在首件危害治安法官司當中，遭到控訴的並非報社編輯，而是一名佛蒙特州的共和民主黨籍眾議員馬修・里昂（Matthew Lyon）。他是因為該州溫莎郡的《佛蒙特新聞報》（*Vermont Journal*）刊出他寫的讀者投書而吃上官司。里昂在投書中寫著：「我很樂意支持一個為人民福祉而努力的政府，但不是卑屈地擁護一個爭逐無盡權力、可笑浮誇、愚蠢諂媚、利慾薰心的執政當局。」起訴書中指出，這些「卑鄙、捏造、中傷、煽動和惡意的」字眼，已構成對美國總統的刑事誹謗。開庭時，擔任主審的是最高法院大法官威廉・派特森（William Paterson）。（當時的大法官都必須肩負許多額外工作，像擔任審判法官等。他們經年策馬奔波各地，進行司法巡迴。）派特森大法官責成陪審團進行裁判說，陪審團只須裁定，在里昂的敘述中，是否僅僅是「憎恨、鄙視美國總統和政府，並詆毀二者的名譽。假如你真的認定是這樣，那麼就必須判定被告有罪」。最後，陪審團判處里昂有期徒刑四個月，併科罰金一千美元，還必須負擔訴訟費用六

○．九六元。里昂在服刑期間再度當選為佛蒙特眾議員，他的刑期在一七九九年二月九日屆滿，但他因無力償付罰鍰和訴訟費用，因此必須折合天數，繼續坐監。然而，全美共和民主黨人為他發起募款活動。後來，維吉尼亞州參議員史帝芬．梅森（Steven T. Mason）帶著贖金到佛蒙特保釋里昂。里昂出獄後，受到盛大歡迎，而且，待他重返議事殿堂時，同僚更視他為凱旋歸來的英雄。就此觀之，危害治安法遭到徹底的挫敗。

大衛．布朗案

在訴諸危害治安罪的審判中，「大衛．布朗案」（*David Brown*）是個相當極端的例子。布朗是個不折不扣的流浪漢，他於一七九六至九八年間，在麻州各地遊歷，鼓吹人民推翻允許土地投機的政府。後來，他改而宣傳廢除危害治安法和外民法（Alien Act）。一七九八年，當他在戴當（Dedham）發表演說時，聽眾高舉一面自由招牌，上面寫著：「反印花稅法、反危害治安法、反外民法、反土地稅；美國獨裁者必亡，總統告老還鄉，副總統和少數黨萬歲；讓美德成為民主政治的基石。」布朗因為這則標語而觸犯危害治安法，被控告教唆設置自由招牌。這宗案件在麻州巡迴法院開庭時，負責審判這個聲名狼藉的民主共和黨人的是最高法院大法官山繆爾．卻斯（Samuel Chase）。審判終結，布朗被判處有期徒刑八個月，併科罰金四百八十美元。據說，布朗會被判處如此重刑，是因為他「惡意散布擾亂社會秩序的思想，並企圖以無恥、駭人、危險的暴行去煽動社會的無知百姓」。布朗在一八〇〇年十二月服滿刑期，但因為他無法繳納罰鍰，因而繼續坐牢。直到一八〇一年三月四日傑佛遜因就職總統，特赦危害治安法受難者，布朗才得以重獲自由。

另一個犧牲者

至於政治評論家詹姆斯・克藍德（James T. Callender），則因激怒聯邦黨人而在維吉尼亞州遭到危害治安罪名的起訴。他在一八〇〇年總統大選時出版的一本禁書中，指稱亞當斯總統是「迂腐冬烘」，並呼籲選民「要在戰爭乞丐亞當斯與和平聖人傑佛遜之中，做出明智選擇」。（紐約聯邦黨人哈利・克羅斯威爾〔Harry Croswell〕於一八〇三年被控觸犯習慣法的誹謗政府罪，就是起因於他在報導中指出克藍德係受傑佛遜收買才會發此議論。）這個官司由卻斯大法官主審，大陪審團負責判決。卻斯先設陷計誘克藍德的律師，再以辯方律師傲慢不羈為由，拒絕受理其辯詞。最後，全數由聯邦黨人組成的陪審團宣判克藍德有罪，卻斯判他有期徒刑九個月，併科罰金兩百元。克藍德在獄中服刑，直到危害治安法失去效力後（一八〇一年三月三日）才獲釋。但是，他並未就此而怯懦、沉默。總統大選期間，他雖身陷囹圄，還是振筆疾書投稿到維吉尼亞州各報。他在文中抨擊卻斯，以法官之名，行檢察官之實。（因為法官是負責辨明是非的，而檢察官則是提出控訴的司法人員。）克藍德案是最為人津津樂道的危害治安判例，而且，此案讓聯邦黨人再度嘗到敗績。民主共和黨人還刊行了克藍德案的審判實錄，使這份文件成為證明聯邦黨人獨裁傾向的主要證據。

危害治安法垮台

危害治安法的合憲性從未受到最高法院中的檢證，因為這項法令在釋憲聲請送達前，即宣告失效。但是，值得注意的是，一八〇〇那年，在職的六位最高法院的大法官中，有三人（卻斯、派特森、布夏德〔Beshrod〕）曾經主審過危害治安案件，而他們從未針對此法提出任何有關合憲性的疑義。

作為一種政治策略，危害治安法是徹底失敗了。它激起眾怒，成為一八〇〇年大選的選戰議題，並幫助傑佛遜擊敗亞當斯。同時，聯邦黨人在這次選舉中敗北，導致它在國會的江山失守，終於像一場落幕的盛宴，繁華盡散。但這項法案卻無心插柳地在美國政府體制中有了重大貢獻，亦即，讓多數人民瞭解麥迪遜前提（言論自由與新聞自由）在民主政治中的重要性。因此，無論第一修正案的制定者，是否有意禁絕誹謗政府罪的立法，但在第一修正案通過十年之後，社會主流輿論一致認為，此一罪名與美國憲政體系是相互矛盾的。

傑佛遜上任後，旋即赦免所有遭到危害治安法侵害的人民。他在一八〇四年給亞當斯夫人的信中，說明了他這麼做的原因。（撇開一八〇〇年大選的恩怨不談，傑佛遜和亞當斯夫婦其實相知甚深，他們兩人一直保持魚雁往來。傑佛遜和亞當斯兩人同時卒於一八二六年七月四日，也就是美國宣布獨立的第五十週年當天。）傑佛遜在信中寫著：

> 我之所以赦免所有因危害治安法而受刑或被告的人民，是因為我始終認為，這項法令就像國會不能命令我們匍伏膜拜偶像一樣，是絕對不應該存在的。而且，在每一階段遏阻國會制定惡法，以及將拒絕崇拜偶像而深陷水火的人民拯救出來，都是我責無旁貸的任務。

抱歉，美國人民！

雖然，常聽說國會要退還危害治安法的罰鍰，但卻未見到全面性的補償動作。許多年後，在一八四〇年，國會表決通過退費給眾議員馬修．里昂（Matthew Lyon）的後人一千美元罰金、六〇．九六元訴訟費用，以及這筆款項累積四十年的利息。另一件退款案件在一八五〇年通過，共給付四百元給一名賓州的小冊作者湯馬斯．庫伯（Dr. Thomas Cooper）。一八三九年庫伯臨終時，還特別要求妻子答應他，務必追討這一筆司法補償。

危害治安法中的復仇心態，完全被傑佛遜導向另一個較為正面的美國傳統。一八〇一年三月四日，傑佛遜在其就職演說中表示：「我們所有人都是共和民主黨人，也都是聯邦黨人。如果我們之中有人想使這聯邦解體或是改變它的聯邦形式，那麼我們何不把他們看作安全的界石，相安無事，容忍錯誤的意見，讓理性自由地戰鬥呢？」在那時候，美國人因出版政治意見而受罰的時代便宣告結束。或者說看起來如此。

第8章

第一次世界大戰

第一修正案制定逾百年後，它對言論自由與出版自由的保護問題，鮮少出現在美國最高法院的判例中。第一次世界大戰爆發前，涉及言論自由的案例寥寥可數。但一夕之間，言論自由議題在法庭的重要性突然大增，並展開一場極其嚴酷的競賽。從一九一九年開始，延續了數十年，法官們從數百件案例中，拼湊出那令人困惑的言論與出版自由條款的意義。這是個由辯護律師和法律學者所促成的奇異探險。而蘇利文局長所提出的誹謗訴訟，在其中扮演了關鍵角色。

一九一九年之前，最高法院受理涉及言論和出版自由的案件少之又少，這個現象或許令人困惑，卻有其緣由。因為第一修正案所約束的對象只限於聯邦政府，而不包括州政府。此一說法可證諸於「『國會』不得制定法律……」等規定。其實，當年由麥迪遜草擬、國會所通過的修正案中，第一修正案的保障對象包括言論、出版和宗教，該條文並明定訟案應交由陪審團裁決，而非由州政府定奪。但這項被麥迪遜視為畢生「最具價值」的議案，卻遭重以各州為導向的參議院所駁回。（傑佛遜並未與他這位至友並肩作戰，致力保護出版自由，免於各州的箝制。他在一八〇四年致亞碧蓋爾．亞當斯夫人信函中，談及危害治安法，他說：「判定危害治安法違憲或取消該法，都未能杜絕所有對混淆善惡、真偽的漫天誹謗的箝制。消除言論自由限制的權力，已經旁落各州議會的手中了。」）一八三三年，美國最高法院以一份由院長馬歇爾執筆之判決文，確認權利法案之效力僅限於聯邦政府，而且，當時並無限制言論或新聞自由的聯邦法律。一七九八年，危害治安法通過立法後，國會經過一百一十九年，也就是在一九一七年，竟又重蹈覆轍。

第一次世界大戰前的最高法院

十九世紀末、二十世紀初，美國最高法院開始著手保障產業的經濟利益。於一八六八年生效的憲法第十四修正案規定：「各州不得在未經『正當法律程序』（due process of law）的情況下，剝奪人民的自由或財產。」，最高法院據此認定「契約自由」（liberty of contract），例如裁定「最高工時法」和「禁止雇用童工」為違憲。然而，當最高法院處理到十項修正案中對基本人權的保障時，卻又採取狹義的觀點。在一八九七年的一項判決文中，最高法院說：「最初增補的十項憲法修正案，亦即一般所謂的權利法案，並非為了制定任何新奇的政府原則，只是單純地想將承襲自我們英國祖先的人民權利，以及長久以來訴訟產生的特例，納入法律的保障和豁免範圍。」

最高法院總是不很願意提到言論自由和出版自由。在許多案件當中，乾脆就不提。如果真的處理到這類案件，法官所依據的就是布雷克史東和誹謗政府罪的邏輯，也就是基於社會利益，法院應該懲處任何具有「惡劣傾向」的言論。（在法學術語中，具有「惡劣傾向」的言論係指，日後可能引發不當社會影響的言論。但是，此一原則並未明確界定影響的發生時間和類別。究其實，所謂具有惡劣傾向的言論，僅是法官根據右翼人士認定的道德和政治上的攻擊所做的判斷。）在一九〇七年「派特森訴科羅拉多州政府案」（*Patterson v. Colorado*），一位名叫派特森的編輯，因為批評一名法官而被控藐視法庭。他聲明自己被剝奪申辯個人評論為真的權利，並援引「正當法律程序」原則以為抗辯。主審的大法官何姆斯依循英國習慣法的觀點表示：「保障言論自由的主要目的，是為了防範出版的事前限制，而非為了保障有違公眾利益的言論免於受到事後的處罰。」何姆斯駁回這名編輯所提的申辯事實權利之聲請，他說，只要造成社會損害，真實的陳述也應該受到處罰，此即「意圖妨礙司法行政」的評論。在此一判準下，言論自由形同虛設的影子權利（a shadow right），任何言論都可被扣上「有違公眾利益」的帽子。精研這個時期司法史的學者大衛・羅本（David M. Rabban）寫道：「第一次世界大戰前，最高法院的判決，反映了美國傳統中對言論自由價值滿懷的惡意。」

但就在這時候，美國也發展出截然不同的言論自由傳統。一群受人敬重的法律學者，在二十世紀初著書立說，認為美國對於言論自由的定義比英國要寬闊得多。亨利・修菲爾德（Prof. Henry Schofield）於一九一四年的《美國的出版自由》（*Freedom of the press in the United States*）中表示，許多在美國獨立前出版的小冊子，如果依照布氏的定義，可能都得被查禁。修菲爾德最後說：「美國獨立的主要目的之一，即是為了擺脫英國習慣法對言論自由與出版自由的箝制。」他還表示，第一修正案讓出版「大眾所關心的事務之真相」一事得以合法化。修菲爾德進而做出以下區分，即公眾評論與政治評論是應該受到保障的；但是，關於涉及個人隱私與利益的言論，則不在此限。此外，他還批評最高法院和各級法院所宣稱的「第一修正案就是布氏時期反共和的英國習慣法的論調。法官們似乎早已遺忘，制憲者的成就，不是因為他們拾擷英國習慣法的牙慧，而是在於他們使過去的民主道路邁向全民自由、公正審判的新階段」。

一九一七年，美國加入第一次世界大戰，舉國情緒轉而陷入激情、暴戾的盲目愛國主義。反戰聲音不見容於當時社會，人們也不敢使用德文的字眼；像「泡菜」就變成了「自由白菜」（譯按：泡菜原來叫做〔Sauerkraut〕，這是德文，戰時便改稱為〔liberty cabbage〕）。在這樣的政治氣氛下，國會通過一項全面性的「間諜防治罪」（Espionage Act），這項法案規定：「當美國作戰時，凡意圖誘使美國陸、海軍部隊抗命、不忠、叛變，或拒絕盡職者，或蓄意妨礙徵募士兵者，最高得處以二十年有期徒刑。」數百名人士因以語言或文字對政府做出負面評論而遭到起訴，甚至連最乏味的政治批評或和平的政策討論，都逃不過間諜防治罪的法網。通常，這類案件開庭時，法官都會指示陪審團，只要發現被告言論有任何「不忠」的成份，即可加以定罪。原已消匿的危害治安法於是又宣告復活。

群眾雜誌案

在間諜防治罪生效甫一個月後，郵政總局長亞伯特．波爾森（Albert Burleson）拒絕遞送紐約《群眾雜誌》（*The Masses*）。《群眾雜誌》是一份自稱為「革命性新聞月刊」的雜誌，波爾森指稱，該雜誌一九一七年八月號中刊載的四篇報導和四幅漫畫，涉嫌抨擊戰爭和徵兵制，其行為已然觸犯間諜防治罪。《群眾雜誌》遂因此赴法院申告，要求庭上禁止郵政總局拒絕遞送服務的行為。該案由聯邦審判法官樂尼德．韓德（Learned Hand）主審，韓德是美國司法界一位相當傑出的法官，後來成為上訴法院的法官。對於此案，他裁決原告《群眾雜誌》勝訴，並命令紐約郵局局長恢復遞送該雜誌。然而，這項判決隨即遭到第二巡迴上訴法院駁回，並且淹沒在壓制評論者與發行者的眾多間諜防治罪案件中，被人所淡忘。一九七〇年，韓德法官傳記的作者吉拉德．根特（Professor Gerald Gunther）舊事重提，才再度喚醒眾人對此案的注意。而韓德對言論和出版自由的創新性闡釋，也就此奠下劃時代的地位。

韓德法官說：「《群眾雜誌》所刊載的文章和漫畫雖然對戰爭充滿敵意，也不當地鼓勵反戰情緒，但是，不管這些作品是適度的政治推論，或是過激、不當的謾罵，在美國這個以言論自由為權力之最終根源的國家裡，個人都享有批評政府的權利……箝制這些可能動搖人民意志的言論，無異於鎮壓所有敵對的評論和意見，除了那些支持、擁護既定政策的言論，或在容忍限度內的溫和觀點之外。僅存因為言論的內容或情緒，便箝制言論自由，這顯然違反了民主政府的基本假設。」韓德法官指出，言論只有在直接教唆叛變、反抗等行為時，才構成間諜防治罪，而他並未在《群眾雜誌》的報導中發現這一類的直接訴求。「把那本身是合法的『議論』等同於『直接教唆武力反抗』，無異是漠視對各種政治言論的寬容。然而，在平日，這些議論卻是民主政治的守護神。這個區分並非理論上的遁辭，而是從爭取自由的戰鬥中得到的辛酸體會……」

在和平主義和各種激進觀點被仇恨的時代裡，作出這個判決是需要勇氣的。這也是開風氣之先的判決。韓德法官揚棄布氏的「只保障言論免於事前限制」論點；他為間諜防治罪的事後追懲訂定了確定的標準。他還駁斥「假如言論具有惡劣傾向即應受罰」的傳統看法，主張「只有直接造成非法行為的言論才需要接受制裁」。根據他這個原則，大多數案件的間諜防治罪名都無法成立。此外，文生．波雷西（Professor Vincent Blasi）也指出，韓德法官還有個影響更深遠的貢獻——即力主包括保障惡意評論在內的言論自由，這其實就是民主政治中「權力的最終根源」。以前，法官們把言論自由看作是個人要求免於政府控制的主張之一（這些主張又必須以增進社會福祉為前提）。現在韓德法官說，自由的言論是社會更大的福祉。政府官員最厭惡的公共事務評論，其實正是賦予政府合法性的根源。換句話說，言論自由是自治政府的基本要件。在人民獨立自主的國度裡，沒有人會因為反對那些暫時受命管理政府的人而遭到法律制裁的。韓德法官並未引用麥迪遜的論點，我們也不確定他是否讀過麥迪遜的維吉尼亞決議案報告書，但是，他的論證卻不禁引人追思麥迪遜的名言：「擁有絕對主權的是人民，而非政府」，以及「人民有權檢驗公眾人物和政府法案」。

一九一九年三月，最高法院首次審理間諜防治罪的案件。接受審判的三宗案件都無異議地達成判決。由大法官何姆斯主稿的判決文，和韓德法官在審判《群眾雜誌》案時所持的自由派觀點相較之下，實有天壤之別。何姆斯在判決第一宗案件「申克訴美國政府案」（*Schenck v. the*

United States）時，援引了第一修正案。相較於一九〇七年，他在「派特森訴科羅拉多州政府案」，採取和布氏同樣狹義的觀點來窄化第一修正案的做法，何姆斯處理申克案的態度，雖然仍不太情願，卻已經有所退讓。現在，他改而表示：「如本案指出的，禁止立法剝奪言論自由，或許不僅是消除事前限制而已。」但是，即便第一修正案保障部分言論免於事後追懲，也幫不了本案被告。被告散發傳單給接受徵召的人民，批評徵兵制是一種奴隸制度。「本席承認，在平時，被告得基於憲法所賦予的權利傳閱這些言論，然而，所有行為的得當與否，都必須放在事發當時的社會情境中來考量。就算最大的言論自由，也不會保護在戲院佯稱失火而引發大眾恐慌的人。」（這個在戲院喊失火的比喻極為有名，但是這絕不是關於自由批評政府的公平類比。）何姆斯繼續說：「很多承平時期可以說的話，在參戰時期將變成妨礙國家作戰的絆腳石，因而不應被容忍。」

何姆斯的「明顯而立即的危險」

何姆斯的論點反映了最高法院漠視言論自由價值的傳統。在這裡，完全看不到韓德的觀點（言論自由不只是人民的奢望，而且是民主政治社會的必要條件）。但在申克案的判決文中有兩句話，在言論自由的發展史上，是個重要的臨界點。「每一案件的問題都在於，這些被告的內容，在這樣的非常時期，是否會造成『明顯而立即的危險』（a clear and present danger），而導致實質的危害，如果是的話，國會即有權防患未然。這是『接近與程度』的問題（proximity and degree）。」

「明顯而立即的危險」，這個由何姆斯大法官自創的詭異原則，使後來的法律系學生和負責審判言論案件的法官大傷腦筋。當具有「明顯而立即的危險」與「實質危害」的言論受到法律制裁時，言論到底能受到多少保障？又有哪些「危害」是國家有權防範的？但是何姆斯起初說這些話時，根本就沒有想過要訂下保障言論的慣例。爾後數年，他被詢及這觀念從何處得來時，他說是參考他自己一八八一年的著作《習慣法》裡有關「未遂罪行」（attempted crimes）的討論。

他說，當一個行為具有「自然及可能的結果」（its natural and probable effect）時，即可以未遂罪行加以懲處。對於此一說法，羅本教授回應說，何姆斯認為，申克所散發的傳單一旦造成更多後果的話，應該會傷害到美國的作戰。由於這個行為的潛在傷害如此重大，是故何姆斯準備基於這個觀點來嚴懲申克，而非僅以平時對「傷害」的理解、一個與妨礙作戰毫無關係的觀點來處置本案。

戴柏斯案

究竟，「未遂罪行」和妨礙作戰兩者間有多麼的不相干？一九一九年三月作宣判的第三宗間諜防治罪訴訟案，適足以解釋這個問題。此一案件的被告尤金．戴柏斯（Eugene V. Debs）是社會主義黨領導人，曾代表該黨五度角逐總統一職。戴柏斯因為一九一八年六月在俄亥俄州肯登郡發表的演說而遭到起訴。何姆斯在開庭時如是描述這次演說：「該演講的主題是有關社會主義的內涵和發展歷程，以及預言社會主義終將成功等等。演講一開始，戴柏斯說他剛拜訪過附近的工廠，有三位該黨的中堅同志因為對勞工階級的奉獻而被捕入獄。因為他先前被控慫恿他人拒絕接受徵召。他說，他必須謹言慎行，因此，戴柏斯要聽眾們自己去推想他話裡的含義。但他的確說過，那些人的被捕入獄，是為了堅不屈從，是為了追求全人類更美好的生活。戴柏斯還親口告訴陪審團：『我曾經被指控阻撓戰爭，我承認，各位先生，我痛恨戰爭，只要我活著一天，我就要反戰到底。』」

因為這場俄亥俄演說，戴柏斯因妨礙軍隊徵召士兵，觸犯間諜防治罪，而被判處十年有期徒刑。他在獄中服刑三年後，獲得假釋。（相較於此案發生五十年後的越戰，反戰份子的言論遠比戴柏斯嚴苛、激烈，但卻沒有任何人僅因言論之故而身陷囹圄。）

在最高法院為戴柏斯辯護的芝加哥律師西摩爾・史戴曼（Seymour Stedman），將檢方所起訴的「間諜防治罪」與一七九八年的危害治安法劃上等號。他說：「昔日被視為合於憲法、大興文字獄的危害治安法，現在已經過時了。」他同時也引述了當時有關「第一修正案之言論與新聞自由」的學術論文

另一份申請最高法院撤銷戴柏斯罪名的訴狀，是由法官的朋友，一位終身致力於維護公民自

由的紐約律師吉爾伯・羅伊（Gilbert E. Roe）所提出。羅伊的論證著重在危害治安法的歷史，他說國會已經在償還因間諜防治罪而判處的罰鍰。他援引維吉尼亞決議案和麥迪遜報告書來反對間諜防治罪，並引述傑佛遜在給亞當斯夫人信中所提及的赦免危害治安法受害人的原因。羅伊說：「關於這點，還有另一個事實有待提出：麥迪遜報告書其實是讓傑佛遜先生在總統大選中贏得壓倒性勝利的關鍵文件。在當時，傑佛遜藉此明確宣示，並讓選民贊同他所持危害治安法係屬違憲的觀點。」

司法部很不尋常地發出了公函回應回應羅伊的訴狀。這份公函由約翰・羅德・歐布萊恩（John Lord O'Brian）和阿佛瑞德・貝特曼（Alfred Bettman）共同執筆。歐布萊恩因致力於捍衛公民自由，日後成為極負盛名的華盛頓律師。關於危害治安法，歐布萊恩和貝特曼說：「我們要記得，維吉尼亞決議案、麥迪遜報告書，以及其他抨擊危害治安法的文獻，是在一七九八至九九年選戰期間反聯邦黨人的熱潮中提出的，這些決議案和報告書都充滿了明確的黨派色彩。」然後，這兩位司法部官員詳細引述由馬歇爾執筆的、代表維吉尼亞州議會下院少數意見的報告書，這報告書對於第一修正案採取狹義的解釋觀點。此外，歐布萊恩和貝特曼還引述一八九七年最高法院的判決說，憲法最初頒訂的十項修正案，只不過是為了要保證在英國便已承認的權利。與此相反地，羅伊的訴狀卻說，第一修正案正如憲法的其他條款一樣，「是為了摧毀英國的專制政體，而非使其永垂不朽。」（羅伊也嚴厲地批判布氏對於出版自由的狹隘定義。羅伊說：「布氏也相信巫術，如果我們接受他對自由尺度的定義，是不是也要跟著他相信巫術呢？」）

對於這些為戴柏斯仗義執言的釋憲辯論，何姆斯完全無動於衷。他維持其判決，而該判決文中對於這些合憲性問題隻字未提，甚至說他在申克案的判決已經「解決」這些問題了。何姆斯表示，根據當時的主流看法，一旦言論具有「惡劣傾向」，即應受到法律制裁；何姆斯也說，有足夠的證據「使陪審團認定，申克的言論不只是概括地反對戰爭，而是特指這次的戰爭；而且，因為自然及意圖的結果，所以，這些言論極可能阻撓國家的徵兵行動」。

保守的何姆斯

何姆斯在最初的三宗間諜防治案判決中所扮演的角色飽受批評，其中尤以戴柏斯案最甚，雖然他一直聲譽卓著。對自由派人士而言，何姆斯是個英雄，因為他在某些阻礙經濟改革的立法中的採取諷刺性的、格言似的不同意見（dissent）。例如，國會通過禁止跨州運輸童工法令時，最高法院以多數決裁定該法侵犯各州自主權。但何姆斯持不同意見說：「最高法院也曾維持判決，認為國會有權限制酒類貿易，最高法院不能允許管制烈酒，卻不允許管制戕害生命的生產。」

概言之，何姆斯他必須尊重多數意見，無論他們是否明智。他在審判前三件間諜防治罪案件時，亦採取同樣的觀點，但是評論者認為，箝制言論自由和禁止童工根本是兩碼子事。戴柏斯案作成判決的兩個月後，恩斯特．佛雷溫德（Professor Ernst Freund）（他是最早對於言論自由提出廣義解釋的人）在《新共和》（*The New Republic*）雜誌中發表一篇有關該案的評論。他指出，何姆斯在佯稱失火和政治言論之間的錯誤類推，「顯然失當」（manifestly inappropriate）。他說，當非主流意見遭到壓制時，仰賴陪審團是無濟於事的。如果言論必須「任由陪審團臆測其動機、傾向與可能影響的話」，那麼，言論自由就只是個「隨時會被收回的禮物」而已。

韓德法官也曾私下很有技巧地提出看法。自從一九一八年六月十九日，韓德在火車上巧遇何姆斯大法官後，便開始與之通信。（這封信在一九七五年被根特發現，並加以出版。）在火車相遇的三天後，韓德寫信給何姆斯討論言論自由，「過去的我很可能會放棄我現在對於寬容的想法……這就是我的立場。意見只是暫時的假設，它們未曾接受仔細的檢證。愈是檢證，就愈是周延，我們也就會愈能夠確信原先的假設。然而，這些都不是絕對的。因此，我們必須包容反對意見……」何姆斯回了一封信給韓德，措辭溫和，卻表達不同的看法：「自由的言論和不接受預防接種的自由沒有兩樣。」（一九〇五年，包括何姆斯在內的最高法院多數大法官，不顧宗教反對，支持麻州強制接種疫苗法。）一九一九年，戴柏斯案判決後不久，韓德再度提筆。信中他延續《群眾雜誌》案的觀點，表明僅在具有「直接教唆」不法行為時，言論才得以受到懲罰。他指出：「我們無法依賴陪審團，因為這些案件發生時，大家的情緒通常都很激動。就我所知，一九一八年的情況大抵如此。」何姆斯去函回以：「我恐怕不甚瞭解你的論點。」

查菲教授的法學主張

首宗間諜防治法案宣判後，哈佛大學法學教授柴查利亞．查菲（Zechariah Chafee），在一九一九年六月於《哈佛法學評論》（*Harvard Law Review*）發表了一篇舉足輕重的論文〈戰時的言論自由〉（Freedom of speech in war time）。查菲堅信言論自由；他也從歷史文獻中整理出所有的證據，以支持第一修正案賦予言論自由的是較廣義的保障，即使對戰時的煽惑言論也等同視之。查菲說，「第一修正案的制定者，之所以要保障言論自由，即為了要掃除習慣法中的『誹謗政府』和『事後追懲』，好讓人民永遠可以在不煽動他人違反法律的情況下，自由地批評美國政府。」他形容，第一修正案是「國家政策支持人民得對所有公共議題，進行公開討論的宣示。」一七九八年的危害治安法，是英國習慣法誹謗政府罪的復活。過去一個世紀以來，政府並未通過任何與之類似的法律，即足以證明實施危害治安法必須付出極慘烈的代價。查菲說，任何罪名的判定，應該是很嚴格的，如果一項言論因為具有「破壞傾向」而受到懲處，那言論就算不上是自由的。查菲說：「所有關於言論自由的論戰，問題都在於政府是否能夠懲罰任何有導致違法行為傾向的言論，無論這傾向多麼地不明顯；抑或只處罰『直接教唆』犯行的言論。」這個觀點與韓德法官的看法不謀而合。

從查菲對言論自由的支持及其論證邏輯看來，他應該會抨擊何姆斯大法官在三月作成的間諜防治案判決。結果剛好相反，他在文中推崇何姆斯於申克案中信手拈來的創見——「立即而明顯的危險」。查菲說，這對保障言論自由而言，是個高明審慎的策略。他說，何姆斯提出的這個原則，「讓政府無法以「惡劣傾向」懲罰人民的言論。」查菲知道這原則是來自於何姆斯「未遂罪」（criminal attempt）的法律觀念，但他認為何姆斯的意思是，未遂行為「必須危險到幾乎成為事實」，才算構成犯行。查菲確實批評戴柏斯案的判決，但是他的理由是，何姆斯在審判此案時，並未遵循「立即而明顯的危險」原則之真正含義。因為，陪審團係以「表達具有違抗徵兵行動之惡劣傾向的言論」為由，定戴柏斯的罪；但根據「立即而明顯的危險」原則，陪審團應該只能在被告言論造成「立即而明顯的危險」之違法行為時，方得判定有罪。查菲在關於自由的觀點上，和何姆斯並無二致，他說，何姆斯在該案的判決，「實質上是符合韓德、修菲爾德（Schofield，曾於一九一四年為文闡明言論自由的學者）的論點，以及有關第一修正案之政治與歷史目的所進行的研究結果。」

亞伯瑞斯訴美國政府案

一九一九年十月，最高法院審理另一宗間諜防治法案件「亞伯瑞斯訴美國政府案」（*Abrams v. United States*）。此案被告以觸犯一九一八年間諜防治法修正條文為由，遭到起訴。這些修正條文乃是恐懼叛亂的戰時歇斯底里症的產物，無異於新版的危害治安法。該法規定：「凡以口頭或文字，表達對美國政體、國軍或國旗不忠、冒瀆、侮蔑之言論，或鼓勵減產軍用必需品者，均得科以刑責，」最高可處有期徒刑二十年，併科罰金一萬美元。

亞伯瑞斯案的被告是四名流亡美國的俄國政治難民，其中三人是無政府主義者，另一位則是社會主義者，他們一致對威爾遜總統在俄國布爾什維克革命後，派遣軍隊駐紮俄國境內的決策相當不滿。於是，一九一八年八月二十二日晚上，他們準備從紐約下東區的一幢大廈頂樓，空投兩份大量印製的未署名傳單。這兩份傳單的內容，分別以英文和意第緒文（Yiddish）寫成。英文版的傳單內容係攻擊威爾遜的干涉行動；意第緒文版則標著「工人，覺醒吧！」內文寫著：「威爾遜及其黨徒，已將俄國的解放運動帶至絕境。雜種狗！」這份傳單引發了一次抗議「美國干涉俄國」的大罷工。因此，這四名被告在法庭被扣上「意圖危害美國對德作戰」的罪名。其中三人被處以二十年徒刑，另一名當時年僅二十歲的莫力．史戴墨（Mollie Steimer），則被判坐監十五年。關於這四個人的故事，在理察．波藍伯格（Richard Polenberg）的著作《鬥志》（*Fighting Faith*）一書中，有翔實的描繪。他們在一九二一年假釋出獄後，重返俄國。爾後，史戴墨和亞伯瑞斯（Jacob Abrams）因不滿史達林的新獨裁政權，而遠走墨西哥；至於，希曼．拉丘斯基（Hyman Lachowsky）和山繆．李普曼（Samuel Lipman）則在留在故鄉。結果，其中一人成為史達林政權的受害者，另一位則死於納粹之手。

一九一九年十一月，美國最高法院宣判亞伯瑞斯案。由大法官約翰．克拉克主稿的判決文寫道，被告的目的容或為裨助俄國大革命，那並不構成罪行。但他們散發的傳單內容，卻妨礙了美國的對德作戰，因此，「他們必須為其犯行所可能導致的影響負起責任。」審判該案的大法官們遂此確定亞伯瑞斯等人的罪名。有了何姆斯在三月的案例，該案判決並不意外。孰知，同為審判法官的何姆斯，竟聯合另一位大法官路易斯．布藍迪斯（Louis D. Brandeis）提出異議。因為是年三月的三宗間諜防治法判例在前，何姆斯的驚人之舉是眾人始料所未及的。

何姆斯引述他在三月的判決表示：「對於本席之前所審判的案件，我從未懷疑過法律的問題。美國政府有權懲處具有『明顯而迫切的危險』的言論，以防範即刻的實質弊害。」何姆斯雖然重複其「明顯而立即的危險」原則，但他加上「迫切的」和「即刻的」兩個形容詞以加強語氣，並對這個原則的意義做出更具體的詮釋。

只有直接犯行的立即危險，以及犯罪意圖，才是國會限制言論自由的唯一理由。國會當然不能去禁止人們努力去改變這國家的想法。現在，沒有人會認為百姓私下印行的傳單，會有對國家軍備造成立即危險，或有此類意圖的可能傾向。在本案，被告是因為印發兩份傳單而被判處二十年有期徒刑，本席堅信，求助無門的被告絕對有權印發這些傳單，就像政府有權制定美國憲法一樣。只要能扭轉這些被告的判決，我即使技術犯規也無妨。依個人淺見，這項判決無非是欲加之罪，除非被告們不是因為檢方的起訴理由被定罪，而是基於他們所信仰的無政府主義綱領。但在我看來，這其實是一份無知、未臻成熟的綱領，而它雖然在本案中接受審判的詢問，但我不認為有任何人有權這麼做。

何姆斯的歷史名言

如果，何姆斯的話就此打住，那麼，他的見解將會永垂不朽。何姆斯以無比熱情投入這個案件，並痛陳戰爭狂以危害戰爭為由，將出版傳單處以重罪的野蠻判決。但是，他並未就此打住。他暗示說，亞伯瑞斯等人確實是要散播無政府主義和社會主義思想。我必須完整引述何姆斯的結論：

對我來說，意見表達的迫害是全然合理的。假如你對自己的論述前提和個人權力相當肯定，也衷心追求某特定結果，那麼，你會自然而然地以個人意願制定法律，並壓制所有的反對聲浪。如果，你允許他人表達反對意見，似乎即反映出你認為言論是站不住腳的，就好像想完成一項不可能的任務，或是你完全不在乎言論可能導致的結果，抑或你懷疑自己的權力或前提。

然而，當眾人瞭解到作戰信心已遭時間的摧殘時，他們可能會轉而相信，自己所追求的至高之善，唯有經由思想的自由交換，才比較容易獲致；亦即，如想檢驗某一思想是否為真理，其最佳途徑即是將之置於自由競爭的言論市場，令其憑者思想自身的力量讓眾人接受它。

無論如何，這正是美國憲法的基本理論。這是一種實驗，正如生命也是一場實驗。我們就算不是每天，至少也是每年，都將自己的救贖託付給某些含混的預言之上。儘管這個實驗是社會體制的一部分，我想我們還是應該提防對於那些「不受歡迎、充滿死亡威脅的言論」的審查意圖，除非這些言論直接牴觸了我們的出版法律，而必須以直接審查來保衛我們的國家。

我完全不同意政府的意見，認為第一修正案保留了習慣法對誹謗政府罪的法律效力。依我之見，歷史是反對這觀念的。本人堅信，經過這許多年來，美國政府已藉由退還罰鍰，來表示它在一七九八年實施妨害治安法的悔意。

基於「國會不得制定法律，剝奪言論自由」的規定，唯在可能引發迫切危險的緊急狀況下，政府才得以糾舉不當評論。當然，本人僅就意見與勸誡抒發己見，故無法以更強烈的言語，提出個人對諸位以美國憲法褫奪本案被告權利的想法。

第9章

何姆斯和布藍迪斯持不同意見

言論自由受到最高法院認可，成為美國憲法最高價值，肇始於大法官何姆斯在「亞伯瑞斯訴美國政府案」中的不同意見。這是何等重要的開端！在何姆斯之前，從來沒有任何一位大法官如此論斷：第一修正案已經掃除了習慣法中的誹謗政府罪。他說，只有在言論市場裡，真理才得到最佳的檢證。他把約翰・彌爾「相反意見的價值」論證，發展為法學原則。他的語調就像詩人一樣。「令人討厭的且充滿死亡威脅的意見。」「這是一個實驗，就像生命是一場實驗一樣。」何姆斯大法官的慷慨激昂，令聞者莫不熱血沸騰。

何姆斯的思想轉變

問題是，此一見解究竟從何而來？僅僅八個月之前，何姆斯還以淡漠、敷衍的態度，支持一項根據間諜防治法作成的判決。一位評論者說，他提出「明顯而立即的危險」原則，以補償他先前對言論自由的壓制。現在，他已經幡然悔悟，執劍捍衛言論自由，而這股熾烈熱情讓他斷不可能去支持戴柏斯案的判決。究竟發生了什麼事？

在戴柏斯案和亞伯瑞斯案間隔的數月間，其實有些端倪可以看出影響何姆斯態度的原因。他意識到自己在三月時對間諜防治法的支持，令他的支持者大失所望，而他向來對這種事是非常敏感的。於是，他寫一封信給《新共和》的編輯賀伯特・克羅立（Herbert Croly），以回應之前佛瑞溫德（Prof. Paul A. Freund）對戴柏斯案的評論。他還送了一份副本給他的忘年之交哈洛德・拉斯基（Harold J. Laski，英國社會主義學者）。他告訴拉斯基說，他認為間諜防治法是合乎憲法的，但他「很不願意主稿戴柏斯案。我不能理解壓迫這些案件的智慧何在，尤其當戰鬥已然結束後，我想，假如我是陪審員的話，我應該會讓這些人無罪開釋」。何姆斯還告訴拉斯基，他希望威爾遜總統能夠網開一面。

儘管，何姆斯筆下表示不甚明瞭韓德信中對三月判決的意思，韓德的話卻在何姆斯的心中醞釀、發酵。復因吉爾伯．羅伊（Gilbert Roe）對戴柏斯案提出的相關報告指陳，傑佛遜黨人在一八〇〇年大選的勝利，即是危害治安法違憲的明證。但影響何姆斯最深的是查菲在《哈佛法學評論》的文章。一九一九年夏天，何姆斯詳細研讀這篇論文，後來，他在一九二二年給查菲的信中提到，在第一修正案的歷史根源問題上，查菲的學說令他受益匪淺。波藍柏格探究何姆斯於一九一九年夏天閱讀的書籍發現，何姆斯頻頻觸及言論自由議題。何姆斯讀的書包括：一本有關南北戰爭的著作，其中撻伐林肯於戰爭期間壓制言論與出版自由的做法；拉斯基主張絕對的思想自由的新作《現代國家的權力》（*Authority in the Modern States*）；以及十七世紀英國力主自由的哲學家約翰．洛克（John Locke）之《政府論》（*Two Treatises on Civil Government*）。由此足以證明，那年夏天，何姆斯的確花了許多時間琢磨言論自由的課題。

何姆斯在亞伯瑞斯案的不同意見，造成極大衝擊，也為他贏得高風亮節的聲譽。此外，最高法院全體法官共同響應申克案判決文，遂以何姆斯所擴大解釋的意義，確立了「明顯而立即的危險原則」舉足輕重的法律地位。查菲對於何姆斯的亞伯瑞斯判決文評道，這雖僅是一份不同意見，但對第一修正案的釋義而言，卻重要異常。因為他悉心經營「明顯而立即的危險」原則，使得最高法院全體大法官對申克案達成一致意見。數十年後，卡爾文（Prof. Kalven）回溯此事時，淡然地表示：「在總結亞伯瑞斯案不同意見時，何姆斯心血來潮的慷慨陳辭，無心插柳地提出『明顯而立即的危險』，一瞬間，這個原則就此確立，而此一激辯在全體大法官共同為申克案背書的狀況下，也成為審判言論自由的嚴格準則。」

兩個截然不同的大法官

大法官布藍迪斯與之並肩作戰，是何姆斯這份不同意見得以如此強勢的另一原因。這個合作關係，在輿論界激盪起特別的意義：何姆斯和布藍迪斯（或布藍迪斯和何姆斯）聯袂向冥頑不靈的最高法院提出不同意見。這兩人自此交情日深，由一般的同僚往來，進展成為志同道合的朋友。就某種意義而言，這件事相當令人驚訝，畢竟他們在背景和性情上南轅北轍。

何姆斯是個貪戀酒色的登徒子，他來自波士頓的守舊家庭，父親為文名頗盛的詩人兼散文家。南北戰爭時，何姆斯雖然明白戰爭的殘酷，卻認為這是一場聖戰，遂投筆從戎，還三度負傷。一九〇二年，六十二歲的他，被總統提奧多．羅斯福（Theodore Roosevelt）提名，榮任為最高法院大法官。亞伯瑞斯案發生時，他年屆七十八，但銀髯飄飛，神采奕奕。他雖認為社會改革都是成不了氣候的，卻又堅持法官有義務將這些改革份子繩之以法。

布藍迪斯則是在一九一六年由民主黨籍總統伍卓·威爾遜任命為大法官，時年六十三。布藍迪斯來自於肯塔基的德國家庭，是美國最高法院首位猶太裔大法官。他和何姆斯均為哈佛法學院系友，在校方檔案中，布藍迪斯的在校表現被譽為該系的高材生，以及波士頓首位的卓越律師；何姆斯則以其著作《習慣法》而被尊為「學者」，同時是麻州大法官。布藍迪斯深耕於社會改革，矢志改善勞資衝突，並力抗金融與工業勢力掛勾的共犯結構，他的社會關懷傾向可見諸於其著作《大之魔咒》（*The Curse of Bigness*）。布藍迪斯是錫安教徒（Zionist），這是率領猶太人重返巴勒斯坦的運動。這些事蹟導致他被拔擢為大法官時，曾在最高法院掀起保守勢力和反猶太人士的強力反對聲浪。

何姆斯喜歡以簡短詭異的措詞主稿判決文；布藍迪斯卻好長篇累牘地分析社會問題。布藍迪斯是個生活嚴謹的人，菸酒不沾。他的同事說，他經常徹夜未眠地工作，直到曙光初露，才回到住所，從另一扇門重返辦公室。此外，何姆斯和布藍迪斯大法官對言論自由議題的看法也極為懸殊，卻又總是不約而同地提出不同意見，反對多數意見的判決。

一九二〇至二一年，最高法院支持三宗根據間諜防治法所審判的案件，何姆斯和布藍迪斯即表示不同意見。布藍迪斯為第一及第二宗案件撰寫不同意見；至於第三件案子，他們則各自提出不同意見。他們指明這些案件均不符合明顯而立即危險的原則。但多數大法官對其不同意見判決卻視而不見。

紀特洛訴紐約州政府案

整個二〇年代，大法官們對言論自由的意義爭執不下，何姆斯和布藍迪斯兩人堅信其個人理念，提出觀點犀利的不同意見。從某方面看來，這兩人的行止頗為怪異，因為他們對最高法院都有責任，而且認為大法官理應避免意見分歧。對此，何姆斯在一九二五年的「紀特洛訴紐約州政府案」（*Gitlow v. New York*）的不同意見中，為自己和布藍迪斯做了辯護。「『明顯而立即的危險』原則，是申克案時全體法官一致通過的裁判原則。誠然，我個人目前對這項原則的觀點，與亞伯瑞斯案判決時的想法有所扞格，但迄今為止，我仍相信本人對此案的判決，足以解決這項訴訟。」

在紀特洛案中，大法官愛德華．申佛（Edward T. Sanford）主稿判決文，為言論自由提出重要的貢獻。這是最高法院首次以憲法保障人民的言論與出版自由，使之免於受到「州政府」的侵害。誠如先前所提及，權利法案的效力僅適用於約束聯邦政府行為；南北戰爭後所通過的憲法第十四修正案，嚴禁各州未經「正當法律程序」，剝奪任何人民的自由。最高法院對此條文的解釋為保障個人「基本」（fundamental）自由。但截至目前為止，所謂的「基本自由」僅止於經濟權利，而未及於言論自由。現在最高法院突然改變看法。大法官申佛說：「當務之急是，我們認為第一修正案『國會不得剝奪……』等規定，係屬第十四修正案禁止各州侵害的『基本個人權利和自由』的一部分。」此一變化扭轉了言論自由原則的發展。一九二五年以降，涉及言論自由的案件由州政府紛紛湧入最高法院；而且，從這些案件的審理中，最高法院對言論與出版自由內涵的探究，有了更開闊的進展。

紀特洛案是一九一九至二〇年，以及其後七十年中，美國社會「恐共」（Red Scare）情結的產物。自從俄國布爾什維克革命以降，第三國際因運而生，美國遂因共產主義和各類種族主義的威脅而惶惑不安。威爾遜政府司法部長米契・帕門（A. Mitchell Palmer）假意圖顛覆美國為由，大舉逮捕外國僑民，以捍衛美國安全。這就是著名的「帕門突擊」（Palmer Raids）。在紐約州，州議會試圖將正式當選的社會主義人士逐出議會。（這些社會主義人士因查爾斯・伊凡斯・修斯〔Charles Evans Hughes〕的保護而免於受害，修斯在一九三〇年榮膺最高法院院長。）甚至，在哈佛大學也有類似情事發生，哈佛法學院的保守系友試圖將查菲教授逐出該院，幸好校長勞倫斯・羅威爾（A. Lawrence Lowell）並不因個人的保守立場，而讓該校教授淪為外在局勢的犧牲者。

該案被告班傑明・紀特洛（Benjamin Gitlow），被控協助社會主義支派印行宣言，詆毀民主政體，並鼓吹社會大眾群起建設「無產階級革命政權」。州法官根據紐約州法，以「鼓吹無政府思想」罪名將他定罪——僅鼓吹思想，而無其他涉及立即暴行或革命的行為。何姆斯大法官遂依據這個事實提出不同意見，指明該案被告並無任何意圖教唆他人推翻政府之立即危險。這份不同意見寫道：

宣言（manifesto）比理論（theory）具體一些，算是一種慫恿（incitement）。每一個想法都是慫恿，其本身就是一種信念。除非有其他慫恿超越它，或行動者在實踐之前因動機消失而作罷，否則，就會有人根據這個慫恿而採取行動。意見和慫恿其實只是一線之隔，亦即，說話者的狂熱是否有所結果。論辯可以激起理智的火花，但在我們面前，冗言贅語是沒有引發燎原大火的機會的。如果，這些無產階級革命的信念，在經過漫長發展後，注定被社會大眾所接受，那也只是顯示出，言論自由給了它們該然擁有的機會，讓它們找到屬於它們的方向。

「這真是一篇情辭並茂的判決意見，」卡爾文教授（Kalven）評道。是的，這就是何姆斯的獨特風格：寓意隱晦、言辭曖昧。一方面，何姆斯將紀特洛的宣言視為無害的「冗言贅語」，不值一哂；另方面，他又超然地轉向宿命論，認命地指出民主政體的人民應該做好心理準備，面對「社會大眾接受無產階級專政」的可能狀況。

惠尼訴加州政府案

布藍迪斯並不宿命。他認為人類可以藉由理性來提升自我、促使社會進步，而理性的實踐即有賴於自由的思考與表達。他同時相信，言論自由是個人實踐的關鍵。這種種有關言論自由的理想主義觀點，盡在「惠尼訴加州政府案」（*Whitney v. California*）布藍迪斯的判決文中表露無遺。

阿妮塔．惠尼（Anita Witney）因觸犯加州規範「組織犯罪」（criminal syndicalism）的相關法規，而遭到起訴。所謂的「組織犯罪」係指鼓吹以武力或暴戾手段，來達到「轉移工廠所有權」或「政權變遷」等目的之思想。加州的這項法令和美國各州在一九一七年前後所制定的法令類似，都是為了防範世界工人組織（Industrial Workers of the World）——也就是一般俗稱的「牆頭草」（或「搖擺者」，Wobblies）——一個工商業界所痛恨的基進工會。惠尼，是一名出身於世家名門的女子，她協助共產勞工黨（Communist Labor Party）在加州建黨。該黨黨綱盛讚「牆頭草」在階級戰爭中的奮鬥，並鼓勵「革命工人階級運動」。惠尼以參加鼓吹工團主義組織為由，在聖昆丁法院（San Quentin）被判處十四年有期徒刑。一九二七年，最高法院維持原判，代表多數意見的申佛大法官，根據他在紀特洛案的判決邏輯主稿判決文。布藍迪斯則代表他自己和何姆斯，另外提出「個別意見」（separate opinion）。這並非「不同意見」，因為布藍迪斯大法官裁定，惠尼的律師在加州法院並沒有提出最關鍵的憲法問題——即惠尼的共產勞工黨員身分是否會對國家造成明顯而立即的危險。布藍迪斯遂提出「協同意見」（concurring opinion），表明贊同法庭的駁回上訴，但是他卻也對憲法有關言論自由的規定，作出比何姆斯更為周延的闡述。

布藍迪斯的協同意見

布藍迪斯大法官說：「以往，最高法院從未界定過何謂『明顯』的危險；距離多遠的威脅，是為『立即』的危險？以及什麼程度的實質惡行，得被剝奪言論自由，以為防範？為了獲得有事實根據的結論，我們實在應該謹記，為何一般咸認為州政府無權禁止人民傳播不實、有害的社會、經濟、政治教義？」布藍迪斯擴大解釋第一修正案保障言論自由的前提，提出縝密嚴謹的說明。

> 美國獨立建國的先賢們相信，國家的終極目的在於讓人民自由發展，並且採行三權分立、彼此制衡，以遏阻專斷政權。對他們而言，自由既是目的，也是一種手段。先賢們相信，自由為幸福之本，而勇氣為自由之本。他們相信，自由思考和言論，是探索和散播政治真理不可或缺的方法。如果，沒有言論和集會討論的自由，則政治真理無以立足；如果，人民得自由發言和討論，則可提供適當保護以防範有害思想的傳散；自由最大的敵人，是思維僵化的人民；公眾討論是政

治責任，更應是美國政府的立國基本原則。先賢們承認，開放典章制度供人民討論，的確有其風險，但他們更清楚，社會秩序不能以懲處違規的恫嚇來維持；況且，扼殺思想、希望和想像，更容易招致危險。只有讓人民自由討論政府缺失和補救之道，才有所謂的國家安全；而且，對於錯誤決策適度的補救，通常成效卓著。先賢們也認識到輿論的理性力量，而儘量避免以法律使人民噤若寒蟬（這是最惡劣的權力主張）。他們承認多數暴力的可能性，所以增補憲法修正案來保障言論和集會的自由。

對致命傷害的恐懼，並不能使箝制言論和集會自由的行為合理化。以前，人們因畏懼女巫而燒死女人。言論的功能即是將人們自非理性的恐懼之中解放出來。要證明箝制言論自由是合理的，我們必須有理由相信，一旦允許自由言論，勢將引起嚴重的後果。我們也必須有理由相信，這危險是直接的……

領導美國獨立的先烈先賢並非懦夫，他們無懼於政治變遷，也不會為了秩序而犧牲人民的自由。對於勇敢、充滿自信的人而言，透過公民政府程序的理性運作，即可以對自由和無所畏懼的政府有信心；同時，言論不可能衍生出明顯而立即的危險，除非在大眾得以充分討論之前，發生了無可逆料的直接危害。如果想要透過公開討論去發現錯誤，藉由教育去移風易俗，最好的方式是百家爭鳴，而不是一片沉默。職此，振衰起蔽的最好方法是更多的言論，而非迫使人民噤聲不語。惟一種緊急情況下，政府得管制人民的言論，即當政府權威與人民自由必須調停，以取得最適狀態時。就個人想法，這就是憲法命令。因此，美國公民得以在非緊急情況下，公開挑戰剝奪人民言論自由與集會自由的法令。

布藍迪斯這項論證的主題是「公民勇氣」（civic courage）。波雷西（Prof. Blasi）稱許布藍迪斯的觀點令人折服，因為勇氣是「民主政治的至高美德」。他重申袪除恐懼是政治行動的基砥（「男人因恐懼而燒死女人」），為此後黑暗時期的美國人民，點燃希望之火。對第二次世界大戰後的現實社會而言，燒女巫不算是個教人陌生的景象。因為參議員喬瑟夫．麥卡錫（Joseph McCarthy）以誣陷戰爭英雄謀叛而聲名大噪，政客也競相爭睹麥卡錫杜撰出的莫名反共立法。相較之下，布藍迪斯的呼籲，為美國傳統喚起一脈清流，著實令人安慰。

有人以何姆斯大法官在亞伯瑞斯案的判決，質疑布藍迪斯對惠尼案的立論依據。這個人引述韓德有關《群眾雜誌》案的判決意見、查非一九二〇年的著作《言論自由》（*Freedom of Speech*），以及史學家查爾斯．貝爾德（Charles Beard）對美國政治自由之傳統的相關論述。然而這些理論其實有更深的歷史淵源。保羅．佛瑞溫德認為，布藍迪斯的想法是來自於偉大的雅典政治家培利克里斯（Pericles）的思想，美國的獨立精神，在於堅信「自由是幸福之本；而勇氣是自由之本」。在布藍迪斯的傳記中，作者菲利帕．史卓姆（Prof. Philippa Strum）表示，布藍迪斯由衷讚佩公元前五世紀的雅典人智慧。他生平最鍾愛的著作是亞佛列德・齊門（Alfred Zimmern）的《雅典聯邦》（*The Greek Commonwealth*），書裡說，培利克里斯的追悼演講，是民主政治的最高目標。布藍迪斯以古代雅典為其模範，因為小國寡民可以行直接民主，並接受「公開討論是政治責任」的原則。

布藍迪斯在惠尼案的話已經是很久以前的事，但是它也解救了阿妮塔・惠尼。在最高法院駁回惠尼的上訴一個月後，加州州長楊（C. C. Young）赦免了她，還在特赦聲明中引述布藍迪斯的觀點。

美國訴許威默案

另外，一九二〇年代還有個膾炙人口、感人至深的不同意見，即一九二九年最高法院審理的「美國訴許威默案」（*United States v. Schwimmer*）。羅其卡・許威默（Rosika Schwimmer）是個移居美國的匈牙利和平人士，當時，她正在申請美國公民身分。當移民官問她是否願意荷槍捍衛美國安危時，她答以不會。這個答案使她喪失成為美國公民的權利。最高法院支持此項否決裁判。和反戰人士一點都沾不上邊的何姆斯，形容「戰爭是必然的理性選擇」（inevitable and rational）；而且，他常說參戰是考驗男子氣概的最高試煉。但他卻對許威默案表示不同意見。布藍迪斯也再次和他站在同一陣線。此一發展，令紀特洛案與惠尼案多數判決的主筆大法官申佛相當詫異。當時，高齡八十的申佛寫道：

這位移民申請人，是個高貴、睿智的女士，顯然地，她是個很理想的美國公民人選。據此而論，她具有成為美國公民的多數條件，除了「申請人無法在毫無保留的情況下宣誓效忠美國」。這句話表達了她的和平主義立場，不會以武器保衛美國憲法的聲明。就許威默宣誓的適當性而言，本席看不出她的陳述有何影響；況且，許威默是位年逾半百的女士，即使她願意，也無法真的荷槍上陣。此外，其所持的觀點，並非令人恐懼不安的教條，而是世界各國與美國政府心之所願的和平信念。許威默女士也不認為憲法中有什麼應該改進的情況。本席確信，凡賢明之士均作如是想。許威默反對戰爭的主張，和希望建立英國式的內閣政府、單一國會，或要求總統任期改為七年一任等觀點，並沒有什麼差別。再談到更明顯的問題，只有黨同伐異的法官，才因為申請人認為應該廢除第十八修正案，而拒絕她的申請。（第十八修正案制定禁酒法，是大法官何姆斯所憎恨的法令。）

她是個樂觀主義者，她強烈且誠摯地敘述她的個人理念：戰爭會消失、和平相處是人類的最終命運。本席並不同意這麼樂觀的想法，也不認為戰爭是荒謬的，但多數人的確視戰爭為洪水猛獸，是不到最後絕不使用的手段；而且，世人甚至也還沒做好天下為公、世界大同的準備，以迎接和平陣營的結盟動作⋯⋯

許威默的某些答覆可能引發人民偏見，但假如憲法真有需要增補修訂附帶條文的原則，那麼，首當其衝的顯然就是思想自由原則——並非指那些同意我們的思想，而是賦予思想自由給那些我們所憎惡的意見。本席以為，我們應恪遵申請入籍與在本國生活的原則。回到拒絕許威默女士申請歸化美國的判決上，本席主張，貴格教徒（Quarkers）已克盡本分去維持國家的本質，同時多數公民同意這名申請人的信仰；而且，迄今為止，本席並不認為我們應該驅逐他們，只因為他們比我們許多人還更虔誠信奉聖經〈馬太福音．登山訓眾〉的教誨。

假如，何姆斯和布藍迪斯僅以華麗詞藻發出他們對當時嚴酷環境的怒吼，那麼，除了其文學素養外，他們不會名垂青史。然而，他們並不僅如此。他們所提的不同意見，在美國憲法發展的特殊範圍內（extent exceptional）成為眾人依據的法律。在當時，何姆斯和布藍迪斯對言論自由的觀點，說服了全國的人民和法官。十七年後（一九四六年），許威默案原判決被法院駁回，布藍迪斯在惠尼案和何姆斯在亞伯瑞斯案的不同意見，猶如破石穿巖的水滴，在迂迴之中，終於促使最高法院做出解釋——「言論和出版自由」受到憲法第一修正案的保障。

在最高法院投票表決二比九的態勢中，何姆斯和布藍迪斯並未擁有政治和司法權力，但是，他們的力量隱藏在他們的言論之中。這些言論讓我們認識到，最高法院在美國政府體系中所扮演的特殊角色。「制憲者希望，法院是個弱勢組織，既無權，也無錢，」亞歷山大．漢彌爾頓如是觀察。法院擁有的唯一權力是說服（persuade），而他們的論點已經收編了（defeat）總統和國會，也讓最高法院擁有對多數人民權益的最終裁量權（the last words）。而接受美國管轄的公民解釋判決，是法院的義務；但是，當法院的解釋無法使人民信服時，其判決即受到質疑。像國會經常以通過條文來修正最高法院對早期法律的詮釋，如稅法和人民權利法令等。甚至，當時最高法院對合憲性的裁決，也經常遭到駁回——被最高法院自己所推翻，如校園種族隔離案；而憲法修正案也更正了法院的判定政府不得向人民徵收所得稅。一旦最高法院發現某項立法或行政措施違憲時，即必須以長遠的價值觀，而非當下多數人的意願來說服人民，用政治意願來阻撓，並進而修正之。何姆斯和布藍迪斯大法官教誨人民，並說服他們，就廣義來看，言論自由正是這般的長遠價值。

第10章

蓬勃的自由

一九一九年起，最高法院為定義第一修正案所保護的言論自由爭執不下，卻沒有談到出版自由。在紀特洛案的多數意見中，把出版自由和言論自由納入人民基本自由的範圍，各州與聯邦皆不得剝奪。然而到了一九三〇年，最高法院卻還不曾審理過任何涉及限制報紙、雜誌，以及書籍的案件（這類案件才能具體檢驗出版自由的體質）。

尼爾訴明尼蘇達州政府案

一九三一年，最高法院審理第一宗重大的出版自由案件：「尼爾訴明尼蘇達州政府案」（*Near v. Minnesota*）。十年後又出現布里吉斯案，這在言論與出版自由的判例上非常重要。在這兩宗案件中，大法官的正反意見表決均為五比四，而且都是支持自由的一方獲勝。儘管兩案最後均以「勉強多數」（narrow majorities）作成判決，卻也都被視為憲法的座標點。這兩個判例反映了言論自由的價值，對於在蘇利文案中尋求憲法第一修正案保護的紐約時報而言，具有相當的意義。

傑．尼爾（Jay M. Near），尼爾案的主角，是個形跡鬼祟的扒糞記者。在佛瑞德．富藍德里（Fred W. Friendly）描繪此案的著作《明尼蘇達的人渣》（*Minnesota Rag*）一書中，形容尼爾是「反天主教、反猶太、反黑人，以及反勞工」的傢伙。一九二七年，尼爾在明尼蘇達州明尼波里斯市（Minneapolis）創辦《週六新聞》（*The Saturday Press*）週刊。這是一份立場相當偏激的反猶太刊物，其報導指控「猶太幫派份子」勾結貪贓枉法的警政首長，在地下統治明尼蘇達州。尼爾似乎是個集萬惡於一身、人人唾棄的傢伙，富藍德里發現，尼爾竭盡自由媒體的批判功能，來挑戰政府威權。

當富藍德里著手撰寫此書時，某日，他在紐約福特基金會（Ford Foundation）餐廳午餐時論及此事。鄰座的杜邦公司（E. I. du Pont de Nemours & Company）主席艾文・夏皮洛（Irving Shapiro）無意間聽到富藍德里的談話。他趨前詢問：「請問你正在談論尼爾案嗎？我認識尼爾先生。」夏皮洛的父親山姆・夏皮洛（Sam Sapiro）原在明尼波里斯經營一家乾洗店，一個叫做大魔斯・巴內特（Big Mose Barnett）的幫派，威脅他不准自己為客戶乾洗衣物，而必須將衣物送到雙子城的清潔熨燙協會處理。老夏皮洛拒絕了他們的脅迫，於是四個大魔斯的流氓闖入店內，對著客戶衣物潑硫酸。當時，年僅十一歲的夏皮洛躲在隔板後親眼目睹這一幕。但當地媒體報導這則攻擊事件時，卻對巴內特和他的威脅恐嚇隻字未提；同時，當地政府也不管這件事。然而，當傑・尼爾從山姆・夏皮洛口中得知此事後，遂在報端詳細披露事件始末。他不僅敘述巴內特的威脅，並痛陳其他報紙因畏懼惡勢力，而略去幫派份子姓名的做法。在《週六新聞》報導此事後，巴內特因攻擊山姆・夏皮洛的店而被起訴，最後，在艾文及其他證人的指證下，終於受到法律的制裁。

尼爾在挑選批判對象時，並非總是如此機敏。明尼波里斯市海納平郡（Hennepin）警長佛洛伊德．奧森（Floyd B. Olson）是他例行抨擊的官員之一。奧森後來聯任三屆州長，是位自由改革者，但當他被尼爾的低劣文字戳刺時，他採取了日後令自己懊悔的慳吝行動。他以該州所制定的公共滋擾法（The Public Nuisance Law）控告《週六新聞》。在法學定義中，「滋擾」一詞係指破壞社區的行為，如亂堆垃圾、嘈雜擾人清靜的聚會等。但這項法令還規定：「凡經營惡意誹謗、中傷他人之報紙者，均構成公共滋擾罪。」法官得判定該刊物禁止發行，並永遠歇業。此法係於一九二五年通過立法，最初是為了懲治該州的扒糞報紙《偷窺》（*The Duluth Rip-saw*）。當時，這項法令並未遭到該州其他報業的反對，是因為他們向來鄙視那些黑函行徑的小報。一九二七年十一月，弗洛伊德．奧森要求庭上以公共滋擾法勒令《週六新聞》停業，法官也做成判決。於是，僅僅發行九期的《週六新聞》，就此關門大吉。

尼爾上訴明尼蘇達州最高法院。他的辯護律師主張說，明尼蘇達州公共滋擾法違反憲法第十四修正案，以及州憲法的自由報業條款，但該法院斷然駁回此一聲請。會審法官一致同意：「美國憲法從未意圖保障不實、惡意中傷他人的誹謗文字，或具有不良動機或無正當目的之出版品；憲法所保護的是誠實、審慎、秉持良知的報業。新聞自由並不是為了讓邪惡之徒出版齷齪的報紙，就像憲法所賦予人民的集會權利，也不允許人民進行非法的集會或暴動。」在這段陳述中，我們不難聽出一七九八年聯邦黨人為危害治安法的辯護之詞。和危害治安法如出一轍，明尼蘇達州公共滋擾法也僅允許被告在「具有良善動機與正當目的」的情況下，為已出版的言論進行抗辯。

最高法院審理尼爾案

原本，尼爾案或許就此蓋棺論定，因為傑．尼爾沒錢可以上訴美國最高法院。但是，他後來向兩個性質截然不同的組織求援——「美國公民自由聯盟」（American Civil Liberties Union），以及右傾的芝加哥論壇報發行人羅伯．麥考米克（Robert Rutherford McCormick）。麥考米克上校在言論立場上向來與美國公民自由聯盟相左，但他狂熱地鼓吹新聞自由，並認為明尼蘇達州的公共滋擾法嚴重威脅到新聞自由。他請他的私人律師韋懋斯．柯克藍（Weymouth Kirkland）從美國公民自由聯盟手中接下尼爾的案子，並積極遊說美國報紙發行人協會（American Newspapers Publishers Association）的冷漠同業，共同推動一項譴責公共滋擾法的決議案。該決議案聲明：「明尼蘇達州的公共滋擾法是對人民自由最嚴重的羞辱。」

一九三一年一月，美國最高法院開庭審理尼爾案，代表尼爾的律師柯克藍表示，根據憲法規定，涉及誹謗公眾人物的出版品，並不構成鎮壓報紙的理由，因為「只要有人為非作歹，報紙便會刊載誹謗文字」。柯克藍說，十九世紀時被紐約時報揭發的紐約政客波斯．推德（Boss Tweed），「就會引用這樣的法律，來對付那些揭發他的報紙」。

當明尼蘇達州副檢察長詹姆斯．馬克漢（James E. Markham）出庭最高法院為明州辯護時，布藍迪斯大法官將問題轉回貪汙議題。布藍迪斯曾經詳細研究此案，並閱讀《週六新聞》九期的內容。他問馬克漢：「在這些報導中，編輯陳述他們試圖揭發黑道和警務人員勾結經營賭場牟利。他們指證，警政首長和其他員警均涉入不法……我們不知道這些宣稱是真是偽，但我們確信，這種犯罪勾結是某些地方政府的恥辱。這些報人似乎只是努力舉發此類不法情事，這種言論如果不能受到免責保障，什麼樣的言論才應該免責？如果我們不允許人民自由探討此類事件，社區又該如何去防範不法？職此，誹謗是必然存在的，因為你無法在不指出作姦犯科者姓名之情況下揭發不法行為。我們很難想像，一個身為民主社會保護機制的自由報業，竟然無法享有免責權……那麼，何種行為才能得到豁免？」

馬克漢對公共滋擾法的辯護，係立基於英國布雷克史東的出版自由觀點，亦即，不受事前限制的自由。他聲稱，公共滋擾法並未對報紙強加事前限制。其論述重點在於，公共滋擾法未曾要求任何人在出版言論之前，必須先行取得政府許可，就像彌爾頓所譴責的英國許可制一般。明州公共滋擾法僅規定言論出版後，一旦有誹謗情事發生，法官得以事後追懲。在許可制的規定中，負起舉證責任的並非報紙發行人，而是政府。馬克漢主張，憲法第一修正案係採行布氏的出版自由觀點，只有保障媒體免於事前限制，他援用何姆斯大法官一九〇七年於「派特森訴科羅拉多政府案」之判決文指出：「第一修正案僅僅為了取消出版品的事前限制。」而現在年屆九十的何姆斯從席間站起，說道：「馬克漢先生，那些判決文是我在數十年前寫下的……滄海桑田，我目前的想法已與從前大不相同。」

修斯院長的判決文

最高法院院長修斯主稿尼爾案的判決文，其中包括最高法院首次針對美國政治體系中的媒體功能的評論。修斯引述麥迪遜在「維吉尼亞決議案報告書」中反駁危害治安法的文字，麥迪遜說：「任何事物的適當應用都無法避免某種程度的濫權，而這種情況最容易見諸於報業。因此，美國向來根據這個理論進行判決。這也就是，與其剪除有害枝葉去傷害樹木開花結果的生命力，較好的做法是留下一些蕪雜枝葉，反而可以讓樹木更加枝繁葉茂。只是，這種政治哲學的智慧，能否讓人民透過報端進行質疑，讓政治淬煉得更好；同時，並讓這個世界藉由超越所有錯誤與迫害的理性與人性，感激這個得來不易的勝利？」

緊接著麥迪遜的話後，修斯院長提出他個人對當代報業角色的看法。

當媒體輕率地詆毀公眾人物、抹黑克盡職守的公務人員，並假借輿論譴責他們時，我們都不能說這些官員遭到嚴重侮辱，因為，相較於開國先賢們所受到的待遇，這樣的言論攻擊還算客氣。盱衡今日局勢，政府的行政組織日益龐雜，公職人員貪瀆的機會大增，犯罪率也居高不下；而不肖官員包庇犯罪所引致的危險，黑白兩道掛勾與官員怠忽職守對人民生命財產安全所產生的危害，都亟需機警、勇敢的媒體為民斥候，特別是在大都會裡。

我們不難在這段敘述中察覺，修斯院長曾經受到布藍迪斯大法官和馬克漢對話的影響。他原本可以依照布藍迪斯的意見繼續發揮：如果媒體欲善盡監督政府之責，則誹謗言行勢必不可避免。他也原本可以認定，第一修正案所保障的出版自由中，也包括媒體公開評論官員的權利。但是修斯院長卻逕自總結說，明尼蘇達州施行的是已被禁止的事前限制措施。他說：第一修正案的新聞自由條款的「首要目的」，是為了「防範出版的事前限制」。他套用布雷克史東的觀點，並引述何姆斯在派特森案的判決。修斯說：他人之所以批評第一修正案以布氏觀點為思想基石，並不是因為「消除出版品之事前限制不該受到特別強調，而是因為，『消除』一詞無法全面涵蓋自由的概念」。

在此案中，與修斯院長同屬多數意見的大法官有何姆斯、布藍迪斯，以及兩位最高法院的新任大法官，哈藍・史東（Harlan F. Stone）與歐文・羅伯慈（Owen Roberts）。持不同意見的則是最高法院裡的死硬派保守人士：皮爾斯・巴特勒（Pierce Butler）、威利斯・范・迪凡特（Willis Van Devanter）、詹姆斯・麥瑞諾慈（James C. McReynolds）與喬治・蘇特蘭（George Sutherland）。由巴特勒主稿的不同意見，以大量歷史文獻佐證，主張公共滋擾法並非以布氏所稱的事前限制強行加諸於民，亦即，只有任何出版品在出版前均須取得政府檢查官之事前許可，方得稱之為事前限制。

事前限制不具法律效力

尼爾案為美國新聞自由法規確立一項基本命題：在第一修正案下，事前限制是有疑義的。之所以是「有疑義」而非「絕對的禁止」，是因為修斯認為有若干例外。他說：「在戰時，沒有人會反對政府限制媒體公佈軍隊開拔或駐紮的地點和兵力。」但在平時，事前限制則不具法律效力。此處的事前限制係指廣義的行政檢查和法院禁止令。因為尼爾一案，全美國的法官幾乎都自動自發地駁回對媒體事前限制的請求。

評論家則是爭論，事前限制與事後追懲何者對新聞自由的危害較大。設若編輯有兩個選擇：一、在報導前，自行過濾機密；二、刊出政府機密，但事後被判處一千萬美元的罰鍰，他們要選擇哪一個？嚴厲的罰則可以令編輯和作者進行自我言論檢查，其對言論自由所產生的嚇阻作用，並不亞於正式的法律限制；但一般認為，事前限制似乎較事後追懲更具箝制意味。只要一個法官就可以對出版品的發出禁止令；但是刑事訴訟卻必須由整個陪審團來判決。況且，在言論出版前，試圖阻止此項出版行為的當事人，可以向法官臆測這項言論出版後可能引發之嚴重後果；但在事後追懲的訴訟中，卻可能發現，該項言論其實並未造成任何危害。

一九七一年，即尼爾案發四十年後，美國政府試圖阻止紐約時報和華盛頓郵報公開美國捲入越戰的政府最機密文件，此案乃是繼尼爾案後，美國最著名的事前限制案例。本案中，紐約時報在政府相關單位採取行動之前，連續三天大幅摘錄該項文件，因此，紐約時報律師亞歷山大·畢克事後得以告訴法官：「美利堅共和國依舊屹立不搖。」負責審判該案的紐約法院法官莫瑞·葛芬（Murray Gurfein），遂駁回聯邦政府所提出的禁止令申請。此案繼續上訴到最高法院，大法官們善意回應尼爾案判例，以六比三同意拒絕簽發禁止令。但設若政府在媒體刊出任何機密文件前即提出告訴，則政府律師可以明確表示（假如有任何文件內容被公諸於世的話），他們已經警示過對可能產生的嚴重後果。那麼，法官與民眾可能會在未親眼目睹出版品所造成的實際結果之情況下，相信這項警告。當然，在本案中，此一出版品造成並未不良後果。「五角大廈文件案」（The Pentagon Papers）顯示了，事前限制是遠比事後追懲還危險的訴訟程序。政府當局原欲以刑事訴訟制裁紐約時報編輯與主管，孰料審判結果反教政府出糗。行使禁止令容易，但它卻很難讓媒體保持沉默。以政治約束告發編輯或發行人的確明智。

不管這些主張如何爭執不休，在美國，事前限制其實極為罕見。但反觀英國，當地法官經常禁止文章出版，甚至，只要書籍之中有誹謗他人或危及政府利益之嫌者，即不得發行。多年來，英國法官禁止出版社發行《捕諜記》（*Spycatcher*）（由英國前反間單位幹員所著之書），但此書在美國上市時，卻未遭到任何攔阻。另一個例子發生在一九九〇年，加拿大法院基於以色列政府的要求，查禁由以色列前祕密探員所寫的回憶錄；但當紐約法院對此書發出禁止令後，紐約最高法院法官旋即將之否決。

尼爾案的歷史意義

尼爾案之所以名垂青史的另一原因在於該案對於媒體的作用。麥考米克上校將修斯院長的一席話，鐫刻在大理石碑上，豎立於芝加哥論壇報大樓的大廳內：「亟需機警、勇敢的媒體為民斥候，特別是在大都會裡。」修斯院長開風氣之先，提出這番論見，其後的效法者中，則首推雨果．布雷克（Hugo L. Black）。在五角大廈案中，布雷克大法官提出一份協同意見，這是他罹患急症、退休、猝逝（一九七一年，享年八十五）前，所提的最後意見。他說：

> （第一修正案）保障媒體可以揭發政府的機密，告知人民。唯有自由、不受桎梏之媒體，方能有效披露政府欺瞞人民之行為。自由媒體所肩負之至高責任，乃是防範政府任一部門做出欺騙人民、把人們送到遙遠的國度，讓他們死於瘴癘或槍林彈雨中。本席以為，紐約時報、華盛頓郵報或其他新聞媒體，其勇於報導之義舉，非但不應受到譴責，反而應該受到推崇，他們的行為，正是開國先賢清楚見到的目的。揭發政府引爆越戰的始末，正是媒體恪遵先賢們的期望與信賴的高貴行為。

傑．尼爾，這個行為不端的記者，無意中成就了布雷克大法官眼中崇高的新聞自由原則。但是其後在許多小人物的案件裡，民權運動卻因而大獲全勝。

在五年後的出版案裡，最高法院引用尼爾案，全體一致達成判決。路易斯安那州暴虐無度的人民黨籍（People's Party，一八九一年由傑佛遜黨人所成立之政黨）州長修伊．朗（Huey Long），指使該州的窩囊議會通過徵收「報紙稅」（newspaper tax），以壓制與他對立的報紙。最高法院裁定該稅法違反憲法第一修正案的出版自由條款（以及第十四修正案的州條款）。在尼爾案中站在不同意見陣營的大法官蘇特蘭，以麥迪遜觀點主稿判決文。他寫道：「人民有權獲知關於政府作為與不當行為的所有資訊，資訊充足的輿論是防範惡政最有力的對策。」關於第一修正案僅止於消除事前限制的觀點而言，蘇特蘭表示：「我們絕不能讓步，因為從英國判例所衍生的事前檢查，在第一修正案實施以來，已經永遠銷聲匿跡了。」由保守派大法官的論述中可以瞭解，最高法院對媒體功能的領會，以及第一修正案在民主政府的維續上，發揮了多大的功效。

尼爾案將美國人的言論權利，從英國習慣法的限制中（出版品事前限制）解放出來。一九四一年，在「布里吉斯訴加州案」（*Bridges v. California*），法庭以藐視法庭罪故技重施。長久以來，法官有權在下述三種條件下，以藐視法庭罪名判處人民監禁或罰鍰：一、違反法庭秩序者；二、在法庭製造干擾者；三、在法庭之外，以言論威脅審判過程正當性者。布里吉斯被判定因第三項條件而觸犯藐視法庭罪。直至今日，英國法院對庭外評論可能產生的法庭內影響，仍抱持著相當嚴格的標準。例如，設若某報刊載正在審理案件之被告的犯罪記錄，則該報編輯得立即被捕入獄或科以罰鍰。甚至，報紙即使是報導審理中的民事案件，也可能被判藐視法庭罪。像倫敦法院就曾經為避免影響一宗審判中的控告藥廠之民事損害賠償，而下令禁止《週日泰晤士報》（*The Sunday Times*）報導一系列有關鎮靜劑、沙利竇邁（thalidomide）等孕婦服用後可能導致副作用而產下畸形兒的安眠藥事件。但布里吉斯案使我們注意到，美國從未如此行使過藐視法庭權力。

布里吉斯案與藐視法庭罪

布里吉斯案在許多方面都是一宗極為重要的案件，尤其是兩位由老羅斯福總統所任命的大法官，雨果．布雷克和菲利斯．法蘭克福特，為此還產生衝突。布雷克於一九三七年銜命為大法官時，是為阿拉巴馬州人民黨籍參議員，他是以最基進的南方人之姿攻下參議院席次。布雷克大法官自修憲法歷史，並在燈下苦讀麥迪遜與英國重要的法學異議人士之思想。他推崇第一修正案為美國憲法中的瑰寶，並視第一修正案中的命令是「絕對的」。例如，他總是說：「不得立法」就是「不得立法」（沒有轉圜的餘地）。法蘭克福特在一九三九年被提名為大法官，他在童年時期由維也納移民至新大陸，他對美國的熱愛來自於一股移民的滿足心理。身為哈佛法學院教授的他，曾經嚴格批評過去最高法院的判定經濟改革立法違憲。現在，他卻改而主張，最高法院在行使權力保障更多上訴的自由時，應當更加謹慎，例如，言論自由。他與多數英國友人相知甚深，同時，對英國傳統懷著高度的崇敬。

布里吉斯案事實上包括兩宗案子，加州法官因庭外評論審判中訴訟而判定他們藐視法庭。哈利·布里吉斯（Harry Bridges），西岸碼頭工人工會領袖，他因在給勞工部長的電報中批評法官對他所屬工會與另一工會訟案的判決，而被判處藐視法庭罰鍰。第二個案件是《洛杉磯時報》（*Los Angeles Times*），一份對工會評價極高的報紙，因為在三篇社論中報導法院正在審理的案子，而被科以罰金。其中最令人非議的是一篇題為〈給流氓緩刑？〉（Probation for Gorillas?）的社論。這篇社論寫道：「如果法官給兩位被判侮辱罪的貨車司機工會成員緩刑的話，就會犯下一個很嚴重的錯誤。」該社論說：「社會需要的是給布袋工廠的工作榜樣。」布里吉斯和洛杉磯時報請求最高法院撤銷他們的定罪，因為該判決牴觸了根據第一修正案的言論自由條款。

此案在一九四〇年十月進行辯論。辯論一週後，最高法院舉行內部會議，這項會議除九位大法官以外，其餘人等一律不准參與。結果，大法官們以六比三支持加州法院藐視法庭的原判。持多數意見的有修斯院長、大法官麥瑞諾慈、史東、羅伯慈、法蘭克福特，以及是年初甫上任的法蘭克·墨菲（Frank Murphy）；提出不同意見的則是大法官布雷克、史丹利·里德（Stanley Reed）和威廉·道格拉斯（William O. Douglas）。根據規定，當院長站在多數意見一方時，院長得指派一位大法官代筆主稿判決文。修斯遂委託法蘭克福特主筆布里吉斯案與洛杉磯時報案的判決文。最後，法蘭克福特提出一份以英美歷史為依據的初稿，在同僚之間傳閱。他寫道：「加州法院所行使的是深植於歷史的權力，它是英美行政司法體系的一部分……我們相信，在包括美國最高法院與四十八州州法院在內的英語世界的司法管轄權中，已在在認可並執行此項刻正遭到挑戰的權力。」自一七九一年憲法第一修正案確立後，美國從未頒布過任何法律，判定某人的言論觸犯藐視法庭罪。

布雷克大法官口述的不同意見主要由速記員打字，但其中夾雜幾頁布雷克的手稿，現在館藏於美國國會圖書館的手稿典藏室。（布雷克曾吩咐其子小雨果焚毀他在最高法院的私人文件，眾人也都以為他的所有文件已經全數被銷毀了。但被毀掉的似乎只有他在最高法院內部會議所摘錄的筆記，這是他認為極機密的文件；其餘保存完好的文件，則由國會圖書館收藏。）這份不同意見如是寫著：「對於一個民有、民治、民享的政府，其存續所必須的人類自由中，最優先的自由已載入憲法第一修正案之中。這些基本自由正是民主政治之所寄……本案的法院判決中，最明顯也是最根本的謬誤在於，認為第一修正案所鼓勵的自由，得以根據英國司法慣例剝奪之……依本人判斷，若欲以英語系國家既存的的限制來衡量第一修正案所保障之自由的範圍，那麼，其結果即是直接牴觸修正案制訂者之目的……或許，在憲法與權利法案的沿革中，美國政府最明確的目的就是，要給人民享有更多的宗教、價值、言論、集會、請願和新聞自由的保障。」

一九四一年二月一日，七十九歲的大法官麥瑞諾茨告老還鄉，因此，最高法院中支持布里吉斯案藐視法庭罪原判的多數決，由六比三變成五比三。繼而，是年春天的某日，甫上任一年的大法官墨菲，突然改變心意，他寫信告訴法蘭克福特大法官說：「當良知撞擊到我內心深處時，猶然簇新的法袍竟然變得如此沉重。歷經數個月來的反省與思索，我已改變決定。我已經告知修斯院長和布雷克大法官，我改投不同意見。」至此，布里吉斯案的表決演成四比四、雙方勢均力敵的局面。同時，最高法院將二次辯論的日期延至十月舉行。但未及開庭，修斯院長也退休了，他對同事表示其心中的遺憾：「我不願再繼續待在這個適當性的假象之中。」布里吉斯案表決態勢遽然丕變，反對藐視法庭判決的有四票；支持原判的僅剩三票。羅斯福總統任命史東大法官繼任院長之職，並提名兩位新的大法官遞補麥諾瑞慈和史東的懸缺。結果，這兩位新大法官的立場涇渭分明：羅伯特．傑克森（Robert H. Jackson）反對藐視法庭的判決，詹姆斯．拜恩斯（James F. Byrnes）則表支持。布雷克陣營以五比四居於優勢地位。

一九四一年十二月八日，布里吉斯案案情急轉直下，因為，前一天日軍偷襲珍珠港，美國宣布加入第二次世界大戰。布雷克大法官的立場轉而支持法院，和過去的個人風格大異其趣。但是最高法院的判決與法蘭克福特的不同意見的歧異依舊不變。法蘭克福特大法官認為第一修正案甚至整部憲法，都是英國傳統折衷發展的結果。至於布雷克，則堅持第一修正案是美國原創的全新、特殊的產物，他撰文表示：「能夠說出個人對所有公共部門的看法，是美國人彌足珍貴的權利，即使每個人的品味未必很高尚。」緊接著，他引用傑佛遜書信的一段話做為註腳：「本人譴責……干預報紙言論的腐敗政府，以及制訂出這些法令的惡意、粗鄙與虛偽的心態，這些穢物正迅速地敗壞大眾的品味。可是，這是無法匡正的弊害，我們的自由依存於媒體的自由上，而這種自由不能受到任何限制的。」布雷克絲毫不受其他大法官對立評論的干擾，他引述布藍迪斯大法官在惠尼案的意見說：「法律強制的沉默，無論如何有限度，僅僅為了維持法院的尊嚴，就強制人民噤聲沈默，其可能引發的仇恨、嫌隙和蔑視，將遠遠超過它所能增加的尊重。」

布雷克大法官同意法庭外的評論偶爾會危及審判的公正性，他說：「法律審判並不像選舉，可以透過集會、廣播和報紙的力量而獲得勝利。」為了解決這個問題，也為了保障出版自由，他指出，除非法庭外的評論對審判中的案件具有引發「不公平之執法」的「明顯而立即的危險」，否則不應以藐視法庭罪名加以論處。繼之，他參酌何姆斯和布藍迪斯大法官對顛覆與危險言論的處理原則，提出一項新的藐視法庭準則。自惠尼案發十四年來，言論自由開始獲得最高法院的某些保障。一九三〇年，「史卓姆柏格訴加州案」（*Stromberger v. California*）中，修斯院長主稿的判決文裁定加州一項法令違憲，該法禁止人民展示「共產黨旗幟」等反對既有政府之象徵與符號。一九三七年，修斯院長為「迪佐訴奧瑞岡案」（*DeJonge v. Oregon*）再度主稿一致同意的判決書，駁回奧瑞岡州的判決，該州法庭以組織犯罪法判定一位參加共產黨贊助、卻未鼓吹任何非法行為聚會的人民有罪。同年，最高法院還以五比四撤銷喬治亞州法院加諸於一位黑人共產黨員安格羅．賀登（Angelo Herndon）的「意圖煽動叛亂」罪名。多數意見代表羅伯茲說：「喬治亞州的這項法令就像一張法網，只要法官說服陪審團被告的言論將影響其他人，就可以捕捉任何意圖煽動改變政府的人。」在這些或其他判決中，都沒有人採用布藍迪斯在惠尼案所修正的「明顯而立即的危險」原則。但在此刻，布雷克卻讓這個原則極具震撼力地登場。他寫道：

「明顯而立即的危險」之運作原則係指，當言論具有實際弊害時，可能引發極度迫切、極端嚴重的危險時，方得以懲處之。這些案件並不是要測試憲法保障範圍的極限，我們也不想這麼做。他們只是要確認權利法案的起碼力量。因為第一修正案說得非常清楚。它禁止任何法律「剝奪言論或出版自由」。它必須被視為最廣義的命令，適用於所有熱愛自由之社會。

其實，布雷克大法官並不滿意「明顯而立即的危險」原則，在審理布里吉斯案時，他原本打算援用此一準則來爭取成為多數決，後來卻因為這個原則彈性過大，他擔心其他不甚支持言論自由的大法官，可能反倒以此打壓不受歡迎的言論，而只好作罷。不料，他的顧慮竟然成真。在布里吉斯案過後十年，也就是在一九五一年時，最高法院支持以陰謀教唆人民暴力推翻美國政府為由，懲處共產黨領導人士。當時，共產黨根本是個空殼子，完全被聯邦調查局臥底的探員所掌握，而對政府產生不了威脅。儘管最高法院支持以明顯而立即的危險原則審判該案，但其所界定的意義卻是：「法院在審理每一宗案件時，均須詢問該案『犯行』的嚴重性，無論它是否可能成真，是否足以證明侵害自由言論的必要性。」（聯邦上訴法院法官韓德也曾說過同樣的話，他從未對何姆斯原則有過好感。）持不同意見的布雷克說：「輿論所代表的是多數人的想法，很少人會反對法院制裁這些共產黨人士。雖然身處冷戰時期，但人民仍希望，當壓力、狂熱和恐懼趨於平息後，法院將優先恢復第一修正案所賦予的自由，讓他們得以生活在自由社會中。」

布雷克大法官在布里吉斯案中的論述，後來成為一個歷久不衰、極具解釋張力的判例。他判定，在憲法保障下，無論是布里吉斯或洛杉磯時報，都不能因言論而被判藐視法庭罪。此後幾年中，有更多的藐視法庭案件湧進最高法院，卻沒有任何一件訴訟因為庭外評論而被定罪。法院懲處藐視法庭罪的權力，有效地被限定在違反法庭秩序和製造法庭混亂等行為上。

布里吉斯案其實還有更深的影響，紐約時報和四位牧師也希望藉此推翻阿拉巴馬州誹謗案的判決。布里吉斯案判決說明了，第一修正案不只是承續英國的法律傳統，更是美國立國先賢為了脫離此一傳統所作的宣言。同時，這項判決也顯示了，「不得制定法律剝奪人民的言論或出版自由」，其中的「言論」並無種類之分。

第11章

進軍最高法院

一九六二年八月三十日，阿拉巴馬州最高法院判定蘇利文自訴誹謗案勝訴後，紐約時報和四位牧師還有最後一個機會，可以撤銷對蘇利文的五十萬元損害賠償，以及其他紛至沓來的阿拉巴馬州誹謗官司，和累計高達數百萬元的罰金。他們最後的生路即是，向美國最高法院提出上訴，以駁回這項判決。阿拉巴馬州法院僅因一則未曾提及原告姓名的報紙廣告，就判處一大筆賠償金額給未受財物損失的公職人員，這個不公平的現象，因種族仇視的氛圍而更加強化。在一九六二年的社會環境中，紐約時報要達成這項任務，無異是難如登天。對於州法院根據州法所審判的案件，最高法院無權改判。不管判決多麼的不公正，最高法院僅在案件涉及憲法或聯邦法令時，才有權覆審。至於誹謗訴訟，恰好是不折不扣的州法案件。不管損害賠償金額多麼的怪誕，或是引用的法律多麼的風馬牛不相及，都不會被認定為觸犯憲法條文或第一修正案的案件。

賀伯特．威克斯勒

然而，誰最適合代表紐約時報去說服最高法院？紐約時報選中一位學者：賀伯特．威克斯勒（Herbert Wechsler）。威克斯勒是哥倫比亞大學法學院教授，專攻憲法與最高法院。五十二歲的他，是個學識淵博的倜儻君子。他治學謹嚴，對惡法謬行毫不妥協。在同事馬文．富蘭科（Marvin E. Frankel）的心目中，威克斯勒是個偉大的法學教師，「剛毅不屈，恪守個人所信奉的學說，堅拒邪說詖辭。」威克斯勒的性情，可以從這個故事窺見一斑。一九五九年，威克斯勒在哈佛法學院開設一門「何姆斯講座」，他在一篇題為〈邁向憲法的公正原則〉的論文中主張，法官有義務以普遍有效的原則去審判憲法案件，而不只是以該案事實為依據。他進而說，雖然他認為種族隔離政策應該受到譴責，但最高法院卻沒有提出適當的判決文，來裁定布朗案和其他涉及言論自由案件的判決違憲。這個立場自然困擾了相當多人；他並不希望放棄這個很棘手卻又非常必要的判例。因為，他希望能提出一個毫無爭議的觀點來支持法律的中立原則。

威克斯勒同時也以一個與蘇利文案有關的領域而聞名：聯邦制度，研究美國龐雜政治體系中的州法與聯邦法律之關係。他與哈佛法學院教授小亨利·哈特（Henry M. Hart Jr.）合著一本法律判例彙編《聯邦法院與聯邦體制》（*The Federal Courts and the Federal System*），這本書向來被法學界視為最縝密、最具創見的工具書。此外，威克斯勒還精研刑法，他的人生從未被囿限在學術的象牙塔內。一九四四至四六年，他曾經擔任美國司法部助理部長；曾在紐約州和紐約市從事律師工作，還在最高法院辯護過許多案件。一九三二至三三年，他擔任大法官哈藍·史東的法律書記（law secretary，即律師助理），曾協助撰寫「賀登訴勞瑞案」勝訴的狀子，這是最高法院於一九三七年，駁回喬治亞州法院以「意圖謀叛」令共產黨員入罪的判例。

截至一九六二年，威克斯勒在最高法院出庭辯護的案件，已達十餘件之多。其中最重要——真的非常重要——的案件是一九四一年的「美國政府訴克萊希克案」。此案是路易斯安那州選舉委員會委員（Louisiana Election Commissioners）因塗改民主黨國會議員初選結果，而遭到法院以聯邦民權法（federal civil rights laws）起訴。為了打贏這一仗，威克斯勒必須說服最高法院，在國會選舉的預選上，聯邦權力應該高於路易斯安那州法。但這件訟案還有另一個更微妙、也更重要的爭議點：直到這個時候，最高法院才開始根據民權法懲處根據州法執行政策的州政府官員（這些人幾乎都是陽奉陰違）。例如，州政府官員會悄悄更改陪審員名單，好將黑人排除在陪審團之。在本案中，路易斯安那州法規並未命令選舉委員故意算錯選票數量。但民權法認為，「假法律之名行不法之實」，即屬違法；而威克斯勒也主張，凡官員假其個人職權，行憲法或聯邦法律所禁止之目的者，無論其作為是否符合州法規定，皆適用此一規範。而史東大法官即採用這項對民權法的解釋，主稿最高法院判決文。這個觀點對於恢復這項幾乎未曾用過的民權法而言，具有重大意義。它使這項法律不僅能以刑事訴訟防止官員濫權，也同樣適用於民事案件，讓全美國濫用職權的員警和公職人員無所遁形。

聘任威克斯勒為蘇利文案辯護律師的是紐約時報法律顧問路易斯．羅伯。羅伯為哥倫比亞法學院系友，他就是在該校認識威克斯勒；擔任律師後，他們同屬「紐約市律師協會」（the Association of the Bar of the City of New York），羅伯後來還榮任該會主席。一九六〇年，在紐約時報因「傾聽他們發出的聲音」廣告捲入阿拉巴馬州誹謗官司，以及為沙里斯伯瑞報導所引發的伯明罕訟案而焦頭爛額時，羅伯曾經向威克斯勒請教過對策。當時，威克斯勒正埋首研究數件訟案，其中之一就是紐約時報上訴阿拉巴馬州最高法院的判決，但是，他並未參與辯護，直到這次，紐約時報有意向聯邦最高法院提出上訴，卻求助無門時，威克斯勒才接下這個工作。

計畫上訴申請

請求最高法院審理紐約時報案，是威克斯勒處理此案的第一步驟。在當時，符合上訴最高法院法定權利的案件類別相當有限，但除了這些案件外，最高法院得自行裁量是否受理聲請上訴的訟案。從下級法院調閱判決卷宗的程序，稱為「訴訟文件移送命令」（a petition for a writ of certiorari），意指請下級法院將審判紀錄呈送上級法院，作為覆審參考。以往，最高法院每年僅從數千件上訴聲請中，挑選出極少數的案件進行覆審。這些雀屏中選的案件，通常不是涉及極重要的法律議題，就是最高法院不同意下級法院的判決。

從阿拉巴馬州最高法院宣判後，紐約時報和牧師們有三個月時間可以提出上訴聲請。威克斯勒本來大可要求羅伯所屬的羅戴羅律師事務所給予必要支援；但他卻向羅伯表示，想就近找個朋友幫忙。這個人是馬文・富蘭科（Marvin Frankel），富蘭科一九四八年畢業於哥倫比亞大學，求學時期曾親炙於威克斯勒。一九六二年，他重返母校執教。在他離開哥倫比亞大學的期間內，曾任職於美國司法部助理部長辦公室，代表過聯邦政府出庭最高法院；並在紐約當了六年的執業律師。（富蘭科在一九六五年成為聯邦地方法院法官，服務十三年後，於一九七八年重操律師舊業。）

威克斯勒開始著手紐約時報案後，旋即失望地發現，各州以及英國習慣法所規範的誹謗法，都和阿拉巴馬州的法律相差無幾：即要求被告必須負起舉證誹謗言論實屬事實的責任，以及法官早已預設被告言論為憑空杜撰，也認定被告言論對原告確實造成損害，同時，它不像其他民事侵權案件，陪審團會要求原告提出醫療或其他證明受到損害的證據。（誹謗案件的情況則不一樣，因為名譽損失原就比醫治骨折的費用更難估量。）但在蘇利文案中，這項法令曾經遭到嚴重曲解，以便適用於該案。例如，其他州法院曾通過一項人身名譽損害賠償的標準，在這個標準中，一些隸屬於某個小團體的成員，即使成員姓名未曾出現在誹謗言論中，但仍可辨識團體名稱者，法官得判給原告損害賠償。但令人質疑的是，在其他案件中，誹謗言論「指涉且關係到」原告的程度有如此不明確的嗎？

威克斯勒在許多年後說：「接下紐約時報案之前，我真的不太瞭解誹謗法。在我明白什麼是要求被告負起舉證之責的本質時，當下所受到的震撼，至今依然記憶猶新。如果你不知道那是怎麼一回事，或是忘記後猛然憶起，那種發現還會令人驚惶失措。或許是因為陪審團在實際審判時較為節制，所以，過去我們總誤以為誹謗法只是紙上談兵，那些名詞並非真實存在於這個國家。」

為了順利將紐約時報案以第一修正案送進最高法院，也就是博得法庭的注意，以便覆審，威克斯勒必須能夠讓人信服，如果不合時宜的誹謗法持續袒護蘇利文這樣的公職人員，那麼它可能違反了憲法的言論與新聞自由原則。威克斯勒認為，過去三十年來，第一修正案的判決是相當振奮人心的。最高法院不單真正保障了不受歡迎的言論與出版品；同時，也將第一修正案的保障範圍擴大到新的領域，如布里吉斯案的藐視法庭罪。當時，富蘭科對於第一修正案的相關問題有不同的看法。他在一份給威克斯勒的備忘錄中寫道，如果一般誹謗審判是像阿拉巴馬州在本案所引用的法令那樣，則形同十八世紀誹謗政府法對言論自由的箝制；而這個在一七九八年危害治安法中所蘊含的概念，已被認為違反第一修正案。

由於一個奇怪的插曲，使得威克斯勒產生這些想法。他在受邀拜訪紐約時報，與高層主管商討此案時，原預料他們必會詢問上訴最高法的對策和前景。其實，他擔心的卻是，這件案子究竟能否進得了最高法院。他事後回想：「我很驚訝他們竟然問起，我申請訴訟文件移送命令（certiorari）的原因。我察覺到必須辯護自己對於『蘇利文案』的法律立場：以第一修正案去打這一場誹謗官司。令我詫異的是，紐約時報的高層主管竟對麥迪遜和傑佛遜的學說毫無所知。他們問我為什麼不能『堅持立場，主張紐約時報從不庭外和解誹謗案，我們刊載事實。假如我們因為一時差池犯了錯，那就像生命時有榮枯一樣。』他們告訴我，當時紐約時報的利潤極低（譯按：五到七%），但訴訟判決卻與日俱增。當我瞭解到這是怎麼一回事時，我的第一反應是要讓這些主管明白，晚近幾年，最高法院已經大幅擴大第一修正案的保障範圍，過去的陳腐作法（第一修正案不再袒護藐視法庭罪等等）已被揚棄，接下來就是誹謗案件。其次，我表示如果，紐約時報不以此這觀點引起其他人的共鳴，還有誰能夠呢？我明白告訴他們，如果最高法院能以該案的個別事實，而非一般原則來進行審判，那麼，我們將勝券在握；但同時，我也指出此一做法的風險所在，也就是以聯邦憲法審理誹謗官司，可能會牽連極廣。」

當時，老沙茲伯格已經退休，其女婿歐佛．崔福士（Orvil Dryfoos）繼岳父之後，擔任紐約時報發行人一職。威克斯勒回憶說，崔福士參與這次會談，「也同意提出憲法論點」。會後，參與討論、也贊成威克斯勒依此構想向最高法院提出上訴的羅伯，打電話通知威克斯勒可以著手進行了。

提出「訴訟文件移送命令」申請書

一九六二年十一月二十一日，紐約時報正式提出「訴訟文件移送命令」申請書。這份申請書總長三十一頁，在最高法院看來，是非常簡短的。前十頁詳述案情始末，包括廣告的詳細內容、審判時的呈堂供證，以及阿拉巴馬州法院的兩次判決。其後內容則標註「請求移送訴訟文件之理由」。

這份申請書是這樣寫的：

阿拉巴馬州最高法院的判決，以極其狹隘的觀點處理誹謗案件，限制了人民抗議的權利，以及批評官員作為的權利，因而剝奪了最高法院經由許多判決而闡釋、確認的出版自由。這項判決將誹謗行為從保護個人名譽，轉而變成為政府迴避批評的法令設計。如果這項判決成立的話，不僅將對媒體造成嚴重衝擊，也會因限制人民以出版品抒發個人對政府權力之不滿的能力和意願，而殃及人民的福祉。茲事體大，懇請最高法院明辨慎思、裁量定奪。

紐約時報申請書說明，阿拉巴馬州法院所作成的判決是，公職人員得因他人對其主管機關之評論，而假設其聲譽受到損害，遂獲勝訴，除非，該言論出版者能證明該項評論百分之百是真實的。這項法令「在功能與結果上，和早已被歷史宣判違憲的危害治安法如出一轍」。關於此一歷史裁判的證據，這份申請書引述了大法官何姆斯在「亞伯瑞斯案」的不同意見，即習慣法的誹謗政府罪已經被第一修正案排除了；文中也引述查菲在此一議題的相關論證。

這篇申請書，正反映了威克斯勒對於第一修正案的初步理解；他想等到最高法院同意覆審紐約時報案時，在訴狀裡再提出他完整的想法。威克斯勒在申請書中寫道，像阿拉巴馬州法院判定的無上限的誹謗損害賠償，足以扼殺最高法院曾經說過的，「自由的政治討論，是民主政治的屏障；是美國憲政體制的重要基石。」這句話係引自修斯院長於一九三七年，對奧瑞岡州組織犯罪官司「迪佐訴奧瑞岡案」的判決文。接下來，申請書繼續說明，最高法院保障出版自由的前提是，「第一修正案保障的首要目標之一，即是讓人民有權自由評論『政府所有部門』。」最後這段話則是布雷克大法官在布里吉斯案的意見，而這份申請書也繼續從這個藐視法庭案件的判決中汲取支持的力量。「掛心法官的尊嚴或名譽，並不能抵擋住那些對法官及其判決的侮辱批判所帶來的處罰……我們不瞭解，對民選行政官員的此類評論，怎麼能夠因為損其名聲，就以誹謗罪名加以懲處。」於是，這份申請書再引述一宗發生於布里吉斯案之後的藐視法庭案件之判決：「該判決文假設，法官是堅毅不拔的人，應當能在惡劣環境中愈挫愈勇，想必這個原則也能同樣適用於警政首長身上。」

威克斯勒覺得必須直接挑戰阿拉巴馬州最高法院的聲明：「第一修正案……並不保障誹謗出版品。」他承認，最高法院以往經常做此宣示，威克斯勒還引述了六個包括尼爾案的案例。申請書說，但是最高法院的評論只不過是顯示，言論自由雖然「並不是絕對的；但是這不表示能夠允許州法院以誹謗罪名打壓言論自由。」其中較棘手的案子是「布哈納斯訴伊利諾州案」（*Beauharnais v. Illinois*），這項判決是最高法院於一九五二年，支持伊利諾州通過一項禁止種族歧視與宗教誹謗的法律。但在本案中，令布哈納斯被州法院定罪的種族歧視言論，極易引發暴力事件與社會失序；同時，最高法院在支持伊利諾州法院原判時，附加但書：「如果是假懲治誹謗之名侵害人民言論自由，則該判決無效。」

申請書的第二部分則以替代性觀點敘述申請覆審的理由，這是羅伯心中的首要戰略：司法管轄權的論點。司法管轄權的問題，通常都擺在法律文件的最前面，但威克斯勒反覆思量後，認為有關第一修正案的聲明較具迫切性，遂做此一安排。現在，在第二部分訴請覆審的理由中，這份申請書主張：阿拉巴馬州法院的聲明擁有對紐約時報的司法管轄權，係違反了「正當法律程序」；同時指出，該州法院不准被告在新聞自由與州際業務往來等問題上舉證辯護。至於，瓊斯法官在蒙哥馬利法院審判開庭前，判定紐約時報律師因疏失而放棄司法管轄權要求一事，該申請書認為，這項判決在阿拉巴馬州法中，完全站不住腳，有失公允，應該被略去。

但紐約時報申請書並未強調這樁誹謗案件涉及的種族因素。它對於捍衛金恩博士委員會，以及本案涉及種族的其他面向，都僅是點到為止；而且立場超然中立。關於這一點，申請書以近似戲劇的手法簡潔地寫道：「現在這時候，並不適合用憲法中的價值，強制媒體不去關注國內種族對峙態勢，或報導某些地區極端緊張的種族關係。此外，誹謗法必須與憲法對質，並受到憲法的管轄。對質的時候已經到了。」

四位牧師也提出了他們的「訴訟文件移送命令」申請書。他們現在換了新的辯護律師團，由華盛頓特區的律師華區特（I. H. Wachtel）領軍。華區特是個幹勁十足的商業律師，因深受金恩博士的感動，而曾義務為金恩博士辯護；參與這份申請書的擬定工作，也是他的重要貢獻。不出所料，華區特及其同事對本案的種族議題著墨甚多。他們的申請書特別提及，蒙哥馬利的那場審判是在一個種族隔離的法庭中舉行，而且，法官和法院人員是以「律師」，而非「先生」來稱呼黑人律師。他們聲請覆審的理由是：

本案要求覆審。本案涉及重大的憲法議題，同時，本案判決對於人民權利，以及對國內外亟待解決的廢除種族隔離運動所造成的深遠影響，是明顯且不容置疑的。本案反映了阿拉巴馬州嚴重的種族隔離與種族歧視，以及該州政府企圖橫阻黑人公民行使憲法所賦予的各項民權之更進一步的證據。

牧師們的申請書告知最高法院，在「布朗訴教育部案」過後八年，阿拉巴馬州的公立學校，依舊實施種族隔離。此外，阿拉巴馬州政府更有計畫地將黑人從投票和陪審團之中剔除。

（州政府）正在斲傷我國民主政治的根柢：言論與新聞自由的權利。為了迫使人民沉默，無法批評和表達他們對種族隔離謬行的意見，阿拉巴馬州政府祭出了民事誹謗法……一場白人歧視黑人的審判、全由白人組成的陪審團，以及清一色的白人法官，其審判結果是可想而知的……假如，本案判決不得覆審，也不得翻案，那麼，不只南方黑人為民權而戰的奮鬥將深受打擊，阿拉巴馬州政府也會為了欺人耳目，為它的錯誤行為覆上一面沈默的布幕。而這沈默的布幕將迅疾覆滿南方各州，以便禁絕人民權利和廢除隔離運動。在這些州，基於對誹謗罪名的恐懼，人民將不敢發出反壓制的抗議之聲；牧師將不敢繼續基於他們的宗教信仰，支持黑人爭取民權；全國媒體也將不再報導南方的活動。

蘇利文的反對訴狀

當訴訟當事人在下級法院敗訴，而尋求最高法院覆審時，勝訴的一方通常會告訴最高法院，這件案子不值得他們費神再審。（當法院判決中勝方為聯邦政府時，雖然概由司法部長代表政府覆文，但他總會同意最高法院進行覆審。）這種例行文件稱之為「被告反對訴狀」（a brief for respondent in opposition，譯按：在敗訴的一方提出覆審聲請後，另一方可在三十天內呈遞簡短訴狀，反對覆審）。蘇利文警長的訴狀，係由他的律師小羅蘭・內克曼（M. Roland Nachman Jr.）代為擬定。之前，內克曼曾和其他律師共同代表蘇利文出庭打這場官司。

內克曼畢業於哈佛大學法學院。甫出校園，隨即任職於阿拉巴馬州檢察總長辦公室。他在年僅二十七歲時，就代表阿拉巴馬州檢察總長赴最高法院辯論訟案。其實，內克曼雖當過一段時間的律師，但最高法院規定，出席最高法院的辯護律師必須具備至少三年的執業經驗，後來，最高法院放棄這項規定，允許他出庭辯論。在辯論一開始時，內克曼聽到法蘭克福特大法官對同事耳語說：「如果我們不執行這些規定，真不知道為什麼要定下這些規則。」不過，內克曼打贏了「阿拉巴馬州公用事業委員會訴南方鐵路公司案」（*Alabama public Service Commission v. Southern Railway*）。這個具有歷史意義的判決，判定聯邦法院應自動放棄判決釋憲的主張，當州行政訴訟已著手處理該問題，且由州法院覆審時。在檢察總長辦公室服務逾六年後，內克曼離職在蒙哥馬利開業當律師，他的當事人包括地方報紙廣告日報和阿拉巴馬新聞，他為這兩家報社辯護誹謗官司，因此，當他要為誹謗案原告蘇利文打誹謗訴訟時，他認為應該要先取得這兩家報社的同意。這兩報均表不反對。內克曼是紐約時報訂戶，也就是阿拉巴馬州的三百九十四位訂戶之一。因此，在這場騷動揭幕前，他就已經看過這則廣告了。蒙哥馬利的三位警長找他商議提出誹謗訴訟的可行性，他的事務所同意代表這些警長辯護官司。內克曼優先處理蘇利文的訟案，他判斷蘇利文掌握了最有利的主張，亦即，這則廣告有指涉蘇利文之嫌，因為廣告內容提及警方作為，而蘇利文是主管警務的首長。

這份反對訴狀對於本案始末的陳述，自是另一個截然不同的故事。這份訴狀的內容如下：「本項訴訟係起因於一則蓄意、唐突的全版報紙廣告，這則廣告將阿拉巴馬州蒙哥馬利市警方描繪成猖狂暴戾、怙惡不悛的人，它以約莫五千美元的代價，委由紐約時報傳遞給全國六十五萬名讀者。他們的目的在於籌措募款。他們無視於真理、確實和新聞界行之有年的標準……」這篇訴狀繼續說道：「值得注意的是，紐約時報為表現其寬大為懷的胸襟，而無視於其社內『廣告受理部門』訂立的標準，在刊登這則廣告前，竟未派人調查廣告內容是否屬實。紐約時報，這份可能是全國最具影響力的報紙，居然為了一則付費廣告而折腰……以暴力、不實的誣衊語言誹謗本案被告（蘇利文）。」

關於誹謗法，這篇反對訴狀一開始即明確表示：「聯邦憲法從未保障過誹謗言論。縱觀整部憲法史，最高法院從未判定州法院以習慣法宣判的個人損害訴訟涉及憲法問題。」該訴狀引述傑佛遜給亞當斯夫人信中，反對一七九八年危害治安法的理由作為支持：「判定妨害治安法違憲或取消該法，都未能杜絕所有對混淆善惡、真偽的漫天誹謗的箝制。消除言論自由限制的權力，已經旁落在各州議會的手中了。」

這份反對訴狀藉由這個強有力的例證指出，在誹謗爭議中，報業未必總是扮演善心的英雄。它以「約翰・亨利・佛克案」（*John Henry Faulk Case*）為例，佛克原是一名廣播工作者，卻因一份刊物《紅色頻道》（*Red Channel*）誣指他是親共人士，害他丟了飯碗，還連續好幾年找不到工作。他因此到紐約州法院控告紅色頻道發行人誹謗，陪審團判給他三百五十萬損害賠償。當時，紐約時報社論還盛讚這項判決「極富正面意義」。（佛克獲得的賠償金額在紅色頻道上訴後減為五十萬元；後來，該刊發行人又因經濟窘迫，僅支付十七萬五千元。）這份訴狀最末以譴責紐約時報對蘇利文的所作所為實乃暴行作結。它說：「但願，本案此後的判決能夠敦促這家勢力龐大的報紙，也能擁有和其規模相互輝映的高度新聞責任。」

最高法院要覆審了

這份反對訴狀在一九六二年十二月十五日呈遞最高法院，兩天後，內克曼也提出了蘇利文對四位牧師的反對訴狀。至此，這兩件官司一切準備工作就緒，只待大法官們作成決議。依照慣例，在所有文件編入最高法院檔案後不久，大法官們就在內部會議中會同議決受理覆審的案件，並在次週週一，公告准予覆審與遭到駁回案件的名單。一九六三年一月七日，星期一，一名最高法院職員在布告欄張貼一長串被否決的名單，以及七件獲准覆審的案件。在准予簽發「訴訟文件移送命令」的名單中，「紐約時報公司訴蘇利文案」（*The New York Times Company v. L. B. Sullivan*）與「亞伯納西等人訴蘇利文案」（*Abernathy et al. v. L. B. Sullivan*）皆列名其中。一名報導最高法院新聞的紐約時報記者獲悉這個消息後，立刻打電話告訴威克斯勒：最高法院要覆審這個案件了。

第12章

永遠都不是時候

當最高法院准予阿拉巴馬州誹謗案移送訴訟文件時，最高法院一九六三年春季的行事曆都已排滿了受理案件，連時數也全都敲定了。這就表示，紐約時報和四位牧師的案件必須等到十月、下屆開庭期間才能審理。（譯按：美國聯邦法院每屆開庭期間，通常是在每年十月到次年六月。）因此，律師們可以在九月之前擬好所有的訴狀。嚴肅看待的話，準備最高法院的訴訟案件，是件極度艱鉅的任務。通常，擬一份訴狀，真的就像在寫一本小書，必須鉅細靡遺地詳述案情始末，並提出法律辯論。而且，必須套用法律規章格式，引述相關判例，甚至偶爾要夾雜一些晦澀難懂的法學術語。但是，一篇上乘的訴狀應該是流暢易讀的；應該像在說故事，引人入勝，讓讀者欲罷不能地看完整份訴狀。正因為最高法院大法官很容易對枯燥乏味的文件感到厭煩，因此，撰稿人必須去蕪存菁，捨棄不需要的術語，好讓文件中只有大法官不能不讀的部分。

準備撰寫訴狀

威克斯勒用異常慎重的態度撰寫蘇利文案的訴狀。訴狀中沒有現代法律事務所那樣冗長制式的稿子，而只有威克斯勒用鉛筆在黃色便箋上打的草稿。協助他的是馬文．富蘭科和他的律師妻子多蕊斯（Doris Wechsler），他們研究文獻資料、謄寫備忘錄，並檢視威克斯勒寫出來的草稿。至於曾在《時報漫談》分析本案的羅戴羅的年輕合夥人隆納德．戴安納，則協助研究阿拉巴馬州法院的司法管轄權問題。威克斯勒和路易斯．羅伯討論，並拿他擬定的草稿請事務所的資深合夥人小賀伯特・布朗奈（Herbert Brownell Jr.）過目。但是，他們讓他放手進行。很巧的是，那年春天剛好是威克斯勒在哥倫比亞大學的休假年，所以，他可以心無旁騖地全心投入這個訟案。同一時間，美國聲望最高的法學研究機構、專門從事法律改革的美國法律研究所（American Law Institute）聘請他擔任執行所長一職；威克斯勒將到任時間延至紐約時報案結束，後來，他一面在這裡當了二十年所長，一面則繼續在哥倫比亞大學執教。

許多年後，馬文・富蘭科回溯過往時表示：「我想，我們讀了所有和這個議題有關的文獻資料。」「像十年份的《阿拉巴馬律師》（*Alabama Lawyer*）！」多蕊斯對他的評論顯示了威克斯勒對於品質的要求。多蕊斯說：「我大概知道如何和賀伯共事。因為我負責司法管轄權的問題，我試著起草這個部分的摘要，但賀伯傷了我的心。不，我不該這麼說。其實是他很清楚要怎麼用自己的方法處理這件工作，而且他的做法遠比我所構思的要好得多。我的想法比較呆板。」

威克斯勒在著手撰寫紐約時報的訴狀時，特別避免誇張、渲染，這就是威克斯勒的風格所在。威克斯勒解釋：「對於撰寫最高法院訴狀，我有我個人非常獨特的觀點。我的認知是，最高法院的訴狀應該是讓大法官在主稿有利判決文時方便於引用的文件。」

如何切入第一修正案

然而，威克斯勒面臨了一個令他卻步的歷史困境：誹謗案件從來不被認為在第一修正案的規定範圍內。而且，最高法院向來蕭規曹隨，不好違逆歷史，破格行事。因此，一位律師出庭最高法院之前，他人總會再三勸誡：只提出有絕對保證、容易達到目的的要求；只要依循先人前例準沒錯。在這種狀況下，威克斯勒要怎麼做呢？

切入第一修正案的一個路徑是，最高法院曾經極力用來審判誹謗案件的「明顯而立即的危險」原則。這個由大法官何姆斯、布藍迪斯所共同催生、保障言論自由重要性的觀點，在一九二〇年代以後，逐日被普遍接受。一九三七年以降，因為羅斯福總統的飭令，最高法院大幅減縮經濟性案件，轉而賦予政治自由權利舉足輕重的地位，尤其是言論自由。這些朕兆在威克斯勒看來，是極為有利的。「就第一修正案而言，這件案子來的正是時候，」威克斯勒說。然而，晚近數年，何姆斯和布藍迪斯的「明顯而立即的危險」原則進展得並不順遂；而且，這個原則應用在幾個有關共黨人士抗辯打壓言論的案件後，評價如江河日下。無論如何，威克斯勒認為，這個原則在誹謗官司裡能否奏效，是很難判斷的。「危險」，指的可以是傷及名譽；也可以被視為是「立即的」，也就是「迫切的」，只要刻薄、辛辣的評論被刊登出來。

早年，當威克斯勒參加一九三八年紐約州憲法會議時，身為少數意見領導人的律師的他，確實認真斟酌考過將明顯而立即的危險原則用在誹謗法的可能性。最後，他因為覺得這個原則「不適用」而作罷。

威克斯勒決定從建構另一種歷史來挑戰歷史，即一七九八年的危害治安法。他決意藉由討論有關這項法案的抗爭，及其最終遭到人民與政治的唾棄，來凸顯言論與出版自由其實包含了批評政府的廣義權利。如此一來，阿拉巴馬州應用的誹謗法，即是陷人民此項權利於險境的法令。威克斯勒事後曾說：「麥迪遜將所有的狀況納入他對危害治安法的抗議之中，不論是臧否公眾人物，或月旦公共事務，誹謗都是這些行為無法避免的。」因此，一百六十餘年前，美國子民對誹謗政府罪的抗爭，成為這篇訴狀的論證核心。「我們對當時的誹謗政府罪都不甚明瞭，」威克斯勒表示，而最高法院不曾採用這個概念審判過任何案件，也未進行過任何有關危害治安法的辯論。於是，這三名律師，威克斯勒、富蘭科及多蕊斯，全心潛入十八世紀歷史，去瞭解誹謗政府罪與危害治安法。

訴狀出爐

一九六三年夏日尾聲，威克斯勒終於脫稿。「賀伯起步得相當遲，」多蕊斯說：「他拚命閱讀消化資料。我很納悶，什麼時候才能看到第一張寫好的黃色便箋。」不能去度假的威克斯勒全家，很懷念以往在威爾菲的寇德角（Wellfeet Cape Cod）度過的暑假時光。「那是個溽熱的夏天，」富蘭科追憶：「威克斯勒是個很嚴格的夥伴，但是，和他共事的經驗好極了。有個晚上，我想，賀伯、多蕊斯和我待在他家工作，賀伯開口說：『大功告成啦！剩下的事，只要確認所有引文的出處就好了。』核對所有判例與訴狀中全部參考資料的來源，是一件非常沉悶的工作，通常，這種事都交由法務人員或年輕助理去做。富蘭科遂建議，不妨找個羅戴羅的年輕律師來負責。但賀伯表示，『我不放心讓其他人來做這件事。』於是，他自己擔下這個工作。我覺得那是很棒的事。」

這份訴狀在一九六三年九月六日呈送最高法院。排印好的訴狀共有九十五頁，前面二十五頁敘述案情始末，其餘部分則是法律探討。這篇法律探討一開始用了比之前提出「訴訟文件移送命令」申請（三十一頁）還多的篇幅，辯駁第一修正案並未保障誹謗性言論一事。這篇訴狀寫道：「沒有一項判決，曾以誹謗罪名箝制評論政府表現的意見。」「評論政府」正瀕於危險，此種壓制行為必須接受審判，而不僅僅是受到監督。因為，誹謗「只不過是標籤」。在第一修正案中，誹謗法沒有享有任何「護身符」。最高法院廢除了「藐視法庭」、「誹謗政府」、「妨害治安」之類的標籤；同樣地，誹謗罪也必須「滿足第一修正案的界定。和其他法律一樣，誹謗法並不能免疫於這最高原則」。

誹謗政府罪與憲法

接下來的章節，則以「誹謗政府罪與憲法」為題。文中指出，美國承諾過「人民得自由討論政治，這個承諾經由最高法院的判決，再三確認。」訴狀中引述布雷克大法官在布里吉斯案的陳述：「能夠說出個人對所有公共部門的看法，是美國人彌足珍貴的權利，即使每個人未必都擁有很高尚的品味」，以及韓德法官有關言論自由的格言：「第一修正案所預設的權利是百家爭鳴的言論自由，而非任何經由威權所選擇的自由。對許多人而言，這種做法或許荒唐，卻值得我們孤注一擲。」走筆至此，這份訴狀提出它的第一項聲明要點：「根據憲法，政治言論不得因其不符事實而受到懲罰。」它繼續闡釋：「顯然地，政治言論不會因為任何真理的檢證而劃定界限；無論是陪審團、法官或政府官員，都不要求表意人舉證為真，以作為檢證言論為真的手段。」最後一句話，是抨擊習慣法原則與阿拉巴馬州的審判原則：要求被告必須負起舉證為真的責任。

在不實言論不得受到懲處這一點，這份訴狀特別援引一九四〇年的「肯維爾訴康乃狄克州案」（*Cantwell v. Connecticut*）作為支持。該件訟案是一名耶和華見證會牧師因在天主教區詆毀天主教會，而被法院判處妨害治安，後來，最高法院駁回此案原判。摘要中節錄一段由大法官羅伯慈所寫的感人判決文：

> 在宗教信仰和政治信仰領域中，鮮明的立場對立是存在的。在立場不同的人眼中，對立一方的理念或許是極端荒唐謬誤的。為了說服其他人接受自己的觀點，就我們所知，這個說服者偶爾會以渲染、中傷，甚至杜撰不實言論的方式，誣指敵對陣營的重要人士。但是，盱衡歷史，我國人民即使有釀成弊害或詆毀他人之可能，仍得享有法律的保障。長遠觀之，這些自由正是啓蒙民主政治公民的思想與訓示。

訴狀繼續說，假如事實不是一種檢驗手段，那麼，政治言論也就不應該因其汙損官員名聲而受到懲處。反之，假如政治討論應受到懲罰，那除了為政府歌功頌德之外，人民就不能無虞地表達出對任何事的想法了。威克斯勒還引用麥迪遜的「維吉尼亞決議案報告書」說：「想在不損及人民自由檢視公眾人物與政府法案之權利的情況下，懲處指摘或侮蔑官員的評論者，顯然是不可能的。」這篇訴狀的主題繼而討論法律的核心：「如果對政府領導的批評，不會因為言論不實或可能危及官員清譽而遭到打壓，那麼，這些不充分的個別理由，就不足以因二者的結合而被克服，這就是痛擊一七九八年早夭的危害治安法的致命的基本命題，也是全國人民首次具體指出第一修正案的核心意義。」末了，威克斯勒以最後一句話避重就輕地說明，危害治安法論戰釐清了「第一修正案的核心意義」，卻不去論及第一修正案是否真的有意廢除煽動誹謗法律。威克斯勒說：無論一七九一年的政治風向如何，但一七九八至一八〇〇年朝野群起反對危害治安法的盛況，即凝聚了全國上下的共識，也就是，基於第一修正案，美國人民得不受懲處地批評公職人員。

危害治安法的歷史借鏡

這份訴狀描繪了危害治安法與這場政治抗爭，其中引述維吉尼亞決議案、麥迪遜報告書，以及麥迪遜的觀察心得。麥迪遜認為：「假如一七七六年以前，英國以危害治安法箝制美洲報業，那麼，美國現在可能還是在外來政權宰制下，過著怨聲載道悲慘生活的殖民地。」下文列舉亞伯特．蓋勒汀（Albert Gallatin）與約翰．尼可拉斯（John Nicholas）在眾議院慷慨激辯的論見，以及尼可拉斯所提出的警語：即使只懲處不實評論，「人民也會因此而不敢說出真話，因為即便說了真話，也未必能滿足法院所要求的事實確認。」

「雖然最高法院從未通過危害治安法，但是歷史殷鑑告訴我們，危害治安法與憲法第一修正案精神相牴觸。當時，國會根據該法所徵收的罰鍰，後來都盡歸原主，」訴狀寫道。（此處提及，一八四〇年，美國政府退還罰鍰給前國會議員馬修．里昂〔Matthew Lyon〕的後人。）後文繼續引證何姆斯及其他大法官指證危害治安法侵害第一修正案的言論，它說：「毫無疑義地，這些假設反映出，我們的共識正是現行法令的一部分。」

這篇訴狀還指出，紐約時報的廣告所受到的審判，無異於危害治安法對政治言論的壓制手段：「這則廣告只是記述對這個時代重要議題的不滿與反對。」因此，阿拉巴馬州法院的誹謗判決，比起危害治安法對言論的箝制，更是有過之而無不及。被告的言論不符事實、原告的名譽遭到損害，都是阿拉巴馬州法官所預設的狀況；同時，原告不必像刑事訴訟所要求的，必須在「合理的懷疑」下，舉證支持個人的陳述。刑法中的「一事不再理原則」（double jeopardy）也無法行使：同一則廣告，竟衍生多起民事誹謗訴訟。陪審團竟也毫無節制地判定原告可獲得的損害賠償金額。更慘的是，阿拉巴馬州最高法院還宣稱，對政府機關的批評，「等同於批評主管該單位的個人」，因此，即便誹謗言論未曾提及這些人的姓名，他們也能夠獲判損害賠償。倘若果真如此，那麼，完全不涉及個人、對政府機關的指摘，也可能被視為「對全體公職人員的指摘；如此一來，原本為保護個人清譽而訂立的誹謗法，將轉變成政府部門防堵批評的屏障，」這篇訴狀如此痛陳。

四十年前，芝加哥官員為了遏止芝加哥論壇報的抨擊，於是指控該報涉嫌誹謗。這個計謀在伊利諾州法院踢到鐵板，主審法官認為：「在美國的司法體系中，沒有任何法院曾經支持，甚或會建議政府去控告人民誹謗。」威克斯勒引述此項判例後繼續說：「這個答案也可類推為將『誹謗政府』變更成『誹謗公職人員』，那麼，文句即可重組了……如果不是這個案子，政治議題根本不可能成為我們閒暇談論的話題。」

從現代人的認知觀照，威克斯勒大膽的策略，可能沒什麼令人激賞的地方，因為，他在這篇訴狀中的論見，現今已然是眾人熟稔的憲法常識。然而，在一九六三年，幾乎無人知曉一七九八年危害治安法的歷史沿革；而且，當時的憲法條文，也未從有關第一修正案的這段插曲中，汲取任何智慧。如同威克斯勒所知，這個主張曾於一九一九年，出現在戴柏斯一案中，但遭到最高法院駁回後，隨即淹沒在時間的長河裡。現在，拿誹謗政府罪與蘇利文案的「民事誹謗」做法相提並論，是震撼人心的洞見。從形式的法學術語來看，這是兩個風馬牛不相及的概念，一個是危害個人聲譽的民事賠償訴訟，另一個是對抨擊政府言論的刑事處罰。但是，從歷史脈絡和分析論點觀察，威克斯勒的訴狀試圖證明二者相仿的實際影響，以及它們對自由所造成的衝擊。

批評公共事務的言論免責權

這項論證主題也援引另一條法律予以強化：公職人員在涉及職務的誹謗訴訟中的豁免權。早些年，最高法院曾經審理過有關這個議題的案件，在那件官司裡，有位聯邦官員因為評論某個個人而被控誹謗。結果，最高法院判定這名官員在與職務有關的發言上，享有絕對的言論免責權，也就是說，無論這些言論是不實的，或會造成任何傷害，都不足以構成訴訟的理由。最高法院依據韓德法官的見解指出，公職人員被控誹謗，「勢必會打擊其服務熱忱，除了斷然、最不負責任的指控外，他們也必須毫無退縮，為克盡職責堅守到底。」紐約時報的訴狀主張，如同布藍迪斯大法官在惠尼案所說的，「一般人民在履行『討論公共事務』的『政治職責』時，也應該享有同樣的言論免責權。可以肯定的，誹謗訴訟的威脅，對有意討論公共議題的人民所造成的嚇阻作用，和它對公職人員的影響，是完全相同的。」

到目前為止，這份訴狀一直強調批評公職人員的絕對自由。無疑地，這正是麥迪遜觀點的真義所在。他公開抨擊了原本只懲罰對政府的「不實」批評的危害治安法。如果民事誹謗法和危害治安法的目的一致，那麼根據他邏輯，官員就沒有起訴的權利。訴狀引述麥迪遜在一七九四年的國會演講：在美國的體制，「擁有審查權利的是人民，而不是政府。」

但是威克斯勒知道，這種絕對性的論證，很難在最高法院獲得多數贊同。名譽也是需要尊重的價值，儘管第一修正案堅持言論自由，多年來，法律還是以名譽的維護為重。特別是麥卡錫時代以後，即使是最同情言論自由的法官，也不敢貿然讓政府官員的名譽有絲毫損傷。其次，訴狀中所引的案例，以證明「不符事實」不能作為懲罰言論的理由，這裡所指的卻只是「意見」和「學說」，像是無政府主義、社會主義等等。當何姆斯大法官談到「我們所憎惡的思想的自由」時，他所指的就是這類的意識型態。但是，阿拉巴馬州法院審理蘇利文案所指稱的「不實之事」（false facts），就不一樣。說「每個美國人民都有權站在街頭鼓吹社會主義」，和說「每個美國人民都有權誣稱某政治人物在十月十日晚上收受賄賂」，完全是兩碼子事。

舉證「真正惡意」的責任

因此，紐約時報訴狀提出另一種法律觀點，既可以撤銷阿拉巴馬州的誹謗判決，又無損於對個人名譽的尊重。如果，最高法院判定官員勝訴，最有可能的情況是，律師以所謂的「誹謗的特殊損失」，舉證實際的金錢損失。例如，某人證明他人的不實指控害他失去工作，因此，他求償所損失的薪水。在習慣法中，推定的損失賠償裁定是可以駁回的；而且像名譽和精神損失這樣推想性的傷害，也不需要賠償任何錢。一九四二年，哥倫比亞特區上訴法院曾經採取這個見解，限制公職人員不得以特殊損失為由，索求誹謗賠償。上訴法院表示，如果原告未提出不實言論所造成的經濟損失，表意人即因誹謗入罪，那麼，公共討論將因此而萎縮；同時，公眾對於重要事實的認識，也將貧弱到無法捍衛公共利益。

這份訴狀的第二項提議，則揉合言論自由和官員名譽兩個概念，主張只有當原告舉證誹謗言論具有「真正惡意」（actual malice）時，官員才能獲判誹謗損失賠償；「真正惡意」指的是，造成損失的陳述是「明知是空穴來風的」言論。也就是說，作者或發行人在刊布這項陳述時，就已經知道這是不實的言論。這個規則的效力，可以駁斥習慣法中言論不實的預設，也責付誹謗訟案原告必須負起舉證個別不實的責任。雖然為數不多，但有一些州是遵循這個原則在審理誹謗訴訟。訴狀的一個註釋列出十一個州名，以及學者們對它們的一些讚許之辭。接下來，威克斯勒引述一個主要的相關判例——「柯曼訴麥克里南案」（*Coleman v. MacLennan*）。這是堪薩斯州最高法院於一九〇八年宣判的案件，其判決表示，對公職候選人的誠實（in good faith）陳述，不得成為誹謗官司的根據，即使這項陳述日後被證明為不實言論。訴狀中說明，這兩個替代性規則顯示，「假如要為官方名譽留些餘裕以抵擋政治評論，舉證措施是較能避免傷害言論自由的可行之道。」設若最高法院認為第一修正案具有其中任一項要求的話，那麼，蘇利文案原判即可推翻，因為阿拉巴馬州誹謗法並未兼顧言論與名譽的平衡，只是一味地打壓言論。

最高法院審閱案情事實的權力

訴狀的第三部分，繼續提出第一修正案的另一種主張。即使表面上看來，阿拉巴馬州誹謗法是合於憲法的，但這項法律卻曾經違憲應用於本案的審判。根據審判紀錄，這則廣告與蘇利文案無關，但該法卻扭曲解釋，硬是判定兩者有關，阿拉巴馬州法院此舉有違第一修正案，同時，審判紀錄中也沒有任何記載顯示，蘇利文警長的聲譽曾因這則廣告而受到傷害，所以，判決該廣告威脅其名聲，也是違憲的。

這些論證引出了一個微妙有趣的問題：最高法院是否有權力審閱蘇利文案審判紀錄，並根據事實，裁決這項紀錄的不適當性（憲法上的不適當性）；畢竟，最高法院無權判決州法案件；而且，在一般狀況下，它也不能推翻州法官和陪審團的判決。但是，當州法院已宣判的案件危及憲法價值時，最高法院則有資格審查該案事實。因此，威克斯勒宣稱，這是一個聯邦議題，也正是他所擅長的領域。他援用一九二七年宣判的「費斯克訴堪薩斯州案」（*Fiske v. Kansas*）。費斯克是「世界工人組織」的倡導人，他因散發該組織綱領，而遭到法庭以堪薩斯組織犯罪法加以定罪。堪薩斯州法院的判決依據是這些綱領倡議武力革命。然而，最高法院解讀這份綱領後，並未發現其中有鼓吹暴力的內容，遂裁定費斯克判決違憲。這是基進思想倡議者在最高法院的首度勝利。

紐約時報的訴狀以費斯克案的進路為基礎，主張最高法院應當自行判定這則廣告是否「指涉且關係到」蘇利文；如此解讀它或認為它威脅到蘇利文的聲譽，這樣是否違憲。這份訴狀表示，審判紀錄中附有一份「傾聽他們發出的聲音」的廣告，倘若大法官們研究這則廣告，就會發現，「這純粹是對某些現象、團體與機關的總體批評，而非針對某個特定個人的人身攻擊。」但蘇利文堅稱、阿拉巴馬州法院也判定，廣告中所提到的「警察」一字，指涉了蘇利文。然而，在這篇廣告內容中，只有兩項錯誤敘述和警察有關：第一，「金恩博士七度被捕」，其實只有四次；第二，警方並非「包圍」阿拉巴馬州立學院，而是在校園「大規模」部署警力。訴狀中說明：「很明顯的，廣告中這些誇大或不確實的敘述，並不能合理地被視為意圖侵害（蘇利文的）名譽。」另外，廣告中還有其他錯誤，值得注意的是，廣告內容說，學生被封鎖在餐廳裡面，以便讓他們挨餓，逼使他們投降。這段敘述並未像蘇利文在審判時所指稱的，提及警方做了什麼，或任何與蘇利文有關的事。這份摘要總結說，根據審判紀錄，這則廣告並「沒有任何地方」教人相信其中的陳述與蘇利文有關，或是「在憲法的某種保障範圍內危及他的名譽，或使他的聲望瀕於險境。」

損害賠償金額的裁定問題

最後，這份訴狀主張，法院判給蘇利文個人五十萬美元的損害賠償，「是件極為離譜的判決，如此驚人的過度處理，顯然違憲。」而且，作成此項判決的陪審團，並未解釋這件案子為何該支付如此龐大的損害賠償，以及它為何如此該罰。（紐約時報的辯護律師曾經要求瓊斯法官說明他指示陪審團在金額上做個別判處的理由，但他拒絕答覆。）包括誹謗在內的民事侵權訴訟中的懲罰性賠償（punitive damages），不是要補償原告的損失，而是要杜絕他人的有害行為。懲罰性賠償在形式上類似刑法的判決，卻是由陪審團任意裁定，而沒有刑事訴訟的保護措施：刑法規定，在「合理的懷疑」下，原告必須提出相關證據等等。因此，民事訴訟中的懲罰性賠償，是受到憲法質疑的。但在早期，最高法院曾經駁回一項認為「不具刑事訴訟程序保護措施的懲罰性賠償係屬違憲」的主張。基於這個理由，威克斯勒決定不去抨擊誹謗的懲罰性賠償。他在訴狀中僅僅寫道，即使可以合理判定蘇利文名譽受損，但在犯行嚴重性與罰鍰金額判處兩者間，也沒有合理的關係。缺乏此一合理關係，即違反憲法第十四修正案：各州不得在未經「正當法律程序」下，剝奪任何人的財產。這篇訴狀警告：「在這樣的事實根據上，如此鉅額的損害賠償對本案當事人具有『打壓作用』。」

然後，這份訴狀擷取訴訟文件移送命令中最激烈的一段話，並以更強硬的方式複述一遍：「現在這時候，並不適合用憲法中的價值，強制媒體不去關注國內種族對峙態勢，或報導某些地區極端緊張的種族關係，或者永遠都不是時候。」

司法管轄權的認定

接下來，訴狀提出紐約時報的主張，認為阿拉巴馬州的司法管轄權的認定是違憲的。最後就是結論，在最高法院的訴狀中，通常會非常簡短：「基於上述理由，最高法院對於阿拉巴馬州法院之判決應予駁回，進而不受理該案。」通常，最高法院駁回州法院的判決時，總會以「訴訟程序與本判決不一致」作結，以對州法院表示尊重。然而，因為阿拉巴馬州法院既存的仇視態度，威克斯勒因而建議最高法院在本誹謗案審判終了時，不要做出「後續訴訟」的裁決。

這份訴狀最後由三位代表紐約時報的律師聯合具名簽署，按照尊卑依序為：賀伯特．布朗奈，羅戴羅律師事務所資深合夥人；湯瑪斯．戴利（Thomas F. Daly），從誹謗案開始，即經常往赴阿拉巴馬州的合夥人；賀伯特．威克斯勒。其後，列名顧問的則是：路易斯．羅伯、艾瑞克．安伯瑞（在蒙哥馬利法院開庭時的辯護律師）、馬文．富蘭科、隆納德．戴安納，以及多蕊斯．威克斯勒。

四位牧師的訴狀，由華區特和其他十一位律師聯合簽署。如同他們所提出的訴訟文件移送命令申請書，這份訴狀強調阿拉巴馬州法院在訴訟程序上對他們的極度不公平。它說：「四位牧師在收到被告蘇利文的同一份信函時，才首次知道有這麼一則廣告……但信中並未附上這則廣告，僅是引述其中遭到蘇利文抗議的兩段陳述，並要求每個『以明顯、公開方式』在紐約時報刊布廣告的原告，『為這個完全不實的中傷行為，做出充分公平的回應』。原告根本不可能依從他的要求去回應，因為蘇利文在他們來得及延聘律師，甚至徵詢適當意見之前，就提出告訴了。」

牧師訴狀的其中一節極力主張，瓊斯法官主持的蒙哥馬利審判是一場「種族審判，從頭到尾將他們視為劣等人民，就只因為他們的膚色。」縱橫整場審判，在法律之前，應該人人平等的法庭，竟在這間審判室，和所有審判室中遭到種族隔離。陪審團以不平等對待黑人的強硬立場，進行這場審判。「在阿拉巴馬州蒙哥馬利市，在清一色由白人組成的陪審團面前，一位白種執法人員蘇利文，因為一則促進種族融合的廣告，控告由黑人律師辯護的黑人原告，這種法庭的種族隔離，只是為了凸顯黑人的卑賤，並戕害所有的訴訟程序。」華區特摘錄一段特別顯著的歧視語言，這是由蘇利文律師之一的羅伯特·史戴納三世所說的話：「換句話說，這些事並不是發生在警察統理一切事務的蘇聯，也不是發生在食人族的剛果，而是發生在阿拉巴馬州蒙哥馬利市，這個奉公守法的社會裡。」

蘇利文的訴狀

至於蘇利文的訴狀，主要由隆納德·內克曼執筆，聯名簽署的還有蒙哥馬利律師史戴納、山姆·貝克（Sam Rice Baker），以及卡文·懷塞爾（Calvin Whitesell）。他們的基本立場還是維持反對訴狀的觀點，也就是，曾經猛烈攻擊阿拉巴馬州官員的紐約時報，現在偽善地宣稱，一般的誹謗判決是對自由的嚴重侵犯。這份摘要寫道：

（紐約時報）突發奇想，主張這則不實指控身為警長的本案被告，應該為「空前未見的暴行」負起責任的廣告，是茶餘飯後的政治閒談、單純的「政治評論」，以及「政治意見」。假如紐約時報勝訴，任何對公職人員的不實陳述，都將因這項保障而紛至沓來。絕對的免責權可以應用在報導國務卿洩漏軍事機密，財政部長挪用公款，州長毒殺妻子，公共衛生首長用病菌汙染用水，市長與市議會貪汙瀆職，法官受賄而做出有利於賄賂人的判決，以及警察局長下令執行野蠻的行動，如策動恐怖計畫等。

這份訴狀特別提到，最高法院在一九六一年還三令五申，誹謗言論不受憲法第一修正案的保護。而且，在晚近十年內，最高法院拒絕律師提出覆審申請的誹謗訴訟，共有四十四件之多。甚至，「查菲教授，言論和新聞自由的親密老友，也會反對紐約時報的法律依據和陳述。」它引述查菲教授於一九四九所寫的一篇書評：「『言論與新聞自由』這個名詞，必須有某些法律限制為背景，例如誹謗罪的損害賠償，我想，就連一七九一年的人民也不反對它。」

訴狀繼續說道：

顯然地，紐約時報及其勢力龐大的報業友人都瞭解，歷史與法律判例都會認為，這則誹謗廣告是不受憲法保障的。因此，他們主張要為他們和其他媒體賦予一項詆毀公職人員的特權：包括付費廣告，包括無法以真理、公正評論與特權去抗辯的詆毀行為，包括不願意誠實地聲明錯誤。現在，他們促請最高法院將這種荒謬的免責權納入憲法——而只是針對報業本身而已，因為他們沒有說明這種新的憲法保障，是否及於一般人民。

法庭之友的訴狀

內克曼突然出招襲擊紐約時報的「報業友人」，指的是以「法庭之友」（amici curiae, friends of the court）身分提出訴狀，籲請最高法院駁回阿拉巴馬州原判決的兩家報社。所謂的「法庭之友訴狀」係由任何對某訴訟案件有興趣、且獲得該案當事人同意者，或未獲當事人同意，但經最高法院批准者所提出。芝加哥論壇報和華盛頓郵報曾經就提出訴狀一事，徵詢當事人意見，結果紐約時報同意，蘇利文的律師則拒絕。這兩家報紙也向最高法院請求批准許可，但蘇利文的律師反對這項提議，並指稱這樣的訴狀不過是「一種造勢手段」。不過，最高法院批准了。

芝加哥論壇報的法庭之反訴狀以未遂罪名案件為例，說明美國政客企圖以興訟誹謗來打壓報紙評論。它舉的第一個例子，是威克斯勒曾提及的「芝加哥市政府訴論壇報公司案」（*City of Chicago v. Tribune Company*）。芝加哥論壇報的法庭之友訴狀說：「在芝加哥，貪贓枉法的市長威廉・湯普森（William Hale Thompson），想盡辦法壓制法庭之友持續對他的尖銳批評。」此外，這篇法庭之友訴狀也詳細描述，十七世紀誹謗政府法當道的英國，對評論者令人不忍卒睹的殘酷懲罰，如劓刑、刵刑、絞刑，以及五馬分屍等等……它說，阿拉巴馬州的判決「無異是誹謗政府法的化身」。

芝加哥論壇報法庭之友訴狀由霍華・艾利斯（Howard Ellis）、凱斯・馬斯特（Keith Masters）與唐・羅本（Don H. Reuben）聯名簽署；華盛頓郵報的法庭之友訴狀則由美國前司法部長威廉・羅傑斯（William P. Rogers）、吉拉德・西格爾（Gerald W. Siegel），以及史丹利・哥德弗斯基（Stanley Godofsky）共同具名。華盛頓郵報法庭之友訴狀針對威克斯勒的「非絕對的」替代性觀點，提出一個更廣、更有力的論述。它主張，對公職人員能力的嚴格評價之所以傷人，是因為過度的渲染和誇大，這種「誠實反映心中信以為真之想法的言論」，是受到第一修正案保障的。也就是說，除非在刊布前「已知評論毫無根據」，否則，都應該受到保障，這也是威克斯勒在紐約時報訴狀中的辯護重點。華盛頓郵報引述一九五九年「史密斯訴加州案」（*Smith v. California*），在本案中，一名書店老闆因持有黃色書刊遭到控訴，但最高法院以沒有證據證明史密斯知道這本是猥褻書籍為由，駁回原判。華盛頓郵報因此根據這個判例指出，在誹謗訴訟中，「知情」是相當重要的必要條件，因為：

> 在政治事務的爭論熱潮中，尤其是情緒化的政治議題與人格問題，經常會因為原信以為真，後來卻證實為斷章取義、不確實或誤導的資訊，而引發控訴與反控訴訟。另一方面，合理卻無從證明的懷疑，或以無法證實的「內線消息」為依據的指控，最後卻往往揭發政府的無能、失誤，甚至欺騙……以誹謗訴訟來威脅對事實或判斷的誠實的錯誤，藉此限制評論官員的出版品必須在各個細節都能證實為真，這將會扼殺所有對政府和公職人員的評論。

華盛頓郵報的這個主張，或許已經為十年後發生的水門事件預作準備。在水門案中，華盛頓郵報記者根據「深喉嚨」和其他匿名與無法證實的消息來源，抽絲剝繭，進而揭舉不法，終於導致尼克森總統的下台。

除了芝加哥論壇報和華盛頓郵報的訴狀，另外還有一份獲得兩造當事人同意的「法庭之友」訴狀，由「美國公民自由聯盟」（American Civil Liberties Union）和「紐約公民自由聯盟」（New York Civil Liberties Union）共同提出，具名的律師有愛德華・葛林鮑姆（Edward S. Greenbaum）、哈瑞特・皮爾波（Harriet F. Pilpel）、梅爾文・沃芙（Melvin L. Wulf）、納尼特・登必茲（Nanette Dembitz），以及威克斯勒的大嫂南西・威克斯勒（Nancy F. Wechsler）。雖然蘇利文的律師表示，付費廣告不應該比照其他種類的言論，受到憲法的保障，但公民自由聯盟卻主張，這則廣告被判處罰鍰，將對政治自由產生重大衝擊。這篇法庭之友訴狀說：「假設這真是一宗誹謗事件的話，紐約時報竟然為了這麼一段隱藏於政治廣告中的誹謗言論，而遭到如此高額的罰鍰。假如，報紙必須為了對公職人員的無心誹謗付出沉重的損失賠償，那麼，異議團體就再也不敢藉由出版表達他們對公共事務的看法，並向社會尋求支援的自由了。」

第13章

希望我說的，能使庭上滿意

一九六三年一月，就在最高法院同意覆審蘇利文案幾天後，路易斯．羅伯和紐約時報祕書哈丁．班克勞福會晤，共同商議該由何人代表紐約時報出庭最高法院進行口頭辯護。羅伯極力推薦他的資深合夥人小賀伯特．布朗奈，但班克勞福表示，他已經和紐約時報發行人崔福士討論過，他們一致認為由布朗奈披掛上陣，或許「不是個明智」的選擇。布朗奈擔任過艾森豪內閣的司法部長，他在任時期，曾和同受艾森豪任命的大法官厄爾．華倫，以及陪審大法官約翰．馬歇爾．哈藍、威廉．布瑞南（William J. Brennan）等人交戰過無數回合。在班克勞福的備忘錄中，摘記一段他和羅伯當時的對話：「我說，紐約時報也許是矯枉過正，所以不敢延請一位在艾森豪時期與最高法院有關係的律師代為出庭；而且，有些大法官的任命還和他有關。我說，或許我們是過於古板、拘泥，但這是我們的感覺。」至於，崔福士對威克斯勒的看法則是，他的申請書說服了最高法院接受這件案子，而且他正在發展有關第一修正案的論述，所以，他遠比布朗奈熟悉此案，應該可以表現得比較出色。

羅伯徵詢了一位威望極高的法官，和一位聲譽卓著的紐約律師的意見，他們都推薦威克斯勒是位較好的人選。於是，威克斯勒接下了這項任務。

（八年後，布朗奈和威克斯勒因一宗紐約時報的案件，再度扯上關係。當時，尼克森採取行動阻止紐約時報在次日傍晚刊載「五角大廈文件」，紐約時報法律顧問羅戴羅事務所拒絕為他們出庭辯護。他們的理由是，布朗奈因為曾經簽署一項切結書，同意將越戰文件列為國家最機密文件，而陷入利益衝突的兩難。然而，多數時報人士則認為，真正的原因在於布朗奈不想得罪政府當局，所以，他一開始就反對紐約時報刊登這份文件。因為紐約時報必須在次日上午出庭最高法院，因此，它迫切需要一名律師來為它辯護。班克勞福打電話給威克斯勒，但他正要啟程前往歐洲任教，於是，班克勞福轉而向他打聽耶魯大學法學教授亞歷山大・畢克。當晚午夜過後，班克勞福和畢可取得聯繫，他同意接下這個案子。）

回溯十九世紀時，丹尼爾・韋伯斯特（Daniel Webster, 1883-1945，美國政治家和律師）可能會在最高法院滔滔激辯好幾天，但這種情形在今天的最高法院已不復見。不過，英國最高法院，「上院」（House of Lords），迄今仍然維持這個傳統，律師可以雄踞辯論台，唇槍舌戰一整個禮拜，甚或更久。現代的美國最高法院對口頭答辯有相當嚴格的限制，在蘇利文案開庭審理時，通常訴訟雙方各有一個小時時間可以發言；後來，則縮減為三十分鐘，但這無損於口頭辯論功能的重要性。這是一個機會，讓大法官走出象牙塔，走出位於國會山莊大理石殿堂裡的闃靜斗室，和代表不同利益的律師針鋒相對。對一般民眾而言，這也是一個難得的機會，讓他們得以洞察這些掌握審判大權的大法官的內心世界。相較於華盛頓特區的其他官員，這些大法官對自己的工作相當投入，而且，只有一些年輕的助理在為他們分擔瑣事。如果觀察大法官在法庭詰問律師的情形，就能感受到他們豁達開闊、真誠坦率的性情。在充斥著官僚繁文縟節、爾虞我詐的首都裡，大法官們散發的是一抹平易近人的古樸氣質。對律師而言，口頭辯論是他們以理念、言辭和事實去和這九位大法官接觸的機會。很少有什麼案件能夠藉著口頭辯護獲勝；但是，落敗的原因總是在於律師沒有能力或不願回答大法官的問題。

最高法院兄弟們

到最高法院進行口頭辯論的律師，必須站在位於大法官席下方的辯論台前，面對所有的大法官發言。九位大法官依序坐在大法官席上，院長居於正中央席位，其餘八位大法官則按照資歷深淺就座。年資最深的大法官坐在院長右手邊，次資深的則緊臨院長左側，依此類推。在「蘇利文案」開庭時，一位律師觀察，這九位大法官由左至右依序是：在最左端的是拜倫．懷特（Byron R. White）大法官，科羅拉多人，他既是牛津大學羅德斯獎學金學者（Rhodes Scholar），也是足球明星；在羅伯．甘迺迪入主司法部時，懷特是他的副部長，還曾經為了保護「自由乘客」，而與聯邦保安部隊遠赴南方各州；當時，甘迺迪總統指派他負責這項任務的理由，係因為他是最高法院的中立人士。坐在懷特大法官身旁的是威廉．布瑞南大法官，他在擔任紐澤西州最高法院法官時，受到艾森豪的提名；極力維護言論自由與弱勢權利的他，總是以嫻熟、務實的技巧，贏得多數意見的支持。下一位是出身德州的大法官湯姆．克拉克（Tom C. Clark），他是杜魯門總統所提名的大法官中，碩果僅存的一位；他曾經擔任司法部長，為最高法院的保守派人士。接下來是雨果．布雷克大法官，阿拉巴馬州人，是任期最長的大法官；雖屆耄耋（高齡七十七），但他的信念闡揚了其畢生所堅持的第一修正案的絕對命令。端坐法官席正中央的大人物是院長厄爾．華倫，原為加州州長，是美國首位三度蟬聯州長的政治人物；他溫和的共和黨員特質，是艾森豪任命他的原因，孰料，在憲法議題上，他卻是個公認的自由鬥士。從辯護席望去，坐在華倫院長右邊的是大法官威廉．道格拉斯，來自美國大西部，是個熱愛登山的法學教授。下一位大法官是約翰．哈藍，與他同名的祖父也是大法官（譯按：其祖父在職期間為一八七七至一九一一年）；被拔擢為大法官之前，他是縱橫華爾街的律師；他很關心自由的言論，卻追隨近日退休（一九六二年）的大法官法蘭克福特的步履，主張最高法院不得越權干預州政府職權。下一位是來自俄亥俄州的大法官波特．史都華（Potter Stewart），他是艾森豪總統提名的第四位大法官，原任聯邦上訴法院法官，為中間派人士。坐在最右邊的是亞瑟．郭德堡（Arthur Goldberg）大法官，原為甘迺迪總統的勞工部長；他於一九六二年遞補大法官法蘭克福特之缺，但旋即嶄露頭角，是一位處世相當積極的大法官。

辯論開始

這兩宗誹謗訴訟訂在一九六四年一月六日開庭辯論。那一刻終於來臨，當天下午，華倫院長首先朗聲讀出審理案件的名稱：「第三十九號，上訴人紐約時報公司，訴被告蘇利文。」接著，威克斯勒從座位上站起來，華倫院長問道：「威克斯勒先生？」辯論於焉展開。

「院長先生，希望我所說的能使庭上滿意（譯按：這是美國最高法院傳統規定的提稱語）。本案是一年前由阿拉巴馬州最高法院移轉、編號第四十號的訴訟文件移送命令案件，」威克斯勒循例進行開場。但他所說的第二句話，就完全不按牌理了。「本案要求覆審阿拉巴馬州最高法院的判決，因為依照我們的看法，這項判決在某種層面上，侵害了新聞自由，這是美國從建國以來從未發生過的事。」突然，布瑞南大法官打斷他：「對不起，我聽不清楚你說的話。」這個不尋常的舉動，透露出大法官對這個案件的異常關注。威克斯勒重複一次他的陳述。

威克斯勒用他所分配到的一半時間敘述案件事實。論及這則廣告時，他說：「我方認為，本案不僅因這則廣告而起，也將以這則廣告告一段落，敬請庭上注意這則廣告的文字。」他在朗誦部分廣告內容後表示：「我認為這則廣告是以對事件的複述，來表達一份由抗議聲明、頌辭所交織而成的陳述。除了金恩博士外，這篇文字並未指陳任何個人的名諱，也不曾攻訐任何個人。」

當威克斯勒描述案情時，大法官們聚精會神地聆聽，他們對事實細節表現出的高度興趣，好像這不是一場法庭辯論，而是他們所不熟悉的其他重要事情。這天，他們問威克斯勒許多關於案情的問題。懷特大法官想瞭解，阿拉巴馬州立學院是否位於蒙哥馬利市區；「我相信是的，」威克斯勒回答。布瑞南大法官問，廣告的第六段關於金恩博士遭到七度逮捕的「七」字，是否不正確。威克斯勒坦承：「大法官先生，確是如此。」哈藍大法官想知道，蒙哥馬利法院陪審團對這件案子總共花了多少時間作成判決；威克斯勒答以兩小時又二十分鐘。到目前為止，他都在描述本案案情，他用淺顯的例子，說明阿拉巴馬州最高法院如何以「對政府機關的批評，等同於批評主管該單位的個人」的原則，來審判此案。威克斯勒說：「這就是預設，亦即倘若你談論到警察，就等於你說的是警長。例如，我不能說紐約警方竊聽，即便我篤定他們的確這麼做；儘管警長派崔克・墨菲（Patrick V. Murphy）也不能控告我，因為他們在沒有法官命令的情況下這樣做是違法的。」

與大法官們的對話

當他進入法律議題時，威克斯勒說，阿拉巴馬州法院應用在這項審判的原則，箝制了「第一修正案賦予人民批評官方行為的權利；我不會說第一修正案的原則是絕對的，但它基本上是這樣的。而且，我們此刻的陳述，正是麥迪遜和傑佛遜關於一七九八年危害治安法有效性的論點」。

以下是他們的對話。

布瑞南大法官：「這項原則的效力有多大，威克斯勒先生？是否對政府的評論都能受到保障？」

威克斯勒：「是的。」

布瑞南大法官：「有任何限制可以取消第一修正案的保障嗎？」

威克斯勒：「假如我對麥迪遜的理解沒錯的話，我想我必須說，根據麥迪遜所有的著作顯示，它並沒有任何限制和例外。」

布瑞南大法官：「所以，你是說，第一修正案事實上賦予人民絕對評論特權。」

威克斯勒：「這個主張是，第一修正案的立法係基於消除誹謗政府罪；而誹謗政府罪是懲處批評政府與公職人員的言論。」

郭德堡大法官：「這個規定不僅適用於媒體，還普及到所有人民？」

威克斯勒：「當然，的確是這樣。」

郭德堡大法官：「也就是說，你現在所主張的不是只應用於媒體的特別規定？」

威克斯勒：「當然不是。」

史都華大法官：「你是說，就算紐約時報或任何人誣指這個官員收受賄賂也一樣？」

威克斯勒：「當然。」

史都華大法官：「或是收買他的全體部屬？」

威克斯勒：「當然。在麥迪遜筆下的那個時期，起訴賄賂當然是很平常的事；但這種新聞自由，是他從第一修正案所獲致的。」

懷特大法官：「威克斯勒先生，我們現在審理的不是蓄意欺騙的案件。」

威克斯勒：「確實不是。」

懷特大法官的話非常耐人尋味。這項訊息透露出懷特大法官正在思考，不實批評的確受到第一修正案的保障，除非這項言論是「已知的不實」。這是威克斯勒在這份訴狀中所提出的，沒有那麼絕對性的觀點。在答覆過懷特大法官之後，他對諸位大法官表示，他即將論證的是第二部分法律辯護的思想基礎。但在他開始前，大法官們提出了更多的問題。郭德堡將問題帶回威克斯勒對絕對免責權的陳述。郭德堡問道，他「是否主張沒有官員可以根據憲法，對任何與他個人品格或部屬行為有關的不實、惡意的言論，提出誹謗訴訟，並獲判勝訴？」威克斯勒答說：「那是我最廣義的想法，但我希望在剩餘的時間內，能夠略述較狹義的陳述，因為，我認為其中有許多有利於撤銷判決的論點。」威克斯勒的時間用完了，但他擔心自己似乎對庭上要求太多了。

但郭德堡仍有話要問：「根據這個說法，在廣義的命題下，公民有權惡意捏造，誣稱州長、市長收受一百萬元賄款……而市長卻不能訴請誹謗？」「正是如此，」威克斯勒回答：「他所應該做的是發表演說，運用他身為市長的官員特權，以演說來回應這項指控。當然，這正是多數市長所採取的因應對策。」

證據顯示，並無誹謗情事

威克斯勒最後簡單陳述「評論官員絕對免責權」比較狹義的觀點。他認為：「在審判紀錄中，並沒有證據足以支持這則特定廣告中的特定陳述，以任何確實的方式，威脅到本案特定被告的名譽。」這使得哈藍大法官警覺到最高法院是否干預了州的權力。「我們有資格審閱這些證據嗎？」哈藍大法官問。「是的，我認為絕對有資格，大法官先生……」威克斯勒回答：「最高法院有責任，也有義務去履行這項工作，因為，這份審判紀錄顯示出，本案判決所依據的憲法權利，實在是站不住腳。」他說，最高法院也曾經在「費斯克訴堪薩斯州案」中如此裁定；而且，在「布里吉斯訴加州政府案」中，最高法院也在檢視布里吉斯和洛杉磯時報的言論後裁決，基於憲法，那些陳述並不能支持藐視法庭罪的判決。

布瑞南大法官問：「損害賠償金額的多寡很重要嗎？」威克斯勒說，這是紐約時報關於證據方面的主張。「並沒有任何證據得以成為『威脅或傷害』的事實認定。我們也認為，沒有任何證據可以支持這樣的判決，事實上，再多幾件這樣的判決，差不多就是對報社宣判死刑。」

在時間用罄時，威克斯勒還沒提到訴狀的重頭戲：阿拉巴馬州法院的司法管轄權。他帶了一本瓊斯法官有關阿拉巴馬州判例的著作，原本他可以朗誦其中一段文字，好讓大法官瞭解瓊斯法官推翻了他自己在書中的論點，判定紐約時報律師因疏失而放棄反對司法管轄權的聲請。但是他沒有時間這麼做。最後，威克斯勒說：「在辯論終結時，我只能說，本案還有一項有關司法管轄權的個別論述，我在訴狀中有提到。」結果，他還是未能結束，因為，大法官們還有很多問題待問。

懷特大法官針對「蓄意的不實報導」提問：「審判紀錄如何載述紐約時報是否知悉這些廣告敘述真偽的問題？」威克斯勒回答，阿拉巴馬州最高法院認為，紐約時報的檔案顯示，當它接受這則廣告時，就已經知道有部分廣告內容是虛偽不實的。然而，「這份審判紀錄卻未支持這項陳述。」懷特大法官問：「假如你接受阿拉巴馬州最高法院的說法，那我們必須處理你的第一個廣義陳述囉？」也就是說，倘若紐約時報在刊出這則廣告時，就知道其中有不實敘述，那麼，誹謗判決就能成立，除非第一修正案賦予所有對政府的評論絕對免責權，即使已知虛偽不實的評論？威克斯勒回答，是的。但是，他補充說明：「不過，大法官先生，那你也必須接受阿拉巴馬州最高法院那個『指涉且關係到』（of and concerning）的論點。」根據威克斯勒的說法，在兩個情況下，紐約時報可以不用絕對免責權就能贏得勝訴：第一，假如大法官根據憲法，認為這則廣告並未指涉蘇利文；或是，第二，大法官發現紐約時報在刊布這則廣告時，並不知道廣告內容有誤，那麼就能因對政府評論的疏失不實，而得到第一修正案的保障。

布雷克大法官的詰問

接下來，布雷克大法官問了一堆出人意表的問題。他對於威克斯勒所持的「這則廣告不能被判讀為對蘇利文的攻訐」之立場，表示異議。「難道，蘇利文『主管警務』以及『他必須為警方行為負責』等事實，還不足以讓陪審團去判決，指控警方為非作歹……即是指控蘇利文嗎？」他們的對話如下：

威克斯勒：「在本案中，根據這項陳述，我相當肯定這個問題的答案是：他們（陪審團）不能。」

布雷克大法官：「為什麼？」

威克斯勒：「因為紀錄顯示，現場有一百七十五名警察，以及一位警政主管；我認為，沒有任何地方暗示這些員警的行動是來自於蘇利文警長的命令。」

布雷克大法官：「倘若荷槍、配備催淚彈的警察，遊走街頭、仗勢欺人，陪審團難道沒有權利如此裁決？同時，法官和陪審團難道沒有足夠證據合理地認定，警察警長該為這些行動負責嗎？」

為什麼像布雷克這麼熱愛言論自由的人，會如此逼迫威克斯勒去承認，蒙哥馬利陪審團宣判這則廣告涉及攻訐蘇利文，其實是有憑有據的？布雷克相當信任陪審團；他自己曾經是一名深諳辯護技巧的律師，在法庭上，他非常尊重陪審團所作的判決。事實上，他有個更深層的用意；他要讓大法官們直接面對威克斯勒的廣義的解釋。他希望把這件案子當作「涉嫌直接抨擊公職人員」來審判。他要促使最高法院認定這類的抨擊言論也屬於第一修正案的保障範圍。

布雷克大法官說，假設這則廣告「諷刺地」指控「警方和一幫歹徒同流合汙，從事不法勾當」，那這種諷刺就不算是在攻擊蘇利文嗎？

威克斯勒表示，不會。「我認為，根據習慣法，絕大多數法官都不會判定這種說法是對蘇利文的誹謗。」在這則廣告中，可以和蘇利文產生聯想的敘述是，「警方」和「一百七十五名警察」，這個團體的規模大到無法令人聯想到是特定的人身攻擊，包括蘇利文在內。

布雷克大法官繼續問道：「假如他是這一百七十五或兩百人中的一員，會有什麼不同？你同意『布哈納斯案』的判決嗎？」這是一個團體誹謗的判例，在此案中，最高法院確認伊利諾州一項制裁「侮蔑種族或宗教團體行為」的法律。這個問題讓威克斯勒進退維谷，布雷克大法官曾和道格拉斯大法官聯手提出措辭強烈的不同意見，因此，他們希望威克斯勒說那個判決是錯的；然而，克拉克大法官卻站在多數意見陣營。威克斯勒不想挑釁任何人，但他又必須恪守個人信念來回答。他不能規避這個問題。他回答，布哈納斯案和本案不同，它並不涉及對官員的評論，「但如果大法官先生問我，布哈納斯案的判決是否正當，我個人並不這麼認為。」

（一九七八年，美國第七巡迴區上訴法院認定，即使最高法院從未正式翻案布哈納斯案的判決，它最近在某些案件中對於令人憎惡的言論的支持，卻已經表明立場。因此，上訴法院裁定某些地方法令違憲，它們試圖阻撓美國納粹黨人遊行經過伊利諾州的史考基郡，在這個村落中，多數居民是納粹浩劫後的猶太人。）

懲罰性賠償的疑義

懷特大法官轉移問題，從另一個角度切入紐約時報刊布廣告時的「已知不實」。他問，阿拉巴馬州的瓊斯法官是否為了爭取懲罰性賠償，而指示陪審團這則廣告必須判定蓄意不實報導。威克斯勒回答說，陪審團曾被指示過裁定懲罰性賠償的目的（以便懲戒誹謗加害人，並儆示他人），但他們並不知道蓄意不實報導的必要條件。所以，陪審團在未做說明的情況下，就判定五十萬元的懲罰性賠償。

下述是威克斯勒回座前，他和大法官們的對話。

郭德堡大法官：「你並未主張，在民事訴訟中未經舉證，以及沒有刑法保障條款的情況下，判處懲罰性賠償是違憲的；而且，如你所說的，懲罰性賠償的目的是處罰，你不想去爭辯這一點？」

威克斯勒：「不，我們並未就這個問題進行討論，大法官先生。」

內克曼的辯論

接下來，輪到內克曼為蘇利文辯護。就像威克斯勒所採取的做法，內克曼從案情事實陳述開始，複述原告的觀點。「我們擁有充分，甚至是壓倒性的證據去支持陪審團的判決，」內克曼說。

更何況，本案並不像布里吉斯案是由法官裁定藐視法庭罪名，「在經過陪審團審判後，我們是本著憲法第七修正案的觀點站在這裡。」（第七修正案規定：在習慣法的訴訟上，其訴訟標的如超過二十美元者，有接受陪審團審判的權利；由陪審團審判之案件，除依照習慣法上的規則外，不得於美國任何法院中再加審理。）如同權利法案中的其他修正案，第七修正案的效力也僅及於聯邦政府；在這個例子中，就是聯邦法庭。因此，內克曼的引證立刻令大法官們吃驚。

郭德堡大法官：「我無意打斷你，但我想請問有關你剛剛所作的挑釁陳述；你是說，你是根據第七修正案提出陪審團審判。」

內克曼：「是的，大法官先生。」

郭德堡大法官：「你是不是以第十四修正案來看待第七修正案和州的關係？這是你辯護的一部分嗎？」

內克曼：「是的，那是我的重點之一，大法官先生。」

內克曼繼續說道，這則廣告內容「純屬虛構，而且，紐約時報也無意說明廣告中的任何陳述是真實的。」這句話又教郭德堡大法官錯愕了，他問道：「你是在對我們說，這件案子是在這則廣告徹頭徹尾都是不實敘述的狀況下，送請陪審團審判的？」內克曼回答：「是的。」「你是這樣認為的嗎？」郭德堡大法官又問。內克曼重複表達他的立場，並堅稱除非某項審判「完全沒有合理的根據」，否則，最高法院無權推翻陪審團的判決。

約莫過了十分鐘，內克曼還沒講到他必須進行的最強勢的法律辯護：誹謗言論向來都不被納入第一修正案的保障範圍。結果，懷特大法官問他：「我猜，假設你推論誹謗言論被排除在第一修正案的保障範圍外，那是因為某人必須做最終裁決，什麼樣的言論才是不受第一修正案保障的誹謗？」這個問題隱然將本案類推到最高法院對於猥褻罪的判決。一九五七年，布瑞南大法官曾主稿一項判決，在該案中，最高法院支持猥褻言論不受第一修正案保護。這篇判決文有個但書：法官必須裁定何謂猥褻；而且，當時法庭對猥褻一詞的定義極為狹隘，因此，州法院根據猥褻的推想定義作成的判決，大多數都遭到駁回。內克曼回答：「是的，大法官先生。」他們的對答如下：

懷特大法官：「在本案訴訟中，我猜陪審團並不是最終裁決者吧？」

內克曼：「你是指凸顯這則廣告的誹謗特徵……我們認為那是州法的問題。」

布瑞南大法官：「那麼，我們就不能把它當成憲法問題來覆審了？」

內克曼：「庭上，我從兩個方向來回答這個問題。正如我們對這個案件的瞭解，直到現在，最高法院還是將『出版品是否具有誹謗特徵』的問題，交由州法院來定奪。現在，假設有人因為說某人頭髮是金色的，而被州法院判定這是誹謗，我們當然承認最高法院有權覆審。但是，先前布雷克大法官在他的問題中論及他的觀察，我們說當個人操守受到指控時，這是誹謗的一般、正常的項目和架構。這一類的誹謗言論指控（原告）犯罪，這些指控導致他們被蔑視、嘲笑和指摘，我們認為，我們所根據的，正是誹謗的這個典型定義。」

內克曼繼續分析本案的訴訟事實，曾經詳細研究過這份審判紀錄的郭德堡大法官，問他有關廣告中的「南方暴力人士」一詞。郭德堡大法官問：「蘇利文曾經作證指出，這個名詞誹謗了整個社會。既然大多數的南方人民都奉公守法，那麼，也應該像國內多數地方一樣，也有一些作姦犯科的人。根據你在本案的辯護理論，你要如何防止任何南方人民站出來說：『紐約時報的廣告誹謗我。』以及，他們在這個假設之下，到陪審團跟前說，因為我是南方人，所以廣告中提到的『南方暴力人士』，指涉我做了所有的這些事？」這些問題並沒有困住內克曼，他說：「在阿拉巴馬州，這些狀況是可以預防的，庭上。因為，阿拉巴馬州法要求，只有當團體小到可以指認出個人的時候，人民才可以提出誹謗訴訟。」

接下來，內克曼剛好討論到懷特大法官詰問威克斯勒有關「蓄意不實報導」的問題。「大法官先生，在惡意與蓄意的問題上，我們認為陪審團可以在廣告中發現許多的不實言論。」他提到，紐約時報因派特森州長的抗議聲明而撤銷這則廣告，卻未曾對蘇利文的要求做出任何回應；甚至，紐約時報在調查發現這則廣告部分內容有誤時，也沒向蘇利文表示歉意；此外，紐約時報雖有一套嚴格的廣告接受標準，卻沒有用在本案的廣告刊登者身上。

「我推測，」懷特大法官說：「在阿拉巴馬州法中規定，在被告得知言論不實後拒絕撤銷，就視同為一開始就知道陳述是不實的？」

「是的，大法官先生。」

懷特大法官繼續追問：「因此，你的意思是說，本案不可免地要問到，人們是否可以蓄意誣指公職人員？」。內克曼回答：「我們認為，被告基於勝訴的考量，必須說服諸位大法官，報社對於它所刊出的任何言論都該擁有絕對免責權。同時我相信，被告在回應史都華大法官的某個問題時表示，假如某報指控某州長或市長收受賄賂，那麼，報社就能因為絕對免責權而免除一場誹謗訴訟。這對阿拉巴馬州的法律規範來說，是前所未聞的新鮮事；我們認為這將會毀了這個國家。」

如此一來，內克曼就直接摃上了威克斯勒抗辯「蘇利文獲判誹謗賠償，形同危害治安法箝制政治評論，也違反第一修正案」的說法；同時，他也無異是在警告最高法院，一旦判定紐約時報勝訴，那就是將憲法和最高法院帶進一個前途難卜的全新法律領域：誹謗罪。

在內克曼結辯後，當天口頭辯論的時間也宣告結束，「亞伯納西案」必須等到次日上午再開庭審理。

牧師的辯護

為四位阿拉巴馬州牧師辯護的兩位律師是：威廉．羅傑斯（William Rogers），前司法部長，為華盛頓郵報提出法庭之友訴狀的律師；小山繆爾．皮爾斯（Samuel Pierce Jr.），前紐約法官，是代表牧師提出訴訟事實摘要的華區特律師團成員之一。（皮爾斯後來擔任雷根總統的住宅及都市發展部部長。）

羅傑斯形容蘇利文的誹謗案是「司法程序的扭曲」（perversion of the judicial process）；並說，阿拉巴馬州判決是「本世紀對新聞自由最嚴重的威脅」。他指出，阿拉巴馬州的刑事誹謗法中規定，求償金額最高不得高於五百美元，是本案損害賠償金額的千分之一。他還告訴大法官們，報社絕無可能逐字查證它所刊載的所有內容，這也是法庭之友訴狀所提出的一項重點。他說：「本案在民事誹謗訴訟的偽裝下，正面攻擊新聞自由、言論自由，以及集會自由。」假如阿拉巴馬州判決成立的話，「那麼這個惡例將引發更嚴重的後果，」羅傑斯提出警告。

郭德堡大法官問，牧師們何時收到蘇利文要求撤銷廣告──一則他們當時才知道的廣告──的信？「蘇利文提出告訴的八天前，」羅傑斯回答。他補充說明，瓊斯法官曾經告知陪審團，這些牧師在蘇利文提出訴訟前，未予理會他信中的要求，他要求陪審團以此做為證據，判決牧師們必須為其姓名出現在廣告一事負起責任。

皮爾斯則強調審判中的種族問題。他說，蘇利文提出訴訟的「唯一用意」，就是「鎮壓並懲罰要求種族平等的聲音」；而且，這件案子是在一個充滿「種族偏見和種族情緒」的氣氛中接受審判。皮爾斯特別指出，牧師的辯護律師在出庭時，甚至未被稱為「先生」；他說，一個「連禮貌上的平等」都沒有的法庭，何以能在審判過程中，給予法律上的平等保護。

內克曼再度上台辯論，以回應羅傑斯和皮爾斯的陳述。他一開場，哈藍大法官就問他，他們「正在審理的兩件案子的基本憲法問題是否相同？」內克曼回答是的。布雷克大法官問他，陪審團是否握有證據，顯示四位牧師必須為個人姓名出現在廣告上一事負責。內克曼肯定地表示，證據就是牧師的姓名登在廣告上；同時，他們並未回應蘇利文要求撤銷廣告的信函。他說：「根據阿拉巴馬州法規定，『不回應，就表示默認。』」郭德堡大法官說：「我每天收到很多信，但我從來不回。對於素昧平生的人，我不認為法律能要求我必須回覆這些信。」

接下來，華倫院長加入討論。他曾經因為主稿「布朗訴教育局案」的最高法院判決文，而成為眾矢之的，遭到南方人士的惡毒攻訐。「此刻在法庭之中，我們知道至少有一位人士曾經收到來自全國各地的信件，指控他杜撰誹謗陳述。假使他沒做過這些陳述的話，他是否必須回應或承受五十萬美元的誹謗判決？」

內克曼：「我並不清楚這些信的內容寫些什麼。」

華倫院長：「比這則廣告的敘述糟糕多了。」

內克曼：「假如，這些信日後成為訴訟的重要項目，我們可以將他未做回應一事當作呈堂供證。」

只有等待

一九六四年一月七日，中午。這兩件案子辯論終結，一切掌握在大法官手中。律師們除了等待和揣測審判結果外，什麼事也不能做。但經過一個月後，多蕊斯．威克斯勒認為她得到一絲線索，一個令人愉快的線索。她與其夫婿共赴華盛頓特區參加美國法律研究所會議，「當賀伯在開會時，」威克斯勒太太事隔多年後述說，「我決定去看看最高法院正在審理哪些案子。我坐在律師席，布瑞南大法官看到我，我猜，他在對我笑。不曉得為什麼，我就是知道了。」

第14章

第一修正案的核心意義

一九六四年三月九日，上午。賀伯特．威克斯勒正在哥倫比亞法學院一間大教室裡講課，他的祕書若達．鮑區（Rhoda L. Bauch）走進教室。威克斯勒停了下來，鮑區小姐順著走道下來，交給他一張短箋。「學生們知道必定有大事發生了，」威克斯勒在許多年以後憶述。「望著眼前一張張困惑的臉龐，我唸出短箋的內容：『判決駁回。全體大法官一致同意。』他們猛然爆出掌聲。我依稀記得，這有多教人興奮。」然而，這紙短箋卻難以顯現最高法院裁決的意義有多麼的重大。

布瑞南大法官的判決文

布瑞南大法官負責主稿判決文，一破題他就清楚點出，他正在進行一件現代法庭罕見的事：以全新觀點通盤檢視法律。「在本案，我們首度被要求去判定，憲法對言論與新聞自由的保護，在什麼範圍下，可以限制各州在公職人員因職務受到評論而訴請的誹謗損害賠償上的裁定。」當天上午，在法庭聆聽布瑞南大法官宣讀判決，可以感覺到那莊嚴的歷史意義。即使僅是閱讀印製成冊的最高法院判決文，也可以感受到這股震憾的力量。

在引人注目的開場白後，布瑞南大法官花了好些時間陳述這兩件訴訟的案情事實。他先指出蘇利文及其所申訴誹謗的對象，四位阿拉巴馬州牧師，以及「紐約時報公司，一家發行日報的紐約公司」。（判決文的標題是「紐約時報公司訴蘇利文案」，但註腳中說明，本案同時包括關係案件「亞伯納西等人訴蘇利文案」。）布瑞南大法官描述這則廣告「傾聽他們發出的聲音」，並在判決文的附錄中，附上一份原尺寸的廣告副本，並依照判決文的開本大小摺好，裝訂成冊。這份判決文引述部分廣告內容，也就是蘇利文所抗議的第三和第六段內容；並敘述蘇利文所堅稱的一貫主張，亦即，廣告中的「警察」與「逮捕」兩詞有指涉他之嫌，因此，這則廣告誣指他脅迫金恩博士、炸毀他家，並以偽證罪名起訴他。

然後，布瑞南大法官以平淡的語調複述廣告的錯誤內容。「毫無爭議地，這則廣告有兩個段落對蒙哥馬利所發生的事件，有不確實的描述，」他說：「雖然，黑人大學生在州議會台階上靜坐抗議，但他們唱的是美國國歌，而不是『我的國家，也是你的』；雖然，有九名學生被州教育局開除學籍，但理由並不是他們領導州議會前的示威活動，而是因為之前在蒙哥馬利市法院餐廳的午餐事件……校園餐廳並不是時時都上鎖的……雖然，警方曾經三度在校園附近部署大量警力，但是，他們不曾『包圍』校園……金恩博士並未遭到七次逮捕，其實只有四次……」

這篇判決文說，初審法官和阿拉巴馬州最高法院一致認為，這些錯誤使得紐約時報和四位牧師無法提出事實為他們的誹謗罪辯護。根據阿拉巴馬州法規定，舉證被控誹謗的言論的「所有細節」屬實，是被告應負的責任；而且，損害賠償是推定的，陪審團可以判給原告任何金額的損害賠償。阿拉巴馬州最高法院曾經表示，本案的賠償數額並不過分，因為陪審團根據一些事實，確認了被告的「惡意」，例如，紐約時報並未像回應派特森州長那般，回應蘇利文；此外，他們還

「失職」刊布內容不實的廣告。布瑞南大法官特別指出，最後，也是最重要的是，阿拉巴馬州最高法院指示陪審團，這則廣告確實「指涉且關係到」蘇利文，因為任何對警局等政府機關的評論，「通常就等於對該機關主管的批評」。

描述過阿拉巴馬州所發生的事情後，布瑞南大法官說：「最高法院駁回這項判決。我們認為阿拉巴馬州在本案援用的法律，在憲法上有所缺陷，因為在公務員因其職務而提出的誹謗訴訟中，這些法律不足以提供憲法第一和第十四修正案所要求的對言論自由和新聞自由的保障措施。」在這番直言不諱的判決陳述後，是長達二十八頁的解釋：一段衡諸歷史與第一修正案真義的讜言宏論。

（在註腳中，布瑞南大法官處理了所有第一修正案以外的法律問題。他說：「我們並未判定」其他出現在牧師案中的問題，像是阿拉巴馬州法院因為「法庭中的種族隔離和種族歧視」，而拒絕給予平等的法律保護。但是，這個註腳否決了紐約時報所堅持的，阿拉巴馬州法院不當主張司法管轄權的問題。對此，布瑞南大法官做了以下的說明：「我們排除了這個論點，因為阿拉巴馬州已判定紐約時報……放棄了司法管轄權的抗辯；我們並不能說，這項裁示缺少了阿拉巴馬州先前判決的『公平或實質的支持』。」這樣貿然否決司法管轄權的主張，讓投入這個議題的紐約時報辯護律師相當失望，包括多蕊斯．威克斯勒在內。所幸，其他的判決意見讓這股失望之情一瞬即逝。）

憲法不保障誹謗出版品

關於蘇利文的法律辯護，布瑞南大法官回應：「這項陳述是建立在憲法不保障誹謗出版品的基點上。」這段陳述出現在一個回溯尼爾案等七件判例的註腳中，但是，「沒有任何一個案子支持以誹謗法去制裁對公職人員表現的評論，」這份判決文說。布瑞南大法官特別單獨討論「布哈納斯案」，布哈納斯因為發行誹謗種族團體，並「可能引起暴力事件與社會失序」的小冊子而被求刑。此外，布瑞南大法官表示，甚至在論處團體誹謗法時，法官都必須特別審慎，「應該保留或運用公權力，以便撤銷假懲處誹謗之名，侵害人民言論自由的判決。」

布瑞南大法官總結：「在做成這項判決時，我們不受任何判例或政策的影響，並不認為誹謗罪比其他『純粹標籤』的罪名更重要。像叛亂、藐視、鼓吹非法行為、妨害治安、猥褻、請求法律業務（solicitation of legal business），以及其他最高法院曾經領教過的各種箝制言論的名目一樣，由於誹謗罪不能豁免於憲法的約制，因此，它必須以第一修正案的標準重新評估。」

對於每一個「標籤」，布瑞南大法官都個別援引一宗判例來加註說明，這些案例都是最高法院為了應用第一修正案而仔細審視過的。例如，在「叛亂」一項中，是以最高法院駁回喬治亞州論處倡導共產主義的安格羅．賀登案的判決文來解釋。藉由這種做法，布瑞南大法官解決了「誹謗不受第一修正案保障」，這個被紐約時報律師視為艱險挑戰的歷史假設。其實，他這項剖析，是根據紐約時報訴狀之建議進行的。

綜觀「布瑞南判決文」內容，我們可以看出，不管是在理念、案例，乃至措辭上，他都揉合了紐約時報訴狀與口頭辯論的菁華。這篇判決文的開場白，是從威克斯勒辯論的前提切入，也就是這則廣告是一種關於公共事務的言論；而此刻，布瑞南大法官在處理第一修正案對於此類言論的保障時表示：「這種保障由來久矣。」他引述修斯院長主筆的「史卓姆伯格訴加州案」判決文說：「基於讓政府可以回應人民的意願，也讓政治能以合法的手段進行變革，因此，自由討論政治的機會，是美國民主不可或缺的安全機制；同時，這種機會的維持，也正是我國憲政體制的基本原則。」接下來，他援用布雷克大法官在「布里吉斯訴加州案」的意見：「能夠說出個人對所有公共部門的看法，是美國人彌足珍貴的權利，即便每個人的品味未必都很高尚。」他還引證韓德法官的話；並摘錄一段布藍迪斯大法官在「惠尼訴加州案」的不同意見，他推崇這項意見是「經典的敘述」。

判決文的結論

布瑞南大法官參酌所有的判例，從中爬梳出他的結論：

我們論斷本案時，應慮及我國所許下的一項意義深遠的承諾，亦即有關公共事務之辯論應該

> 是百無禁忌（uninhibited）、充滿活力（robust）、完全開放的（wide-open）；其中也應該包括對公職人員的激烈、尖銳，甚至令人不悅的批評……本案這則廣告所表達的是，人民對當前重大公共議題的申訴與抗議，理應受到憲法之保障。

布瑞南大法官凸顯出美國的自由特質：百無禁忌，甚至包容激烈、尖銳的批評。這是「紐約時報公司訴蘇利文案」判決文中，最為人津津樂道的名言。但是，光憑這種自由的特質，並不足以為紐約時報贏得這場官司；布瑞南大法官說，直到現在本案仍有個爭議，就是這則廣告應否受到憲法的保護，因為，一來，廣告中的某些事實陳述是不實的；再則，蘇利文宣稱受到該廣告的侮辱。他分別處理這兩個問題。

「關於第一修正案保障範圍的權威解釋，向來拒絕『事實檢驗』有任何的例外（不論是法官、陪審團，甚至是行政官員的命令），尤其是將舉證的責任加諸在表意人身上，更是令人無法接受。」他引述他個人主稿的一項判決，有關「全國有色人種協進會」中訴撤銷維吉尼亞州「請求法律業務」的案件，布瑞南大法官說，憲法的保護「並不是為了要發掘真理、多數意見，或是對社會有利的理念和信仰」。他參酌威克斯勒在訴狀中所舉的例子，引述羅伯慈大法官在「肯維爾訴康乃狄克州案」判決文中一段感人肺腑的文字：「表意人偶爾會以渲染、中傷，甚至杜撰不實言論……但是，盱衡歷史……長遠觀之，這些自由正是民主政治公民思想的啟蒙。」基於這個論點，布瑞南大法官所做的結論是：「在自由辯論中，錯誤言論是不可避免的，也是應該受到保障的，以便賦予言論自由『賴以生存』的『呼吸空間』。」這段話是引自他在「全國有色人種協進會」一案的判決文。

這份判決文所處理的下一個問題是，法院可否因為誹謗言論而取消憲法對評論公職人員的保障。判決文說：「公職人員名譽受損，再也不是箝制言論的藉口了；自由的言論怎麼可能不犯事實的錯誤呢？」在布里吉斯案中，最高法院一直相信，「不能因為掛心法官的尊嚴或名譽，就認為處罰對於法官及其判決的批評是合理的。」威克斯勒也根據此案之後的一宗藐視法庭案的判決文，引述這段話。布瑞南大法官補充說明：「如果，法官擁有堅毅不拔的意志，就應當能在惡劣環境中愈挫愈勇，這個原則必能同樣適用於民選的警政首長身上。」

接下來，布瑞南大法官將這些觀點和危害治安法的歷史整合起來。「假如，事實錯誤與誹謗的言論都不足以消除憲法對批評公職人員言論的保障，那麼，這兩者兼具的言論，也應該不構成消除憲法保障的條件。這是我們從有關一七九八年危害治安法的激烈論戰中得到的教訓，這是全國人民對第一修正案的真義，首度凝聚出來的共識。」

這篇判決文描述了危害治安法，及其激起的反對聲浪，包括傑佛遜與麥迪遜的見解。它引述「維吉尼亞決議案」中魄力十足的論點：「這項法律應該喚起大眾的警覺，因為，它不但壓制了人民自由公眾人物和政府法案的權利，也限制了人民自由傳播的權利。更重要的是，這種民權，正是其他權利能否受到保障的基準。」接下來，布瑞南大法官用了兩頁的篇幅，闡述麥迪遜的思想。「美國政治體系和英國是截然不同的，因為擁有絕對主權的是人民，而非政府。」或是麥迪遜在更早以前於眾議院所倡言的：「應該是人民檢查政府，而不是政府在審查人民。」布瑞南大法官表示，麥迪遜在抨擊危害治安法的「維吉尼亞決議案報告書」中指出，「公眾對公職人員的自由討論……是美國政府體系的基本原則。」此刻，布瑞南大法官和最高法院裁定，應該以麥迪遜解讀第一修正案的方式去解讀第一修正案。

「雖然，危害治安法從未在最高法院受到檢驗，」布瑞南大法官說：「但對於該法正當性的批評言論，已然讓它接受了歷史的審判。」國會已經把罰金還給那些無辜的人，布瑞南大法官接著舉例，一八四〇年，馬修．里昂的後人獲得政府的退款；傑佛遜赦免所有因該法入罪的受害人，他說（在他給亞當斯夫人的信中）：「這個法令絕對不應該存在，就像國會不應該命令我們匍伏膜拜偶像一樣。」此外，大法官何姆斯和布藍迪斯兩人聯手，在「亞伯瑞斯案」的不同意見中主張，基於憲法第一修正案，危害治安法是不合法的；而查菲教授與其他學者也都抱持相同的態度。

在這篇判決文中，布瑞南大法官做了件相當詭異的事：他判定一項早在一百六十三年前即已滿期失效的國會法令違憲。他不僅將最高法院批准文件的關防和憲法的大印，蓋在傑佛遜和麥迪遜的論述上，也印在蓋勒汀、尼可拉斯，以及所有民主共和黨人反對危害治安法的辯詞上。這些人絕對想不到，在一百多年後，在最高法院的一項憲法問題判決中，他們的這場民主抗爭，竟會如此地落幕。

聯邦與各州的權限

就像布瑞南大法官所說的，這份判決駁回了內克曼的主張，即「正如危害治安法的歷史所寓示的，憲法的限制僅止於規範聯邦政府，而不及於州政府。」最初，第一修正案確實僅應用於聯邦案件；而且，傑佛遜在給亞當斯夫人的信中也提到：「國會消除言論自由的權力，已經旁落在各州議會的手中了。」布瑞南大法官則說：「但是，這個劃分已經因第十四修正案的制訂，以及第一修正案適用於各州而消弭於無形了。」他引述「紀特洛訴紐約案」，第一宗根據言論與新聞自由條款審判的州判決，以及其他案件作為佐證。

但這裡仍有一個問題，即危害治安法的憲法缺失，對一般的民事誹謗法究竟有何影響。布瑞南大法官的答覆是，假如阿拉巴馬州果真落實這種做法的話，民事誹謗法將使言論自由噤若寒蟬。「阿拉巴馬州法院關於損害賠償判決，對於人民所造成的恐慌，或許比刑事處罰的遏阻，更令人畏懼。」本案所判下的損害賠償，是一七九八年危害治安法科處罰金的一百倍，也是阿拉巴馬州刑事誹謗法最高罰鍰的一千倍。民事訴訟並沒有刑事案件中的程序保障，如「一事不再理」原則，因此，紐約時報和四位牧師因這則廣告可能得面對多起訴訟案件。註腳中說明，目前列入審理議程的四件訴訟，其中一件已裁定五十萬美元賠償，另外三件官司的求償金額則高達兩百萬元，「在這樣的判決下，不知道有哪家報社還能生存下去，」布瑞南大法官說：「以恐懼和威嚇的黑幕，強行籠罩在有意評論政治的人民身上，這樣的環境讓第一修正案所闡揚的自由，絲毫沒有立足之地。」

布瑞南大法官說：阿拉巴馬州誹謗法吝於給予被告抗辯事實的機會，然而，容許犯錯是相當重要的，就像最高法院在審判「史密斯訴加州案」時，所要求的「犯罪意識的必要條件」（the requirement of guilty knowledge）一樣，這個案例是華盛頓郵報訴狀所引證的，該案是關於一名書商被控持有猥褻書刊。史密斯案的判決文也是出自布瑞南大法官之手，它說，如果以書商所不知道的書籍來定奪其罪名，將會導致他們進行「自我檢查」（self-censorship）。「強迫評論官方的表意人舉證其言論全部為真的規定，和判定表意人必須擔負漫天喊價的賠償金額的做法，都可能引發類似的『自我檢查』。要被告負起舉證責任的事實抗辯許可，它所防杜的不僅是不實言論……連那些自以為批評了官方的人民，也可能會因為懷疑自己能否在法庭證明個人言論為真，或因可能必須付出的龐大代價而心生畏懼，不敢再發表個人意見，即使他其實相信自己的言論是真的，甚至，他的言論也的確是真的。」最後的一句話，是呼應尼可拉斯於一七九八年在眾議院反對危害治安法的意見：「報業將會因此而不敢說出真話，因為即便說了真話，也未必能夠滿足法庭所要求的事實確認。」

說到這裡，布瑞南大法官的判決文似乎會推論出批評政府官員的絕對免責權，不論這些評論是不實的，或是極為嚴苛的，憲法都會予以保護。就像威克斯勒在口頭辯論所說的，這就是麥迪遜的立場：危害治安法顯然違憲，即使它允許事實作為抗辯的理由。

非絕對性的言論免責權

但布瑞南大法官的話題突然偏離絕對免責權，他說：「只有誠實卻錯誤的陳述所造成的誹謗，才能夠得到豁免。」他定下一個原則：「我們認為，憲法的保障需要制訂一項聯邦法令，禁止公職人員對有關其職務之誹謗言論請求損害賠償，除非該言論具有『真正惡意』；亦即，言論刊布時即已知不實，或蓄意漠視言論之真實與否。」

對於誹謗案件而言，這就是核心判準，也就是律師們所稱的「蘇利文案原則」。「真正惡意」一詞，引起了一些早期存在或長久持續的誤解。這篇判決文所訂下的這個原則，其中的「惡意」兩字，和字典中的惡意（malice）完全無關，後者指的是「壞的念頭」（ill will）。布瑞南大法官在判決文的後段敘述中，曾將「真正惡意」定義為「已知或蓄意忽略的不實」；他還特別指出，已有一些州法院根據類似的原則進行審判，這些州法院允許人民有權誠實批評公職人員，即使其言論日後證實為不實。為了充分說明自己的論點，布瑞南大法官引述堪薩斯州的著名判例「寇曼訴麥克里南案」作為支持。

接下來，判決文採用威克斯勒基於「巴爾訴馬托案」（*Barr v. Matteo*）所提的另一個觀點，本案所牽涉的是公職人員的言論免責權。布瑞南大法官說：這項特權的由來，是為了讓公職人員在無涉及訴訟之虞的情況下，沒有後顧之憂地克盡職責。「同理可證，人民擁有評論政府的特權，因為，人民評論政府，正如公職人員履行其管理眾人之事一般，乃是其責無旁貸的義務。」這兩句話是美國憲法中相當強勢的前提。它們是引申自麥迪遜的觀點：美國是主權在民的國家；也是布藍迪斯大法官所信奉的雅典的「至高公民權的典範」。布瑞南大法官引述布藍迪斯大法官在「惠尼訴加州案」的判決文：「開國先賢們相信……輿論是一種政治責任。」

阻止州法院更審

判決文在此稍事停頓，進入一個更重要的主題。布瑞南大法官用新出爐的基本原則，去限制以誹謗罪懲處對政府的批評；他著手檢視蘇利文案的審判證據，看看是否符合新的原則。這是相當不尋常的舉措，通常，最高法院駁回原判決後，都是將訟案發還州法院或下級法院，並請他們根據最高法院認定的原則，重新更審；但現在，布瑞南大法官卻逐條說明這些原則，究竟是為什麼讓他們對本案破例處理？布瑞南大法官解釋說：

因為被告（蘇利文）可能訴請一次新的審判，基於有效的司法行政考量，我們認為必須審慎檢閱審判紀錄中的現有證據，以便斷定這些證據能否在憲法上支持對被告的原判。大法官的職責並非僅止於推敲憲法的原則，我們也必須在適當的案件中審視證據，以確認審判所應用的原則與憲法之規定吻合。本案就是這樣的案件……我們必須「獨力檢視全部的審判紀錄」（這句話引用另一個有關第一修正案的判例），以便確保這個案件的判決不會侵害到言論自由。

本判決文又對防杜公共評論誹謗訴訟造成的寒蟬效應，增加了一層保護——這項承諾是，包括最高法院在內的上訴法院，得針對適當案件逕行檢視審判記錄，以確保陪審團並未做出偏頗的損害賠償判決。布瑞南大法官說：「應用這項新的憲法原則，我們認為，本案的呈堂供證並不符合憲法標準所要求之『確實清楚』（convincing clarity）的真正惡意。」其中所謂的「確實清楚」，是民事訴訟中的另一項保障條款，它規定凡原告能在證據上符合這個低得多的標準，即足以獲判勝訴。

為什麼蒙哥馬利審判的證據，並未顯示「已知或蓄意忽略的不實」呢？「在牧師案中，這是『毋庸討論的』，」布瑞南大法官說：「假設他們即使因授權這則廣告使用其名諱，而遭到判刑，也沒有證據可以證明他們知道，或有意輕忽廣告中的不實陳述。因此，牧師案的判決無法得到憲法的支持。」

至於紐約時報的判決，阿拉巴馬州最高法院以紐約時報僅對派特森州長的撤銷要求做出回應，卻未理會蘇利文的要求，因而以此作為證據，裁定紐約時報毫無誠意。但是，紐約時報曾經懇切地回覆蘇利文，詢問他認為這則廣告指涉到他的原因。布瑞南大法官說，結果，蘇利文沒有回音。而且，紐約時報曾解釋他們以不同方式回應州長的理由，因為州長是一州的代表，「這是合情合理、不容駁斥的理由。」阿拉巴馬州法院也同樣地指出，紐約時報在刊登這則廣告時，並未以其內部資料衡量這則廣告的真實性。針對這一點，布瑞南大法官表示，本案卷宗裡的報導，並不能證明紐約時報『知道』這則廣告是不實的；而憲法所要求的惡意原則，必須要證實紐約時報員工是基於惡意才登出這則廣告方可成立。在本案中，紐約時報職員因信任菲立普．藍道夫（A. Philip Randolph）和其他廣告連署人的清高名望，而接受這則廣告，充其量他只是有所疏失，並非「『真正惡意』原則所言的蓄意輕忽」。如此，這篇判決文為報社與企業做了其他重要的事，它明確指示，報社沒有義務去確認所有客戶提出的評論式廣告的正確性。

證據不足

繼而，這篇判決文出現了一個令人意外的轉折。「我們也認為，」布瑞南大法官寫道：「這項證據在另外一方面，有著憲法上的缺失：它並不能支持陪審團認定這則所謂的誹謗言論『指涉且關係到』原告。」因此，判決文也檢視了蘇利文提供的證據，以確定他是否這則廣告的指摘對象，這些證據包括：廣告內容提及的警察與逮捕情節，以及六位當地證人的證詞；他們指陳，這則廣告中對於南方種族政策的批判，會讓他們聯想到蘇利文。布瑞南大法官說，這些證人是依據他們的個人觀點作證，而非基於任何蘇利文曾經介入廣告所提到之事件的證據來發言，「這完全是無法證實的臆測，只因為他的職務，這些人就認為他必定曾經做過這些事。」當時，阿拉巴馬州法院曾經作成判決，任何對於政府機關的評論，即等同於對該機關主管的抨擊。「這個主張對於評論政府的行為，做了令人不安的暗示，」布瑞南大法官說：「基於正當理由，『在美國的司法體系中，沒有任何一個終審法院曾經支持，甚或會建議政府去控告人民誹謗。』」這段文字是威克斯勒在訴狀中，引自伊利諾州最高法院在「芝加哥市政府訴論壇報公司案」的判決。布瑞南大法官說：「蘇利文警長的陳述之所以能規避這個障礙，是因為他將評論政府誘導到個人的批評之中，不管這種政府評論在表面上與個人有多不相干，都會對政府中的個人構成潛在的誹謗。法律並沒有魔法，它不能讓一個州杜撰出興訟的理由，使得出版品無法否認（如蘇利文所宣稱的）『這則廣告所指涉的不僅是我，還有其他警長和整個社會。』」

布瑞南大法官成功地保護了紐約時報和四位牧師，讓他們得以免除案件回到阿拉巴馬州以後的法律困擾。從他逸出常軌地檢視相關證據，並宣稱這些證據不夠充分，乃至於他以「有效的司法行政考量」為理由，防範蘇利文尋求新的審判等做法，其用意是非常明白的。然而，他卻不接受威克斯勒的建議，由最高法院逕行撤銷這件訟案。布瑞南大法官的判決文仍然依循慣例作結，

「本院駁回阿拉巴馬州最高法院的判決，本案依本判決文發回該院更審，不得有所異議。」

最高法院暗潮洶湧

布瑞南沒有提到全體大法官。威克斯勒在教室收到的那張便條，讓他誤以為這項判決是全體大法官一致通過的。其實，九位大法官均同意駁回阿拉巴馬州判決，但布瑞南大法官的判決文，只得到另外五位大法官的認可。布雷克、道格拉斯和郭德堡三位大法官則主張，即使評論中有蓄意的不實情事，第一修正案也應該賦予評論政府者絕對的免責權。因此，在大法官們辯論這個觀點時，就形成了不同意見的陣營。當時，懷特大法官嘗試證實廣告中所有錯誤都是無心之過，而布雷克大法官則堅持陪審團有權認定蓄意不實。如此一來，就有兩項不同意見是立足於較廣義的基點：一項是布雷克大法官提出，道格拉斯大法官附議；另一項是郭德堡大法官提出，同樣由道格拉斯大法官附議。郭德堡大法官表示，所有針對公職人員職務上的評論，都應該擁有免責權。布雷克大法官也抱持相同的結論，但他的判決意見卻更見犀利，這是因為他個人對故鄉阿拉巴馬州民情的體察。「布朗訴教育局」一案覆審時，布雷克大法官因為加入反對種族隔離的多數意見，而遭到鄉里的痛罵；他在伯明罕執業當律師的兒子，也因為這種對峙關係而於一九六二年遠走他鄉。儘管如此，布雷克大法官始終被阿拉巴馬州人民尊崇為該州最偉大的人物。

在不同意見中，布雷克大法官直陳他個人對種族問題的看法，這是布瑞南大法官略而未談的部分。他寫道：

放眼國內，一個相當尖銳、極度情緒化的問題吸引了許多人的投入，甚至部分公職人員也陷溺其中，持續以州的公權力強行在校園與公共場所推動種族隔離政策，完全無視於憲法第十四修正案中對州政府的明文限制。蒙哥馬利是普遍仇視廢除隔離的地區之一，這是我們已經證實的。曾幾何時，他們這股情緒竟然擴大到仇視廢除隔離的支持者，尤其是那些被稱為「外來煽動者」的人，這是他們對於像紐約時報（一份在紐約發行的報紙）這樣的報紙所取的外號。在缺乏可資證明蘇利文受到實質損害之證據的情況下，這種仇視情緒竟然裁定至少要五十萬元的賠償，才能彌補蘇利文所受的損害。從務實的觀點來看，根據審判紀錄顯示，原本被推定受到損害的蘇利文，對他的政治生涯、社會和經濟地位，反而是利多消息。

毫無疑問地，布瑞南大法官和那些加入最高法院判決文的大法官也都意識到這些現實，但是，協同意見或不同意見的撰述人，總是比院方判決文主稿人更能發揮個人的觀點，尤其，布雷克大法官談到他的家鄉時，更是有著透徹的瞭解。

第二宗有關這則廣告的誹謗訴訟，法庭已經判給另一位蒙哥馬利警長五十萬元的賠償，布雷克大法官指出：「呈現在我們眼前的訴狀顯示，在阿拉巴馬州，由地方或州政府公職人員控告紐約時報的誹謗訴訟共有十一件，請求損害賠償的金額為五百六十萬元；另有五件官司的被告是哥倫比亞廣播公司，求償金額為一百七十萬元。此外，這種困擾並懲誡自由報業的手段，絕不僅止於種族議題，它很可能被運用在其他領域，利用公眾情緒，輕易地以誹謗罪名欺壓州外或地方的報紙。」

正如他在大法官席上的發言，布雷克大法官在判決意見中坦率指出市井之民可能犯的錯誤。他的吳儂軟語、平實的比喻，相較於華盛頓特區的世故實有天壤之別，但偶爾地，他會一針見血地揭露險惡的現實社會。基於對阿拉巴馬州的瞭解，他嘲諷布瑞南大法官的「真正惡意」原則；即便布瑞南苦心孤詣地定義這個名詞，布雷克大法官還是主張：「惡意是個難以捉摸的抽象名詞，很難證明為真，也不易駁斥為偽。」如果蘇利文案發回更審的話，他很懷疑結果會有何不同，「無論法官指示陪審團『惡意』、『真實』、『純正動機』、『正當目的』，或任何在理論上可以保障新聞自由的法律原則。」他說：「憲法如果要解決報業此一重大危險的話，只有一個紓困可能……賦予報業評論公職人員職務的絕對免責權。」

布雷克大法官同意布瑞南大法官對危害治安法的詮釋，同時，他個人也認為該項法令是違憲的；但對布雷克而言，任何對政府事務的討論都不應該受到誹謗訴訟的懲罰。他寫道：「我懷疑，這個國家可以在沒有誹謗訴訟懲治人民討論公共事務與公職人員的情況下，長治久安；但我更不相信，一個國家能在人民因評論政府而備受形體與經濟的折磨下，維續命脈……讓人民樂於對公共議題表達意見的絕對權利，就是我認為第一修正案最基本的保障。我很遺憾，最高法院竟然放棄支持這項保護自由報業免於毀滅的必要權利。」

從這篇判決意見中，讀者不難體會出布雷克大法官對其同事的多數判決感到多麼痛心疾首。但是，二月二十六日，當他送出這篇個別協同意見草稿給其他大法官時，他用最高法院的四乘六便條紙，寫了一封短箋給布瑞南大法官。他說：「你當然明白，除了我的立場和協同意見外，我認為你在紐約時報案的表現極為出色；而且，無論如何，你的判決文終於盡到義務，對於保障傳播理念的權利，向前邁進一大步。」

第15章 蘇利文案的意義

「紐約時報公司訴蘇利文案」判決文，凸顯出美國憲法體系中一個根深柢固的弔詭。我們遵循一部成文憲法，並仰賴其亙古不變的特質，為這個瞬息萬變的社會，挹注一股安定的力量。然而，也只有法官們以嶄新的方式引用它，以挑戰當初制憲者未能預見的社會變遷，這部憲法才能持續地迸發出新的意義與生命。

草擬和批准第一修正案的先賢們，想必不曾思索過民事誹謗的問題。這般個人的訴訟案件，應該不至於威脅到公民以文字或口頭評論麥迪遜所稱的「公眾人物與政策」的權利。將近一百七十年以來，誹謗法一直安分地依照常軌在運行，安慰、彌補受到傷害的個人名譽。而後，南方的公職人員、陪審團與法官，竟為了政治目的而扭曲誹謗法律，作為打壓有關種族隔離評論的工具。如同布瑞南大法官在他的判決文開場時所說的，最高法院被迫「首次」去思考誹謗對言論自由的關係。因為這麼做，所以最高法院重新檢驗第一修正案的前提，以及修正案所保護的自由言論與自由出版的價值。

布瑞南大法官判決文的意義

布瑞南大法官的判決文，從布藍迪斯、何姆斯以及其他人的思想中汲取自由觀點，交織成最高法院首次對美國的言論自由理論（即麥迪遜學說）所做的全方位論述。這篇判決文採取麥迪遜的觀點，以「美國是主權在民的國家」與「人民有評論政府的自由」，作為第一修正案的核心意義。它不只視言論自由為人民的權利之一，更是政治的必要條件。它判定一七九八年的危害治安法違憲，並確認何姆斯大法官對「亞伯瑞斯案」的不同意見，即誹謗政府罪與第一修正案相牴觸。

對於第一修正案的學者而言，這是一篇令人歎為觀止的判決文。它使人想起哲學家兼教育家亞歷山大・麥可強（Alexander Meiklejohn）的觀點，多年來，他始終主張憲法以人民為自己的主人，因此，他們所從事的任何政府評論，都應享有免責權。哈利・卡爾文（Harry Kalven）是一位極力宣揚「主張誹謗政府罪的社會，即非自由的社會」的學者，他發現，布瑞南大法官的蘇利文案判決文所主張的「『政府的公民評論者』（the citizen-critic of government）也像公職人員需要免責權來克盡職責一樣，以便善盡人民公評政府的責任」，其實深受麥可強學說的影響。卡爾文說，布瑞南的陳述與麥可強「公民統治者是民主政治最重要的公職人員」之理論，幾乎如出一轍。

在蘇利文案宣判沒多久，有一回卡爾文和高齡九十二的麥可強面敘時，問起他對此事的想法。麥可強回答：「現在是可以在街上起舞的時候了。」

言論自由與其他社會價值的平衡

但布瑞南大法官和支持多數意見的大法官都遠不及麥可強和麥迪遜睿智，他們吝於賦予人民擁有任何政治性言論的絕對免責權，而代之以「將已知或蓄意輕忽的不實情事排除在憲法保障範圍外」。誠然，這項原則可以在言論自由與人類其他重要價值（如名譽）間求取平衡。名譽是我們對個人感受的一種；傷害它，無異是摧毀個人的完整性。人們對於名譽受到誹謗的反應總是很激烈的。以往，解決名譽受損的方式，大抵是決鬥，或是較粗鄙的謾罵、侮辱；後來，損害賠償訴訟取代了此類的攻擊。有位英明的聯邦法官哈洛德・李維陶（Harold Leventhal）在一九六六年寫道：「法律之所以會去滿足深植人心的榮譽需求，不單是歷史遺風的關係，也是為了藉由提供一個合理的管道，來取代用武力解決紛爭的陋習，並促進法律的教化功能。」

蘇利文案宣判後不久，布瑞南大法官在「葛瑞森訴路易斯安那州案」（*Garrison v. Louisiana*）判決文中，表述他堅決建立這種平衡的理由。葛瑞森是路易斯安那州奧爾良郡的地區檢察官，他因指控地方法官為「惡勢力的跟屁蟲」，而被以刑事誹謗罪名起訴且判刑。最高法院以評論公職人員不構成「民事或刑事懲處的原因」，除非具有已知或蓄意忽略的不實情事，並裁定葛瑞森案不符合此項原則，而駁回原判。「談論公共事務不單是表達自我理念，更是人民自治（self-government）的精髓所在，」布瑞南大法官在最高法院判決文中寫道。次歲，一九六五年，布瑞南大法官在布朗大學教授為期一年的麥可強講座，他指出那項判決，並以「堅持某些信念」（doubtless some of you may think）來呼應麥可強。然而，為何當公共事務言論具有已知或蓄意忽略的不實情事時，就應該受到懲處？畢竟，不實言論對受害者造成傷害的原因，並非在於其蓄意與否。布瑞南大法官做出如下解釋。

就像今天一樣，在第一修正案制訂之初，有些人肆無忌憚地巧用蓄意或輕忽不實的言論，作為排除異己，甚至顛覆政權的有效政治工具。而這些被用來當作政治工具的言論，並不是自動受到憲法保障的；一旦以蓄意欺騙作為政治鬥爭的工具，即與民主政治之前提相扞格，也牴觸了以合法手段推動經濟、社會和政治改革的原則。故意的不實報導（calculated falsehood）淪為「與任何思想詮釋無關的絮語，也看不出任何真理的社會價值，這些絮語遠不如比秩序和道德中的社會利益來得重要」。

我們難免好奇布瑞南大法官所擔心的「肆無忌憚地」說謊，甚至以此「傾覆政權」，是不是在喟嘆當時的麥卡錫現象。

氣度恢弘的判決文

蘇利文案判決文的表現方法，和其內容同樣令人歎為觀止。它以一種磅礴浩然的氣勢寫就，採行和現代最高法院判決相同的方法，全方位地重整法律規範。大法官們尊重判例來處理多數判決，是承審法官的本能反應。此種「尊重」，係遵奉「服從判例」（stare decisis）原則的結果；

「服從判例」意指：不更改判決（let the decision stand）。這項原則的道理在於，即使先前的判決有誤，但因為已經行之有年，如欲揚棄，恐將牽連極廣，連帶推翻許多的期望。布藍迪斯大法官曾經針對這一點指出：「制定合宜的法令，比制定正確的法令更重要。」像在金融與商業事務中，訂立許多賴以運作的規約，一旦要改變這些規約，則似乎不甚公平。但若將此置於憲法條文中觀照，則會發現最高法院並未亦步亦趨地恪守「尊重判例」原則。布藍迪斯大法官說：「大法官們記取殷鑑與較佳論證的真義。」因為憲法判決不受立法更正，判決如有疑義，自有大法官會以釋憲來解決。儘管如此，通盤檢視法律對最高法院而言，還是罕見稀奇的事。平心而論，大法官個人為了提出遒勁有力的不同意見，倒是可能這麼做，但最高法院判決文卻很難得表現這種創新精神。

當然，「紐約時報公司訴蘇利文案」判決文深受威克斯勒分析力的感染。威克斯勒以看似中立的角度，徵引歷史沿革與判例，讓最高法院可以順勢進行大刀闊斧的審判。正如他所期望的，紐約時報的訴狀成為「大法官主稿有利判決時能夠便於引用的文件」。這篇判決文的論述架構，大抵脫胎自威克斯勒的訴狀，包括對危害治安法的強調，以及有關該法論戰「釐清了第一修正案的核心意義」。坦承這個事實，絲毫不會減損布瑞南大法官為了主稿最高法院多數意見判決而重新檢討法律的成就，以及他凝聚多數大法官意見的文采與史觀特質；一份對言論自由與誹謗蘊涵著深刻觀察，並從中探索新意的判決文。

「這真是一篇見解恢弘的判決文，」一位專攻第一修正案的傑出律師佛洛依德・亞伯瑞斯（Floyd Abrams），於一九八四年在「紐約時報公司訴蘇利文案」二十週年紀念研討會上如是讚許。「它跳脫一般司法判決的格局，綜覽美國歷史。它提醒我們：我們和這個國家其實都還很稚嫩青澀。」

對誹謗法令而言，這篇判決文是項革命性判決。一九三一年，在「尼爾訴明尼蘇達州」一案中，最高法院打破英國習慣法陳規，宣稱第一修正案不容許法令禁制出版品；一九四一年，最高法院在「布里吉斯訴加州案」中，揚棄英國以藐視法庭罪論處批判言論的傳統；時至今日，在一九六四年，最高法案徹底革除第一修正案中的英國遺續。大法官們判定涉及評論公職人員的誹謗，係屬第一修正案的保護對象。至於習慣法的誹謗訴訟，多數州仍牢牢抱著英國的傳統，亟待大刀闊斧地改革。布瑞南大法官根據第一修正案，逐一說明州法必須依循變革的要點。

舉證責任歸屬的轉移

蘇利文案最重要的成就，是轉移誹謗訴訟的「舉證責任歸屬」。其次是訂立律師所稱的「過失」（fault）要件。在誹謗以外的所有民事侵擾案件中，原告在聲稱遭受侵害時，必須舉證說明被告做出傷害他的不當行為，並顯示過失情節的輕重。例如，在交通意外事故中，原告若因與被告兩車互撞，則不得獲判損害賠償，除非原告能夠舉證車禍係由被告之疏失——即其「過失」所引起。英國的誹謗法，與一九六四年以前美國各州的誹謗法，均明文規定：假如原告遭受不實或不利陳述之中傷，即使刊布該陳述的被告辯稱不知此為不實言論，原告均有權獲得損害賠償。被告只有在舉證誹謗言論為真的情況下，才得以進行抗辯。「我認為這是蠻橫無理的法令，」威克斯勒後來說，「而且違悖民事侵權訴訟『原告須負起舉證被告過失』的要件。絕大多數州的誹謗法中，原告舉證誹謗言論具有『惡劣傾向』，是無可逭免的責任。這種嚴苛的概念係源於十八世紀，英國為維護皇室成員免責權的規定。因此，才有麥迪遜等人對危害治安法的激烈反應。」

蘇利文案判決在這兩個面向，扭轉了誹謗罪的習慣法。如今，原告必須舉證，被告係基於重大過失——亦即，已知或蓄意忽略而刊登不實言論。依照規定，原告首先必須點明出版品中確實存有不實內容；此即由原告舉證。這一點可以全然扭轉誹謗訴訟的結果。在英國，上法庭辯護誹謗官司的報紙，幾乎遇戰必敗，造成這種慘狀的原因，就是他們必須負擔舉證受質疑的報導屬實所致。

大法官也同意，自由應包括容許犯錯與錯誤陳述的空間。判決文說，保障事實並不足夠，因為恐懼犯錯將導致人民公評政府一事受到掣肘。基於預防自我檢查，給錯誤「呼吸的空間」是必要的，因此，才有包容「誠實的錯誤」（honest false）的規定。關於這一點，英國的法律規定也極為懸殊。它們並不要求公職人員舉證言論具有蓄意不實，或有任何過失，以便公職人員因任何已出版的不實言論，而獲判損害賠償；任何錯誤，不論是否無心造成，只要原告自陳受到實質或名譽上的損害，法官均會作成有利於原告的判決。因此，英國政客都毫不猶豫地提出告訴。一九六〇年代，英國首相哈洛德．威爾遜（Harold Wilson）控告一個流行樂團所印製的明信片妨害其名譽，結果他獲得勝訴。

憲法也保障異端言論

蘇利文案判決的另一項成果，是讓人們明白，第一修正案所保護的，不只是事實，也包括學說和政治意見。或許，這個含義在第一修正案中是顯而易見的，但從歷史來看，就絕非如此了。第一次世界大戰開始了對自由言論最重大的試煉，莫過於宣揚信念的權利——社會主義、和平主義等等。一九一九年的「亞伯瑞斯訴美國政府案」，涉案的無政府主義者和社會主義人士，因意識型態之爭，而散發小冊子，抗議美國總統威爾遜介入俄國布爾什維克革命，他們因此遭到起訴。何姆斯大法官為他們提出不同意見，再三強調地警告：「我們應該提防那些主張審查『不受歡迎、或是認為有危險的意見』的企圖。」在一九二八年的「許威默案」中，則沒有受到爭論的事實，羅其卡．許威默因為她的和平立場，而喪失成為美國公民的權利。何姆斯大法官在不同意見中要求「把自由還給那些不受歡迎的言論」。一九五一年，共產主義的意識型態令美國共黨領導人士身陷囹圄。然而，對於蘇利文所申訴的紐約時報廣告中存在錯誤事實，最高法院判定說，誠實的錯誤並不足以剝奪第一修正案中批評公職人員的自由。

本判決的這個面向，後來證明對美國新聞界具有重大意義。自一九六〇年代末期開始，新聞界前仆後繼地致力於挖掘隱匿在政府政策與政績背後的官員自肥內幕。其中最赫赫有名的例子，即是有關越戰的報導。從冷戰伊始，各大報刊、廣電媒體的華府記者，在處理國家安全議題時，均不敢踰越政府所劃定的界限。他們對官員唯命是從，信任他們是學識淵博與操守清廉的君子。然而，在越戰中，新聞工作者發現，政治與軍事領導人未必有見識，也不夠誠實，他們遂對事實展開非官方說法的報導。「政治人物與新聞工作者本有的共生關係已經產生摩擦，」研究報告如是說。西摩爾．赫許（Seymour Hersh）以深入報導美萊村（Mylai）大屠殺，挑戰官方真相；華盛頓郵報記者包伯．伍華德（Bob Woodward）與卡爾．伯恩斯坦（Carl Bernstein）則抽絲剝繭，戳破官方在水門事件的謊言。在誹謗陳規庇護官員遏阻評論的年代裡，此類調查報導絕無萌芽的可能。正如華盛頓郵報在法庭之友訴狀所警示的：因為，報導只有在每一個細節均為「絕對可確認」（absolute confirmable）的狀況下，始得避開誹謗法制裁，因此，記者與編輯勢必得事先過濾掉許多報導。

誠實錯誤的保護空間

容許事實有誠實錯誤的空間，對新聞報導具有相當的鼓勵作用，尤其是在越戰和水門兩大事件中，記者之所以能將深藏在政府祕辛之中的官方真相攤在陽光下，即仰仗不具「絕對可確認性」的匿名消息。一九七一年，在五角大廈文件案中，紐約法庭主審該案的聯邦法官墨瑞・葛芬（Murray Gurfein）理解事實的重要性。他說，政府無法扼殺社論。然而，「受保護的不單是社論主筆或專欄作家的意見；這是資訊的自由流通，讓人民獲得有關政府及其施政的資訊。」

蘇利文案判決對事實的誠實錯誤的保障，經由判決文中的兩項要件而得以強化。第一，布瑞南大法官說明，指稱他人在已知不實或蓄意忽略下，刊布誹謗言論時，其證據必須具備「確實清楚」要件。相較於一般的「優勢證據」原則，「確實清楚」對民事案件的勝訴標準，把關地更加嚴格。布瑞南大法官還說，當陪審團根據已知或蓄意忽略的不實報導而判給原告損害賠償時，上訴法院得進行覆審，以確保該案判決真正符合較高的舉證門檻。這一點規定是最不尋常的。通常，在民事訴訟中，由承審法官或陪審團所確認的事實，在上訴時，上級法院並不再加以檢視。上訴法院的一般功能，在於判別審判所引據的法令得當與否。布瑞南大法官的「完全上訴調閱」（close appellate scrutiny）前提，無疑是為了因應蘇利文案的社會情境，他與其他大法官都擔心南方陪審團和法官會罔顧憲法原則，存心偏袒白人公職人員，就像布雷克大法官所預警的情況一樣。

為牧師口頭辯護的前司法部長羅傑斯，在本案二十週年紀念研討會中表示：「大法官們煞費苦心地不讓真正惡意原則進一步困擾這些被告。」然而，上級法院複審事實認定（factual findings）以確保符合憲法規定，這個承諾並不只是適用於種族情況；此後幾年，最高法院將這個前提從南方和種族領域擴展得更廣更遠。

這項判決文揭示更進一步的憲法保障。最後，在討論審判證據時，布瑞南大法官說，阿拉巴馬州法院查知廣告中有錯誤陳述，如金恩博士被逮捕七次，但正確數字是四次；以及將警方在州立學院附近部署警力，說成「包圍」校園。布瑞南大法官說：「當與事實有所出入的陳述，足以損及（蘇利文的）名譽時，方才構成憲法問題，但我們認為，本案並無此種狀況。」他這番話彷彿在暗示，憲法所指的不實情事，必須具體到足以傷害誹謗官司的原告，才算成立。亦即，微不足道的錯誤，並不能成為訴請誹謗的依據。

大法官也認可，即使是出現在廣告中的陳述，也可以獲得憲法保障。蘇利文的律師曾經辯稱，本案陳述因其係為紐約時報刊登的付費廣告，因而不得受到第一修正案的保障。但布瑞南大法官說：「這則廣告所表達的是，人民對這個時代的重大公共議題的申訴與抗議。」他說，紐約時報收費刊登這則廣告「就像販售報紙和書籍一樣……因為刊登這種『評論式廣告』做出其他的裁決，都會打擊到報業的勇氣；而且，對於沒有媒體資源、卻一樣希望有言論自由的人民而言，這會關閉了他們傳播訊息的重要窗口」。判決文中支持評論式廣告的保護，認為如果是報社廣告部門疏於查證廣告內容的真實性，報社不會因為刊登已知或輕忽不實的廣告而遭到判刑。

最後，布瑞南大法官提出一項重要論述：在美國，沒有「誹謗政府罪」這種事；而且，非關個人的政府評論，不得以法律魔法扭轉成「對執政者的誹謗」。在這個論證基礎上，布瑞南大法官檢視蘇利文提供用以證明他是廣告攻訐對象的證據，並判定該項證據具有「憲法上的缺陷」（constitutionally defective）。這個「沒有法律魔法可以將非關個人之評論，扭轉為對公職人員的誹謗」的觀點，似乎是自明的，但在一九六四年當時的環境下，並非如此；同時，在缺乏言論保障傳統的國度，情況也不是如此。

這個重要議題在南非廢除種族隔離政策之前也曾出現。有兩個人，一名白人、一名黑人，共同涉嫌一宗謀殺案件，判決定讞後，兩人均被處以極刑。但這名白人獲得緩刑，黑人卻被送上絞架。一篇新聞報導引述一位教授的話，聲稱這宗死刑案件即是種族歧視的明證。這則新聞並未指名道姓批評任何人，但職司為受刑犯求情緩刑的司法部長，卻主張這篇報導將他描述成種族主義者，而提出誹謗告訴。為報社辯護的律師，參酌紐約時報案，引述布瑞南大法官判決文中有關誹謗政府罪的內容進行辯護，但南方最高法院上訴部門，仍舊支持司法部長的控訴權利。

「紐約時報公司訴蘇利文案」的判決徹底改革了美國的誹謗法。在涉及原告為公職人員的案件中，原告律師現在必須依據聯邦法規（第一修正案的規定）來打官司；而且，不久之後，最高法院將會擴大蘇利文案原則，將近乎全數的誹謗案件納入憲法規範之中。

對蘇利文案的當事人而言，這項判決已成定局。和布雷克大法官和其他大法官的憂慮正好相反，蘇利文的律師已無意蒐集更多有關「真正惡意」以及其他證明蘇利文與廣告有關的證據，以尋求重新審判。在向最高法院做最後一次申訴後，他們放棄了這件訴訟案。院方循例向敗訴的一方徵收文件印製費與一些雜項規費。本案的這些費用共計一萬三千美元，蘇利文要求最高法院將他和紐約時報的費用分攤計算，但院方拒絕了這項請求。其他以這則廣告為申告對象的誹謗官司，也悉數撤銷告訴。同時，其他法院也撤銷針對沙里斯伯瑞伯明罕報導而控告紐約時報的案件。

內克曼的評論

羅蘭．內克曼，蘇利文的主辯律師，在許多年後談及這宗案件時，饒富哲理地表示：「當時，我認為法律和事實（證據）都站在我們這邊，但周遭環境讓這個官司變得棘手。在我們之後有太多的原告要如法炮製；所以，低調處理本案，是我們當時所面對的問題之一。」南方對紐約時報和其他媒體窮追猛打的誹謗案件，也對最高法院發出一項信號；同樣的，蘇利文獲判的天文數字損害賠償，以及另一宗獲得同額賠償的廣告誹謗官司，也是他們的憂心所在。

令評論者感到好奇的是，假如蘇利文所請求的賠償金額沒有那麼可怕的話，蘇利文案還能進得了最高法院的大門？大法官也會對第一修正案做出如此驚人的釋憲嗎？這件案子依舊有令最高法院覆審的迫切性？在紐約時報案宣判二十週年紀念研討會上，代表紐約時報上法庭的律師安伯瑞論及這件判決時，就拿損害賠償一事調侃內克曼：「我們能夠上訴最高法院，都是託羅蘭求償五十萬元的福。假如他當時只要求賠償五萬元，我們絕對進不去最高法院。」

訴訟伊始，當紐約時報首度提出第一修正案作為辯護依據時，內克曼大吃一驚。「我難以信服這會成為勝訴的論證，」內克曼在多年後表示：「這件案子會如此發展，是我始料未及的。」但他補充：「外在環境是本案律師無力掌控的，包括判決金額的多寡，時不我予的社會與政治氣候，以及雨後春筍般同時冒出的訴訟，諸多變數都讓這件案子變得對原告不利。」

牧師們得到屬於他們的正義

對於未被知會，姓名就出現在廣告之中的四位牧師而言，最高法院的判決，解除了他們長達四年的纏訟折磨、牢獄困擾，以及來自民權運動的壓力。這些牧師曾經被迫四處籌錢，好支付誹謗官司的償金。其中的三人：亞伯納西、羅瑞，以及沙托史華茲，他們的車子遭到阿拉巴馬州當局沒收、拍賣，以便判決定讞後，作為損害賠償之用；亞伯納西的一塊土地被查封後，以四千三百五十元賣出。在他記述金恩博士事蹟的《金恩分海》（*Parting the Waters*）一書中，泰勒·布朗區（Taylor Branch）說，事實上部分牧師還有些財產害怕被沒入，像沙托史華茲就因為擔心訴訟之後的長期騷擾，在一九六一年該案宣判後，旋即遠離阿拉巴馬州，前往辛辛那提教區。但是，最高法院作成判決後，州政府必須交還這些被沒收的財產。

約瑟夫·勞瑞在事過境遷後娓娓道出這個故事。「他們在拍賣會上以八百元賣掉我的車子，」他說：「那是一九五八年出廠的雪佛蘭。結果，我在莫比爾教區的會眾將它買下，再以一元轉手給我。至於另外兩位牧師的車子被賣掉後，就不見蹤影了。但是，亞伯納西和沙托史華茲卻有了新車，那是他們的教友集資送給他們的禮物。」

「當最高法院判我們無罪後，州政府便發還賣車的錢，我把錢還給那個幫助我的人，但他堅辭不受；後來，這筆錢就成了運動經費。亞伯納西在馬瑞高郡的房子被賣掉了，但這宗買賣卻一直懸而未決，州政府無法處理這棟房子，因為裡面住了亞伯納西一家十幾口。最高法院判決後，這棟房子終於又重歸這家人所有。至於我和我的姊妹，在阿拉巴馬州北部有一些產業，但是他們沒有發現到。因為我平常住在莫比爾，他們沒有聰明到去我的故鄉阿拉巴馬州北部察看。」

一九六四年三月九日，在誹謗案作成最後判決的那天，佛瑞德．沙托史華茲贏得了雙重勝利。因為在那一天，最高法院同時駁回他所涉入的另一宗刑事案件。這個案件充分顯示了阿拉巴馬州的種族氣氛，及其如何侵犯州法庭的司法貞操。這件事是肇因於自由乘車運動。一九六一年五月十七日，十八名民權運動人士前往伯明罕公車總站，搭灰狗巴士到蒙哥馬利市。就像其他自由乘客所提出的訴求，他們抗議公車總站的種族隔離措施。但在他們登上巴士之前，伯明罕警方即以「保護性監禁」（protective custody）為名，將這十八位民權運動人士請到警察局。當時，在現場旁觀的沙托史華茲趨前表示，假如警方要逮捕這些人的話，也應該一併逮捕他；於是，他就站在警察局長和自由乘客之間，僵持了好一段時間。僅僅因為這個舉動，他被判觸犯伯明罕的妨礙公務罪，科處有期徒刑一百八十天。他因不服判決，上訴到阿拉巴馬州上訴法院，結果，上訴法院雖然認為他未觸犯該法，卻仍維持原判，因為「沙托史華茲曾有侮辱前科」。他繼續尋求阿拉巴馬州最高法院的覆審，孰料，該院竟以他的狀紙尺寸小於法院規定為由，逕行撤銷他的覆審聲請。

當州法院以不符程序規定駁回上訴聲請，通常意味著阻撓當事人尋求聯邦最高法院覆審。然而，一九五五年，最高法院在一項判決中聲明，凡州法院以訴訟程序駁回案件上訴聲請時（以本案為例，阿拉巴馬州法院以訴狀大小不符規定為由放棄其管轄權），即視同它放棄對該案的審判權，則最高法院得逕行覆審該案。為了撤銷沙托史華茲的刑責，最高法院援引一九五五年作成的判決，以及另一宗一九四八年的案件為例，上訴法院不得以某人曾經受過審判為由，維持其判決。在聽證會舉行僅僅十一天後，最高法院宣判「沙托史華茲案」，它以未具名的短短三行文字，概述之前提及的兩宗判例。這種迅速、簡略的做法，清楚地反映大法官們對於「沙托史華茲案」判決的想法。

歐佛．崔福士，決定將蘇利文案送進最高法院，並以第一修正案作為辯護依據的紐約時報發行人，卻無緣得見這個結果。一九六三年五月二十五日，他因為心臟病發猝然過世。他的繼任者亞瑟．沙茲伯格，在宣判後旋即發電報向艾瑞克．安伯瑞與賀伯特．威克斯勒致意。他給威克斯勒的電文如下：「謹對閣下在最高法院今日所宣讀之偉大判決的貢獻，致上最誠摯的祝賀。這對紐約時報，以及所有報社和其他新興媒體而言，都具有相當重大的意義。對於您秉持紐約時報之理念進行辯護，我們深感驕傲；同時對您所成就的結果，引以為榮。」

第16章

在最高法院內

在「紐約時報公司訴蘇利文案」口頭辯護過後兩個月又三天，最高法院作成判決。對於決定一件重要訟案而言，這是一段很短的時間，大法官們之所以這麼做，或許有幾分開天闢地的意味。布瑞南大法官必須以一個截然不同的法律哲學，來博得同儕的支持。特別值得注意的是（某些觀察家認為相當引人注目的），他的判決文並未獲得哈藍大法官的認同。哈藍大法官向來極為關注聯邦政體中的州權力，因此，他認為自己在將憲法規則加諸於誹謗法時，應該要特別小心。但是，並沒有任何朕兆顯示，參與最高法院判決文的六位大法官之中存有任何齟齬。這說明了布瑞南大法官融合歷史與法學的分析，確實說服多數大法官支持他的意見。

多災多難的判決文草稿

然而，事實並非如此。布瑞南大法官在整合且維繫多數意見上，確實遭到困難。他一共擬寫了八個版本的判決文草稿；而且，直到最後一刻，他才確定真的可能掌握多數意見。三月八日晚上，亦即布瑞南大法官宣讀判決文的前一晚，哈藍大法官方才首肯，毫無保留地支持多數意見判決文。

在口頭辯論結束後到最高法院宣判前，布瑞南大法官的判決文究竟引起了什麼樣的反應？他的法院卷宗，包括判決文草稿、其他大法官對這份判決文的評論等等，目前都收藏在國會圖書館的手稿典藏部門。另外，還有一個重要的來源。即布瑞南大法官在最高法院的三十四年任期中，他在每個會期的助理，都會摘記他參與重要案件的審判過程，如由他主稿的最高法院判決文，或是他提出的不同意見。有關蘇利文案的報告，係由布瑞南大法官當時的兩名助理之一，史蒂芬·巴內特（Stephen R. Barnett）所撰寫，巴內特後來成為柏克萊大學法學教授。他在摘記中，鉅細靡遺地敘述整個事件。我們看到從一份草稿到另一份草稿的轉變，讓人們終於得以窺見最高法院撰寫判決文的過程。像見解的增刪，措辭的語氣強化，可以看出布瑞南大法官如何重整他的想法，以及如何博得多數意見的支持。

大法官向來的慣例是，當每一週的辯論結束後，就在星期五的內部會議中討論所有辯護完成的案件。一九六四年一月十日，大法官針對「紐約時報公司訴蘇利文案」進行討論。巴內特在判決過程記載中寫道：「在口頭辯論中……代表紐約時報的威克斯勒教授為了撤銷這項判決，而採取最廣義的見解進行辯護：即第一修正案禁止公職人員因職務受到評論而提出的『所有』誹謗訴訟。」這段說明忽略了威克斯勒在口頭辯論上的努力，當時，他是因為受挫於大法官的詰問，才被迫採取較為狹義的替代性觀點。

但無論如何，巴內特的報告指出九位大法官在最高法院內部會議時，均傾向於撤銷阿拉巴馬州原判，只是，他們的立場卻是一個極為狹義的觀點，也就是：當公職人員控告涉及評論其個人職務的言論時，第一修正案要求誹謗訴訟中的每個環節都必須加以證明，惟本案中，並未發現足以證實這則廣告涉及蘇利文或中傷其名聲的證據。但這個方法對誹謗罪的習慣法傳統要素，產生不了任何干預作用。例如，它不能將舉證責任轉移到原告身上，或令原告證明已刊布的言論具有真正惡意。它僅僅能在傳統的規定範圍內，要求原告提出較強有力的證據。

關於較嚴格的舉證原則，布瑞南大法官建議以「西川訴杜勒斯案」（*Nishikawa v. Dulles*）一案為本，這是於一九五八年定案的放棄國籍判例。西川，生於加州，於一九三九年前往日本，並接受徵召加入日軍。根據美國法律規定，凡志願加入外國軍隊者，即喪失其美國公民資格。該案的法律爭議是，西川是否應該舉證說明，他在日本服役並非出於其個人本意，以保留其美國國籍；抑或，由美國政府提出西川是志願加入日軍的證明，以撤銷他的國籍。由華倫院長主稿的最高法院判決文認為，政府必須舉出「清楚、具說服力、直接的證據」，來證明西川的自由意願。布瑞南大法官提議，要求提出誹謗訴訟的公職人員符合這個嚴格的原則，以便確保第一修正案的價值。這項判決理由很可能首度把憲法規定帶入誹謗法規之中，但作用相當有限。

傳統上，當最高法院院長站在多數意見一方時，可以決定由自己或其他大法官主稿判決文。（但是，當院長抱持不同意見時，則由多數意見陣營的資深大法官指派。）這是最高法院院長擁有的一項個別權利，他對主稿者的選擇可能會左右該項判決的特色，甚至會決定勉強多數是否會以能贏得支持的法律原則，作為主稿判決文的基礎。在討論過蘇利文案沒多久後，華倫院長捎了張便條給布瑞南大法官，徵詢他主稿判決文的意願。在過去幾年當中，只要遇到比較棘手的案件，華倫院長總是找布瑞南大法官主稿判決文。其中最為著名的案例是一九六二年的「貝克訴卡爾案」，在該案中，最高法院破天荒地支持聯邦法庭有權檢討政治轄區的公平性，這項判決重劃了美國多數州的立法權限。

布瑞南大法官親筆擬稿

正如最高法院的多數大法官一樣，布瑞南大法官經常交代他的助理代筆草擬判決文初稿。但這一次他卻不假他手。他親自擬定第一次草稿，並在一月下旬完成。撰寫判決文所涉及的思索，可能會讓一位大法官偏離他在內部會議所提出的觀點，而這正是布瑞南大法官在撰寫這篇草稿所遭遇的情況。他對狹隘的憲法規範的論述，與他於一月十日在會議中所提及的內涵相去甚遠。像他曾提出真正惡意原則等，但措辭不甚嚴謹。他說：

> 本項迫切案件的口頭辯論曾經提及，麥迪遜認為第一修正案禁止公職人員以誹謗罪名制裁批評其施政的言論，即便該言論具有明顯的惡意。但我們並不認為第一修正案的保障範圍有這麼遠……我們應該將那些有意假評論之名而其實是蓄意、惡意與已知的欺騙或言論，以及輕忽的不實、存心報復損毀公職人員名譽之陳述，排除在第一修正案的保障範圍外。

其中「存心報復損毀公職人員名譽」一話，無異於麥卡錫時期對公職人員的報復行為，也就是「惡意的念頭」（即「惡意」的字面意義），雖然這概念最後不被採用。這份初稿在另一方面，也表現得截然不同。這份草稿在告知讀者，威克斯勒促請採用麥迪遜的絕對性觀點後，它試圖去解釋為什麼沒有採用的理由。布瑞南大法官知道他必須辯解它之所以選擇「非絕對原則」的理由，於是提到另一個眾所周知的猥褻案件：「羅斯訴美國案」（*Roth v. United States*）。他說：「我們曾經認為，猥褻言論不能享有憲法保障，因為它『完全不尊重社會的價值』，而肆無忌憚的誹謗者和中傷他人名譽者，也是如此。」最後一句話完全沒有要證明真正惡意原則的合理性，它僅是表示：「我們認為，憲法的保障需要一項聯邦規則……」同一年（一九六四年）稍後，他藉著「葛瑞森訴路易斯安那州案」，道出他不保障蓄意與輕忽不實言論的理由。次年，他在「麥可強講座」中，以「羅斯案」的類比說明，大法官們在言論自由與保障蘇利文名譽之間選擇平衡的考量。

和最後的判決書一樣，初版草稿繼續討論一個發生在堪薩斯州的案件「柯曼訴麥克理南案」，該案說明「明確定義」（well defined）是公職人員訴請誹謗的必要限制。「在自由討論的公平交易中，錯誤陳述是難以避免的，」草稿寫道。「限制表意人只能為事實作辯護，通常意味著，儘管他的話事實上是對的，他的辯護卻一定會失敗……當被告並未因鉅額的損害賠償而怯懦於討論公共事務時，他們就必須用比抗辯事實還多的證據來武裝自己。」草稿又說，我們因此需要更嚴格的舉證標準。它引證布瑞南大法官在審理「西川訴杜勒斯案」時，於最高法院內部會議所表達的看法，認為訴請誹謗的公職人員必須對「每個要件」，提出「清楚、具說服力、直接的證據」，以便符合新的憲法規定，才能打贏官司。蘇利文案最後的判決文刪除了這項討論，僅僅表示，有關蓄意欺騙或輕忽不實的證據必須「確實清楚」。

在草稿的最後部分，布瑞南大法官審查蘇利文的律師在審判時所提出的證據，以便確認這些證據能否符合這項舉證標準。首先，他否決內克曼的主張說第七修正案禁止最高法院覆審陪審團判決的辯辭。他援引一九二七年「費斯克訴堪薩斯州案」的判決，最高法院認為，堪薩斯州法院以組織犯罪法將費克斯判刑，只是因為誤解了他所散發的傳單；當時，最高法院表示，當憲法問題「牽涉到」事實的問題時，最高法院得針對州法院確認之證據，進行「事實分析」。（在最終判決文中，有關第七修正案的討論改放到註釋裡。）

接下來，這篇草稿斟酌廣告中的部分內容，是否真如蘇利文所宣稱的，有中傷他的名譽之嫌。布瑞南大法官說，部分段落有「評述南方濫權」的內容。蘇利文所舉的證據顯示，南方的確存在這些濫權情事：即金恩博士住家被炸毀、他本人遭到逮捕，以及學生領袖被開除學籍等。「至於，廣告中對這些事件的錯誤描述，很難說這是很嚴重的錯……我們斷定，被告所申訴的這些陳述，無論從字面上看來，或是從證據的解讀來判斷，都不具有誹謗的意含。本案這則廣告所表達的是，人民對這個時代的重大公共議題的申訴與抗議，的確應該受到憲法的保護。」

然後討論的問題是，這則廣告是否「指涉且關係到」蘇利文。這篇草稿表示，蘇利文案中的

「南方暴力人士」並不能被合理地判讀為指摘蘇利文犯下炸毀金恩博士的家等罪行。此外，關於蘇利文和其他六名證人在作證時表示，他們咸認為這則廣告有影射蘇利文之嫌一事，這篇草稿表示，這些證詞並未符合「清楚、具說服力、直接的證據」原則。

最後，這篇草稿衡量這些證據有無顯示憲法所要求的「惡意」。在草稿前面的段落，曾經提及「明顯的惡意」（express malice）；現在，在最後一段，它使用了「真正惡意」這個名詞（在蘇利文案判例中，最後是採取這個字眼）。布瑞南大法官寫道：「這些證據完全沒有任何足以證明陳情者是基於惡意——因出於對被告的歹念，或因非關公共事務評論的報復性動機，而以欺騙、蓄意、惡意，以及已知或蓄意忽略之不實情事，才刊布這些廣告陳述。」布瑞南大法官再一次不同於最終規則，他將惡意或復仇心理與已知或蓄意忽略之不實情事結合在一起。

草稿的最後一節認定，阿拉巴馬州的判決因三項理由而無法成立：即蘇利文所提的證據無法充分證明這則廣告指涉到他，或以已知、蓄意輕忽之不實，刊布具有誹謗嫌疑的言論。這份判決文的結語並未加上任何發回阿拉巴馬州法院更審的字句，僅在文末以斜體字寫著：「駁回」。布瑞南大法官未曾明確表示本案不得重新審判，但他卻試圖想要防杜這種可能性。

最終判決文中一些很重要的特色，並未在草稿當中出現。這篇草稿不曾討論到「誹謗政府」的概念，也沒有將「公職人員為善盡職責所享有的免責權」，與「政府的公民評論者」的概念相提並論。至於麥迪遜反對危害治安法的言論，雖然有被提到，卻不見任何有關危害治安法論戰的描繪，以便點出「第一修正案的核心意義」。更確切地說，本草稿在引述數件有關公共事務自由言論之判例，如布藍迪斯、韓德，以及其他例子後，說道：「第一修正案的基本目的這個概念，在起草時，獲得權利法案之父詹姆斯．麥迪遜的強力支持。從他對危害治安法毫不妥協的反對立場，即可清楚鑑知他對這個觀點的擁護。」

相較於最終判決文，這份草稿通篇的調性疲弱無力、缺乏自信。例如，開場白即顯出其笨拙侷促：「在本案，我們首度判決，在什麼範圍之下，第一修正案以及第十四修正案對於言論與出版自由的保護，得以限制州權力應用民事誹謗法，審理公職人員因職務受到評論而提請的訴訟。」

但最終判決文的主要結構為：第一部分，案情陳述；第二部分，第一修正案之意義；第三部分，審查本案證據是否符合第一修正案之要求。布瑞南大法官還附上一份廣告做為附件，這項有效的做法，在最終判決文中依然保留。

這份草稿並未在諸位大法官之間傳閱，布瑞南大法官把它拿給助理看過，幾天後，第二篇草稿就出爐了。一九六四年二月六日，這份草稿開始在大法官之間傳閱。第二份草稿在整體修辭上做了些更動，從破題即可看出有所不同：「在本案，我們首度被要求去判定憲法對言論與出版自由的保障範圍……」

第二份草稿

布瑞南大法官在第二份草稿中，刪除第一修正案不保障批評言論的冗長定義：「惡意與已知之不實……存心報復……」他還拿掉解釋他何以採取非絕對原則進行審判的段落。修改後的草稿，提及了和公職人員免責權精神相似的公民評論權，儘管這些文字在氣勢上還是遠遜於最終判決文。「這是自由社會給予公職人員的不當偏袒，」第二份草稿寫道：「假若政府的公民評論者未能享有同等豁免的話。」

這份判決文的第三部分，以一個全新定義的憲法原則看待本案案情，這是第二份草稿的驚人變革。它大幅刪掉許多案情分析，如本案廣告並未呈現中傷蘇利文，或涉及蘇利文的證據；如關於「西川杜勒斯案」的摘述，以及證據必須具備「清楚、具說服力、直接」等特質。取而代之地，第二份草稿說：「我們可以假設」，在阿拉巴馬州法院的判決中，「並沒有涉及憲法層次的問題」，這則廣告可以被判讀為有指涉蘇利文之嫌，並誤傷到蘇利文的名譽。草稿中繼續說明，但即使基於這個預設，這些證據還是無法吻合真正惡意原則，因此，阿拉巴馬州的判決無法成立。但是，和初稿不同的是，第二份草稿的思路並未就此打住，它明確地處理新審判的可能性，它說：「因此，我們不認為應該根據修正的原則重新審判，因為這些呈堂供證並不足以構成真正惡意。」這種意欲為紐約時報和四位牧師杜絕日後困擾的做法，在最高法院是項特例。然而，在巴內特的報告中，他點出這個做法仍有其漏洞；像「呈堂供證」即迴避了一個問題，如果蘇利文提出新證據的話，新的審判是否依舊受到禁止。末了，這份草稿和初稿一樣，僅以「駁回」兩字作結。

第三份草稿

十一天後，即二月十七日，布瑞南大法官送出第三份草稿給他的同僚。這份草稿在文體上做了大幅度修改，使其在格式與修辭上和最終判決文更為接近。它的第一句話就和最終判決文的開場白幾乎沒兩樣：「在本案，我們首度被要求去決定，在什麼範圍之下，憲法對言論與出版自由的保障，得以限制州權力判給公職人員因職務受到評論而請求的誹謗損害賠償。」而第二份草稿中平鋪直敘的「國家對言論自由的承諾……不得被『純粹的標籤』所破壞……」等語句，也轉化成最終判決文中果斷、有魄力的名言：「我們論斷本案時，應該慮及我國所許下的一項承諾，亦即有關公共事務之辯論應該是百無禁忌的、充滿活力的、完全開放的；其中也應該包括對公職人員的激烈、尖刻，甚至令人不悅的攻訐。」

布瑞南大法官在第三份草稿中，還藉著引述「芝加哥市政府訴論壇報公司案」，提及並駁斥「誹謗政府」的概念。這份草稿仍輕描淡寫地說，「不許提出新的審判」；至於結語也依舊是「駁回」二字。

當主稿大法官送出最高法院判決文的草稿給其他大法官傳閱時，他只能焦急地等待他們所稱的「意見回擲」（returns）：即諸位大法官表示是否加入判決文的回條。布瑞南大法官在二月十三日收到第一張回條，那是華倫院長願意加入布瑞南判決文的回音。懷特大法官也在二月二十一日表示贊同。但接踵而來的就不是令人興奮的消息了，布雷克、道格拉斯和郭德堡三位大法官表示，他們傾向於採用絕對免責權，亦即人民有權善盡評論公職人員之責，因此，他們不會加入布瑞南判決文。接下來，郭德堡大法官隨即在二月二十五日傳閱他的個別意見；次日，布雷克大法官也送出他的意見。

現在，布瑞南大法官僅獲得三票的支持，也就是華倫院長、懷特大法官，和他自己。至於哈藍、克拉克和史都華大法官，則仍未決定。為了成為多數意見，布瑞南大法官必須從這三位大法官當中，獲得兩票。其中最為舉足輕重的是哈藍大法官的意向，他是當時最高法院保守勢力的意見領袖，同時也是一位堅定的聯邦主義擁護者。

在州政府和聯邦政府的權力劃分中，聯邦主義是美國政治結構的基本元素。一七八七年，假如憲法當時未曾保留州政府的實際權力的話，費城制憲會議就不會同意批准美國憲法。經過多年的時光流轉，權力重心移到華府，特別是在一九三〇年代的新政時期，以及第二次世界大戰期間。羅斯福總統和國會採行國家經濟政策，以因應全國大蕭條；從他一九三七年的任期開始，最高法院賦予這些新政措施的合憲地位。這個結果使得聯邦政府得以從事所有它以往所不得進行的事，如管制最高工時和勞資關係、限定農民種植面積，以及發放福利津貼等等。有好一陣子，州政府因此而被嘲笑為「無能的古蹟」。然而，有少數人，尤其是法蘭克福特大法官和哈藍大法官，他們持續尋覓一個強而有力的判例，為州政府保留一定限度的獨立自主權。他們的理念之一是，分權制度可以減低中央集權的危險與濫權。州法院可以藉由制訂實施各州憲法，來強化聯邦憲法對獨裁政權的防範。其二，現存的個別州政府，允許一州或其他州嘗試各種想法。像身為自由派人士與改革者的布藍迪斯大法官，就是個辯才無礙的聯邦主義倡議者。他特別垂青第二項觀點，他在一九三二年寫道：「聯邦體制的諸多優點之一，就是一個堂堂的州政府可以成為一個實驗室，只要它的人民願意的話，就能嘗試各種新奇的社會與經濟實驗，卻不會對整個國家造成風險。」及至一九六〇年代，華府中央集權所付出的代價，因官僚腐敗和政策僵化而日益凸顯，哈藍大法官遂以捍衛漸次縮編的州政府職權為己任。

哈藍大法官的但書

關於這一點，巴內特在判決過程報告中記載：「（布瑞南大法官）惴惴不安地苦候哈藍大法官的回應。」二月二十六日，布瑞南大法官終於在一封信中，盼得這項回音。這封信寫道：

我完全同意你的判決文的第一與第二部分，但附加一項小小的但書：我希望你能在適當的段落，加上註腳，說明我們並不是要解釋新的憲法原則將對公職人員產生多大約束力；我不想在未經深思熟慮的情況下，讓警察、一般公務員，或任何基層公職人員，因此喪失訴請誹謗的機會。

我同意不應該再進行一項新審判，但目前我還不能加入你的判決文的第三部分，因為我覺得有些部分還需要再三推敲。基於我無意另外撰寫一份個別意見，冒昧附上我對第三部分所做的修正，謹供參考。如果你可以加上一些類似這樣的內容，那我會很樂意加入你的判決文，而毋需再提一份個別意見。

希望你不會認為，我所提出的建議有越俎代庖之嫌，我瞭解這是一項艱鉅的任務；只要上述缺失有所修正，原則上，我會全力支持你的。

在布瑞南大法官首次傳閱判決文草稿的三週後，他才恍然明白，哈藍大法官的態度是有所保留的；同時，他還打算自行提出第三部分的意見。哈藍大法官的信，顯露最高法院一個外人未必瞭解的面向：大體上，最高法院的運作就像是九間獨立的法律辦公室，而非一個協同的組織。所有的大法官僅在會期中、一週一次的內部會議中，像個團隊一樣地會商；此外的每一項工作，「都是獨立進行的，」羅伯．傑克生大法官曾經這麼說過。

哈藍大法官信中的第一段並沒有什麼問題，布瑞南大法官彙整這項建議，在他的判決文中增列註腳，以便為未來可能涉及各層級官員的判決，開放憲法誹謗法規的應用空間。擬定最後一部分的大綱，的確有其實質難處；但這同時也是一個大驚喜。約翰．哈藍，這位機敏審慎的大法官，這位極端尊重州權力的大法官，竟然明確地表示，希望杜絕蘇利文案提出重新審判的可能性。他想阻止重新審判，即使蘇利文的律師發現具有真正惡意，或足以證明蘇利文和廣告有關的新證據。

第四份草稿

哈藍大法官對判決文第三部分的建議，「並沒有在布瑞南大法官的研究室激起熱烈反應，」巴內特寫道：「但哈藍大法官的表態支持，對那些可能追隨他的人而言，卻是不可或缺的。」布瑞南大法官因而重新整理判決文的最後段落，將哈藍大法官的多數建議納入其中，並在二月二十八日將修訂版傳閱出去。這篇第四份草稿還是在文體上稍做調整，這就是我們所見到的最終判決文的風格，包括對現有證據在審判上缺乏「憲法所要求的確實清楚」的相關陳述。它維持第三個版本的做法，檢視並斷定審判證據未能充分證明廣告與蘇利文之關係，以及真正惡意的存在。但是，這篇草稿發展出一個完全不同的結論。

> 我們不相信重新審判能夠保證被告（蘇利文）得以舉出更進一步的充分證據。這則廣告和他之間所謂的關係，在審判時引起極大的爭議；而且，被告很清楚，在這個議題上，原告的論點並

不足以作為他的證據。因此，我們可以合理地假設，他無法提出不同或內容更具體的證據。在關係證據付之闕如的情況下，這就是否決重新審判的充分理由；同時，我們必須再指出另一點類似的理由，也就是必須提出合乎憲法真正惡意原則的充分證據。雖然，我們首度以真正惡意原則，作為憲法判給此類訟案任何損害賠償的必要條件，但也不能忽視，阿拉巴馬州需要這樣的證據作為懲罰性賠償的基礎。從審判紀錄可以明顯看出，被告答應提出這樣的證據。簡言之，我們斷定再審的理由是不存在的。基於「美國編號第二十八卷第二一〇六篇判決」賦予大法官的權力，我們判定不得對任何原告進行重新審判。

哈藍大法官的建議是非常特別的。憲法准許每一州維持其法律制度與法院系統，倘若它們遵行聯邦保證的話。各州政治人物都極端厭惡任何對於州法院運作的干預。在美國草創時期，各州政客甚至拒絕承認最高法院有權覆審州高等法院審理涉及聯邦法的相關判決。一八一三年，當最高法院駁回維吉尼亞州土地所有權判決，而支持和英國簽署要求不同結果的協議時，維吉尼亞州上訴法院乾脆拒絕執行最高法院的命令。維吉尼亞州法院認為，國會條文賦予最高法院有權覆審涉及聯邦法的案件，是一項干犯州主權的違憲法令。一八一六年，在名聞遐邇的「馬丁訴韓特租戶案」（*Martin v. Hunter's Lessee*）中，最高法院再次遭遇此類爭議。它維持國會法規的效力，並堅持最高法院有權覆審州法院民事訴訟的判決。五年後，「柯恩斯訴維吉尼亞州案」（*Cohens v. Virginia*），則確立了最高法院擁有覆審州刑事案件的權力。雖然在一九六四年，最高法院最終審判權的議題早已經確立了，但是禁止訴訟當事人在州法庭以新的合憲標準重新審判，仍然是怪異、干預的舉動。

哈藍大法官在信中引述禁止重新審判的條文，「美國編號第二十八卷第二一〇六篇判決」，授權聯邦上訴法院（即最高法院聯合上訴法院）「在此情況下，監督此類適當的判決、法令或規則等事宜，或是要求此類的進一步審判，都必須公允、有所根據」。在這些文字當中，哈藍大法官發現，這項權力可以直接指示州法庭不得再行新的審判。但布瑞南大法官在彙整哈藍大法官的建議後，他就對以第二一〇六篇判決作為此類規則基礎的做法，產生了質疑。某項迅速完成的研究指出，這項判決從未應用在從州法院到最高法院的上訴案中；它的功能純粹是讓聯邦上訴法院監督聯邦審判法院的判決。如果將這項條文應用在州法院，可能會引發憲法問題，州政府也必然會怒不可遏。

布瑞南大法官在傳閱新的草稿時，發現這個問題。他寫了一封信給哈藍大法官：「這個版本結合了您對原稿第三部分所提出的建議，我希望這是一項令人滿意的組合。但是，我有個疑問，不知您是否曾注意到，我們在引用『編號第二十八卷第二一〇六篇判決』時，忽視了一種可能性，某人或許會用一項似是而非的說法辯稱，否決州法院依州法規定提起重新審判的聯邦條文，係屬違憲……既然要引據新規定要求州法院不得再改提重新審判，我想至少應該先提出這個問題。」布瑞南大法官當時引證的案例是「馬丁訴韓特租戶案」，以及「柯恩斯訴維吉尼亞州案」兩件判例。他說，這些判決大抵都解決了司法權力的問題，但他的話裡還透露著幾許擔憂。

布雷克大法官同意了

關於這個問題，布雷克大法官親筆寫了一張短函給布瑞南大法官，給他一些建議。在法哲學的光譜中，如果哈藍大法官站在一個極端的話，那麼，布雷克大法官代表的就是另一端的思想。然而，他卻試圖從哈藍大法官的觀點去釐析這個問題。布雷克大法官寫道：「我反覆思量，關於約翰（即哈藍大法官）針對你處理本案所建議的『大法官有權……』一事，約翰以非常成熟的反省來堅守他的立場。我可以想見，有一些事情可能會更嚴重牴觸到他的『聯邦主義』。但我想，你的做法應該比約翰的建議更有力。建構法律條文，授權大法官阻止重新審判，就像有權推翻州法一樣，無疑地將引發憲法問題，這讓我回想起曾經轟動一時的大案件『柯恩斯訴維吉尼亞州』中曾經有過的討論。」

於此，經常和哈藍大法官的聯邦主義和州權力唱反調的布雷克大法官，竟然贊成這位同僚的觀點。布雷克大法官素來以冷酷維持個人觀點見稱，他當然是果敢堅決的，當他站在少數意見時，驍勇善戰；而且，他甚至讓他的不同意見最後成為法律。但是，這段小插曲透露出更多的含義。他向來景仰哈藍大法官，甚至因為他們的先祖同樣來自肯塔基州，而堅信他們兩人應該是遠親，並樂此不疲地告知他人。哈藍大法官對於這種孺慕之情，也投桃報李。一九七一年夏天，就在「五角大廈文件案」宣判後沒多久，這兩位大法官因罹患重症，同時住進貝西斯達海軍醫院。過了一段時間，哈藍大法官邀訪小雨果（布雷克大法官之子）閒話家常，他問小雨果，他父親打算何時退休。哈藍表示，他自己也即將告老還鄉，但如果不能親眼看到「最高法院的巨人之一」布雷克大法官發表退休演說、接受公開表揚殊榮的話，他就不退休。

（在布瑞南大法官的檔案中還發現，布雷克大法官曾寫過一張日期不詳的便條，他在其中做了一個從未實現的預測，也為他對身為法官所抱持的原則，點出一些有趣線索。他寫道：「從以前到現在，我都想不透，約翰為何未曾以他的『我們的聯邦主義』觀點，激烈反對最高法院禁止州法院重新審判。無論如何，我想，他同意加入你的判決文的意義，正像這篇判決文是你對第一修正案所維護的自由，所做過最偉大的貢獻。我深信，你的判決文終將會為人民爭取到完全免責權，讓人民評論政府或公職人員的行為，從必須支付損害賠償的狀況，轉變成克盡公民評論的職責。大部分的發明，都是因為迫切需要才創造出來的，甚至連法律原則也不例外。保障這個領域言論的需要是相當重要的，這個事實遲早會受到認可，並具體執行。對於這個需要的合理化證明，並不重要；重要的是結果。我想，你的判決文正是影響這個結果能夠成就何事的關鍵因素。」）

禁止重新審判的理由

除了以「編號第二十八卷第二一〇六篇判決」作為禁止重新審判基礎的問題外，哈藍大法官還提出一項事實假設：他認為蘇利文的律師無法列舉有意義的新證據，來提請一項新的審判。例如，判決文的第四份草稿（併入哈藍建議的那篇）說，作證這則廣告和蘇利文有關的證人，是基於他們對蘇利文個人職務的看法，「而非根據任何他實際命令或批准這些警方失職行為的證據」。但是，這些證人也可能在新的審判中指證，蘇利文確實參與過那些警方行動。巴內特在報告中說道：「據說，哈藍大法官坦承，假如有這樣的證據被提出來，他不知道該如何阻止州法院提出新的審判。」

三月二日星期一，布瑞南大法官和哈藍大法官面敘討論一些問題。根據巴內特的說法，「哈藍大法官撤銷他所提出明確禁止重新審判的建議；取而代之地，他改採一個與之南轅北轍的觀點：既然，擁有追加證據的新審判，並不能絕對被禁止；既然，所有案件都可以被駁回；復因阿拉巴馬州法院並不採行真正惡意原則，所以，最高法院就毫無理由關切被提出的證據是否充分。」簡言之，哈藍大法官想要完全刪掉布瑞南判決文的最後部分。

布瑞南大法官同意摘除有關「不允許重新審判」的內容，刪掉提及這項可能性的部分，但這是他同意的限度。當天稍晚時分，他寫信給哈藍大法官：「經過深思熟慮後，除了省略掉有關被告無權提請新審判的內容外，我不認為我應該刪除第三部分。我認為，我們應該保留這些證據分析，以說明它在真正惡意、與被告有關等原則上的憲法不充分性，即使這個做法可能對新審判產生『寒蟬效應』。我想，在處理這個問題時，我們必須充分證明兩個論點：第一、我們應該告知司法界，我們即將校閱這個領域的證據，就像我們在其他領域的做法一樣；第二、為了顯示證據的不充分性而進行的證據分析，其實具有兩層意義：一來可佐證我們如何進行審判，二來也讓本案當事人明白，即使提請新的審判，他們還是得補上足夠的證據才行……我想應該停止討論這個問題了，我希望一大早趕到排版所，以便明天可以將這個觀點送出去傳閱。」

第五份草稿

三月三日，布瑞南大法官送出他的第五份草稿。其中除掉所有反對重新審判的結構，並在文體上做更進一步的更改，還歸納出一個結論：「駁回阿拉巴馬州最高法院的判決，本案發回更審，不得有違本判決文。駁回並發回。」這篇草稿還附了一份解釋備忘錄給他的同僚，備忘錄寫著：

> 哈藍大法官和我經過無數的討論與思考後斷定，即使採取憲法權力去否決州法院得以舉行重新審判的權利，以本案作為首度的宣示，也並非明智之舉。而且，既然所有案件的判決都得以被

駁回，我們是否還有必要把證據充分性的相關討論，納入判決文之中，這是約翰的質疑所在……因此，他通知我除了有關證據的討論外，他加入本判決文時，將提出一份扼要的個別備忘錄作為補充。無論如何我都確信，在憲法規則下，凸顯這些證據的不充分性是本判決文不可或缺的一部分。既然蘇利文宣稱擁有證明真正惡意作為懲罰性賠償的依據，我們就有必要去證明，他的證據在憲法真正惡意原則的檢驗下，是不充分的。此外，假如阿拉巴馬州要給蘇利文一次新的審判，本案當事人應該瞭解，在目前審判紀錄中的證據無法支持這項判決；證據欄裡還有一大片空白，等著他去填滿。如果我們現在未加說明，日後又推翻另一項根據本紀錄所作成的判決，我們可能立刻會被指控為思慮不周，因為我們此刻的沉默，暗示了這些證據被認可為有效證據。最後，在蒙哥馬利和伯明罕還有很多審理中的誹謗案件，那些關係人應該知道，在司法監督方面，最高法院對那些審判抱著什麼期望。

哈藍大法官的備忘錄

這份布瑞南備忘錄清楚地透露出，他擔心本案判決後，阿拉巴馬州可能發生的事情。就像布雷克大法官在個別意見中所預警他們可能付諸的行動，如官員可能會壓迫本案與其他誹謗官司，自信滿滿地說服陪審團，他們已經證實真正惡意等等。但目前為止，哈藍大法官仍無動於衷。當天稍晚，三月三日，哈藍大法官寫信給布瑞南大法官：

昨晚收到你的來信，我深感遺憾。因為，我認為你在第二部分有關憲法原則討論中，對「請求」（**application**）問題簡單做出特定參考的想法，不過是這個惱人問題的圓滿解決。我覺得，目前的第三部分，和之前版本所寫的似乎是相同的內容；我認為這個版本並不可靠，而且，它還削減了前一份草稿所具有的坦白率直。很抱歉，我必須表明不會加入這個新版本，同時，我將在今天下午提出一份簡短的個別備忘錄。我同意你的判決文，除了有關證據的討論之外。

哈藍大法官的備忘錄，只有短短的兩頁，一開始即以客套話一針見血地直指布瑞南大法官判決文裡的問題。「在關於憲法原則的論述上，我完全同意也加入最高法院判決文，」哈藍大法官說：「我也贊成在此類案件中，大法官的責任並不僅止於確立憲法規則，而是也包括檢證審判記錄，以確保這些規則的應用確實合乎憲法的要求。」他接著說：「然而我不認為，最高法院在現階段校閱證據的充分性是合乎時宜的。」

哈藍的信和備忘錄，讓布瑞南大法官非常沮喪。他擔心其他人也會加入哈藍大法官的但書，屆時，他就不再代表多數意見發言了。史都華大法官多少感受到布瑞南的憂慮。三月三日，哈藍大法官的備忘錄開始傳閱，史都華大法官遂寫了一張便條給布瑞南，重申他的支持之意；同一天，華倫院長也以便條讚許他，保留判決文的第三部分是明智之舉，華倫院長說：「如果不那樣做的話，我們完成的將是一個毫無意義的練習。這個案件可能將發回更審，另一場即興表演也可能再度上演，然後，這個案子會在一種更困難的情況下，送回我們眼前。」但根據巴內特的報告，克拉克大法官的態度就令人擔憂了。他在二月二十八日送出同意字條，但現在，他卻向哈藍大法官的論述靠攏；而懷特大法官的動向，也同樣猶疑不定。

三月四日，布瑞南大法官造訪克拉克大法官的研究室，和他商議這件案子。克拉克大法官交給他一份已經繕打、但尚未傳閱的個別意見。「對我而言，如要推翻本案被告的說法，」這份意見寫著：「我們不應該偏離主題去認定被告的證據不適用。」相較於哈藍大法官措辭審慎的備忘錄，這篇意見以相當誇張的語氣繼續說道：

> 最高法院的判決違悖了確立已久（而且我敢說它未曾脫軌）的原則。或許，這些證據在證明惡意或蓄意忽略真相上有所不足；但無論如何，大法官們不應該用新標準來衡量這些舊證據，並指出它不適用於審判。基於所有實際的目的，大法官們根據這樣的作為預測新審判的結果，並因此杜絕被告尋求陪審團審判的權利。我認為不管再審的證據是否充分，都應該讓州法院自行去決定。
>
> 預審本案的事實根據，將會在發回更審時，對被告加諸無法克服的舉證負擔。最高法院的此種作為，違反了上訴法院的特質，也因而侵犯到阿拉巴馬州法院最初即已認可的事實。而且，很

不幸地，因為大法官們對二元聯邦主義完整性的質疑，有負於最高法院作為司法程序所代表的公正性。

令人意外的是，克拉克大法官竟然打算自行提出一份個別意見，這對布瑞南大法官而言，真是晴天霹靂。現在，他的判決文的第三部分已經不再是多數意見了。失去多數決的支持，他就不能在第三部分做他想做的事：向現在的阿拉巴馬州官員與未來的各州官員說明，最高法院決定實施一項新的憲法誹謗規則，針對陪審團判給公職人員因職務受到評論而獲得的損害賠償案件，進行案情事實的全面性調查。但更嚴重的是，對一項判決文而言，喪失多數決的支持，等於被剝奪了整體權威性。全體一致同意，或幾乎全體一致同意，對最高法院特別重要的判決文（堪稱為舉國盛事）而言，意義相當重大。這就是華倫院長在「學校種族隔離案」（*School Segregation Case*）判決文中，之所以願意耐著性子達成全體一致同意的原因。而布瑞南大法官的紐約時報案判決文的權威性，則因大法官的分歧而摧毀殆盡。

終於取得多數意見

如此一來，這件案子就沒有一份博得多數支持的判決文，道格拉斯和郭德堡大法官因而想對這件事盡一份心力。雖然，他們希望以絕對免責權來看待人民對政府的評論，但與其讓最高法院分崩離析，他們寧願和布瑞南大法官並肩前進，支持他那份經過認可的規則成為本案的最高法院判決文。三月四日，和克拉克大法官引爆地雷的同一天，道格拉斯大法官寫了一封信給布瑞南大法官，建議他在第二部分增列一個註腳。布瑞南所增加的註腳這麼寫著：「道格拉斯大法官先生相信，目前受到議論的證據是憲法所不容許的；因為惡意的有無都是抽象的，所以，即使本判決文所遵行的標準較寬鬆，他也同意這些證據並不夠充分。」由於這個小部分的加入，布瑞南大法官在第三部分就得到五票了：他自己、華倫院長，以及史都華、懷特和道格拉斯大法官。至於郭德堡大法官，則在便箋中提供布瑞南大法官一個目的相同，但視野更開闊的策略。他寫道：「你知道我對你的判決文相當激賞，我認為它是本會期最傑出的判決文。我知道你的證據（即郭德堡大法官所指的歷史的證據）為一項評論政府的絕對免責權之規則做了擔保……我不知道雨果的想法，不過，我確定同意加入你出色的判決文，倉促寫下我先前曾經提及想超越的廣度。你可以把我這一票算進你的判決文，如果你的意見不能成為最高法院判決文，真的會很可惜。」

至於懷特大法官，也提出一個不同的理由，以便正當化審閱蒙哥馬利審判證據的行為。由於瓊斯法官並未要求陪審團說明罰金中哪一部分是損害賠償，哪一部分又是懲罰性賠償；因此，這項賠償金額有可能全數為懲罰性賠償。根據阿拉巴馬州法規定，判處懲罰性賠償時，必須證明不實言論的出版品具有惡意。因此，假如陪審團將全數罰金判為懲罰性賠償的話，它必須發現惡意；而且它在這一點的判決，必須獲得上級法院的確認，除非它在涉案事實所發現的惡意是有誤的。因此，最高法院必須覆審這些事實。這是懷特大法官所提出的邏輯，布瑞南大法官認為這些論證有其缺失，因為，陪審團很可能全數判為一般損害賠償，而沒有懲罰性賠償，在這種狀況下，有無惡意就不是必要條件了。但布瑞南決定試試看懷特大法官的建議，他希望藉此贏得哈藍大法官的支持。結果事與願違。三月四日，布瑞南大法官送出第六份草稿，這是他依據懷特大法官的建議修改過的版本。但哈藍大法官和克拉克大法官仍然未被說服。

但次日清晨，三月五日，克拉克大法官送來一個驚喜。他告訴布瑞南大法官，假如布瑞南將「審閱證據是基於有效的司法行政考量」加入第三部分的話，他將加入整份判決文。布瑞南大法官立刻寫便條告訴他的助理，巴內特和史蒂芬．傅萊德曼（Stephen J. Friedman）：「克拉克大法官表示，只要我們在（最新版本的）第二十九和三十頁稍加修改，他就加入。他認為，這或許也能說服哈藍大法官。我們的基本方針，與其採用懷特大法官的『這項判決無異是懲罰性賠償』，不如改為『有效的司法行政』。順便一提，布雷克大法官反對道格拉斯和郭德堡大法官的解決方案，還提醒我和他們不要那樣做。大抵而言，我想我們應該接受克拉克大法官的折衷意見。請將這份草稿送去排版，如此一來，我們今天下午就能將新的版本送出去。」

三月五日下午時分，第七份草稿開始傳閱。第三部分的內容是：「因為被告可能訴請一項新的審判，基於有效的司法行政考量，我們認為，必須謹慎審閱判決紀錄中的現有證據，以便斷定這些證據能否在憲法上符合支持對被告的原判。」這些保留在最終判決文的陳述，教評論者摸不著頭緒。到底什麼是「有效的司法行政考量」？巴內特允許他自己在記錄蘇利文案這一部分判決過程時，加入一段諷刺的評論。「由於『有效的司法行政』這個名詞模稜兩可，因此，在最高法院特有的詞彙中，它似乎具有『護身符的意義』，也就是『可以用來解決各種難題的司法萬靈丹』。」他同時舉了其他兩個有異曲同工之妙的判決文為例。

最後定稿

三月六日星期五，最高法院召開例行性內部會議的日子。紐約時報案判決文被提出來討論，布瑞南大法官臨時呈送第八份草稿，也就是最終判決文。相較於正在傳閱的那個版本，他在文體上又做了一些修飾，他終於把危害治安法和「第一修正案的核心意義」等段落，放進判決文。這一份草稿同時也增加了克拉克大法官所建議的「有效的司法行政」，這份判決文獲得多數決的批准，將在下週一，三月九日公開宣讀。投贊成票的有：華倫院長，克拉克、布瑞南、史都華和懷特大法官。

哈藍大法官仍舊不同意判決文的第三部分內容，他寫了一份新版的簡短個別備忘錄，他在其中加了一段：「無論一個人如何看待這件誹謗訴訟，它的最終決議都應該遵循一般的判決過程。在我看來，最高法院在本次訴訟中破天荒地預行評鑑證據，將對國家整體利益造成長遠的損害。」次日，星期天，哈藍大法官靜靜地傳閱他另一版本的備忘錄，他在末段稍稍做了修改：

「……長期損害本案所引發的基本憲法關懷。」哈藍大法官在一張未標日期的便條中告訴布瑞南大法官：「親愛的比爾，我看了你的法官備忘錄，和你對紐約時報案判決文的更動，很抱歉，我還是維持原來的想法，也就是說，我將提出個別協同意見。」

三月八日，星期天晚上，哈藍大法官在家裡打電話給布瑞南大法官，他說，他已經決定撤回他的個別備忘錄，無條件加入布瑞南判決文。

哈藍大法官何以在最後一刻改變心意呢？這個問題沒有明確的答案，卻有跡可循。布瑞南大法官向來和同僚維持相當好的關係，即使他們在法學立場上意見相左。不論他的異議有多尖銳，他都不會在判決文中，對其他人展開人身攻擊，但如果是法蘭克福特大法官就會這麼做。就他來說，哈藍大法官相當關注最高法院的制度。而本案，對最高法院和布瑞南大法官而言，都是百年盛事，他不想在此時掃了大家的興致。當然，這些情感上的顧慮，並不會阻止他表達個人的不同意見；但他其實同意布瑞南大法官的基本架構，亦即，判決文對歷史的引述，以及對「第一修正案核心意義」的界定。在幾經痛苦掙扎後，哈藍大法官也許終於下定決心，放棄把這個由他自己提出的次要問題，放到這場盛會中討論。但在最高法院大法官之中，沒有人比哈藍大法官更欣賞布瑞南的謙沖性情。最後，哈藍大法官藉由威克斯勒為紐約時報辯護的角色，再度確立自己的立場。才德兼備的威克斯勒，是研究「聯邦主義」的權威；哈藍大法官瞭解，威克斯勒絕對不會提出任何有違美國聯邦主義精神的判決。

在這個週末，布瑞南判決文又有些最後的更動。星期一清晨，哈藍大法官發了一封信給他的同僚傳閱。

親愛的兄弟們：

我已經告知布瑞南兄弟，希望各位也都知道，我撤回對本案的個別備忘錄，同時，無條件加入多數意見判決文。

上午十時，大法官們依序入座。幾分鐘之後，華倫院長以目光向布瑞南大法官示意，然後，布瑞南說道：「本席現在宣讀，最高法院對第三十九號，『紐約時報公司訴蘇利文案』的判決文與判決。」旁聽席上的律師、記者、觀光客，以及司法界的朋友，在聆聽宣判時，絕對不知道上週所發生的戲劇性情節：「在本案，我們首度被要求去判定，在什麼範圍下，憲法對言論與新聞自由的保障，得以限制州權力判給公職人員因職務受到評論，而請求的誹謗損害賠償……」

第17章

公眾與私人

「紐約時報公司訴蘇利文案」只是個開端，而非結束。數年來，數十年以來，最高法院和其他各級法院，已然解決了多少在面對不同事實情境時的判決所隱含的寓意。但布瑞南大法官的判決文，竟然問題重重。例如，什麼樣的行為算是「蓄意輕忽」真相；不實陳述的受害者，要如何發現表意人確實知道真相，卻蓄意予以輕忽等問題。在一九六四年，這些問題並沒有完全獲得解決，這並不教人驚訝。賀伯特．威克斯勒說：「我們並不能要求大法官們在判決文中完全預知所有從釋憲的手段引發出來的問題。」誹謗罪，這個在過去並不屬於最高法院權限管轄的對象，從今以後，即得以列在最高法院的訴訟案件之中。誹謗訴訟顯示了大法官們苦心推敲憲法條文的過程。

有個問題被視為特別難解決：在誹謗罪的憲法規定中，如何劃分生活的公眾領域與私人領域。倡導公共事務言論自由最力的麥可強教授說：「個人名譽受損」（private defamation），亦即非關公共事務的誹謗，完全不應受到第一修正案的保護。最初，最高法院似乎是採用麥可強的觀點；蘇利文案判決則是以評論政府的特別重要性為法理基礎。布瑞南大法官說：「確保政治評論的自由，是第一修正案的核心意義。」下一宗由最高法院宣判的誹謗案件為「葛瑞森訴路易斯安那州案」，這是一宗根據相同前提的刑事訴訟。但接踵而來的「時代雜誌公司訴希爾案」（*Time Inc. v. Hill*），則令人相當困擾。

飽受媒體侵擾的小家庭：希爾案

一九五二年九月十一日，三名逃犯闖入接管費城郊區懷馬許郡（Whitemarsh）一幢民宅。他們挾持這一家人，詹姆斯．希爾（James J. Hill）、他的妻子伊麗莎白和三名小孩做為人質，時間長達十九個小時。這三名逃犯並未傷害他們，當這場驚險事件落幕時，希爾一家人也清楚表示這一點。但這件事成為報紙大幅報導的熱門新聞，有些報紙甚至以煽情手法處理這則新聞。希爾一家人，尤其是希爾太太，很難承受這樣的鋒頭和曝光，於是他們搬到康乃狄克州避風頭，還拒絕了所有媒體的採訪。就這樣，這家人淡出大眾的視野。直到一九五五年二月，《生活雜誌》刊載一篇文章，介紹一齣新戲《絕望時刻》（*The Desperate Hours*），這齣戲描寫遭到逃犯挾持一家人的慘痛遭遇。該報導表示，這齣戲重演了希爾家的經歷；文中並刊登了戲中演員在懷馬許郡希爾舊宅的合影。這個刻意製造的印象是不實的，因為該戲編劇喬瑟夫．海斯（Joseph Hayes）其實並未以希爾家的經歷作為劇情藍本；而且，該戲劇情也和希爾事件不同。在劇中，歹徒的行徑殘暴無度，不但毒打父親，還對女兒性恐嚇。《生活雜誌》的報導和照片營造出一種情境，好像這就是希爾一家人的真實遭遇。對希爾一家人而言，滿城風雨的噩夢經過扭曲後，再度襲向他們，也烙下更深的傷口。因此，他們決定採取法律行動。

希爾自訴隱私權遭到侵害。他宣稱，《生活雜誌》將電影的殘暴情節，與他們的經驗不正確地結合在一起，把他推入一個不實的境地，因而觸犯了紐約州法對隱私權的保障。套用布藍迪斯大法官的話，他已然喪失了「獨處的權利」。（隱私權的法律概念，係由當時身為律師的布藍迪斯和他的合夥人山繆爾．華倫〔Samuel Warren〕，於一八九〇年在《哈佛法學評論》所發表的〈隱私的權利〉論文中首度提出。）希爾案和紐約州法官整整纏鬥十年，最後，陪審團終於判給他三萬美元補償性損害賠償，紐約法院批准這項判決。但發行《生活雜誌》的時代公司，將此案呈送最高法院覆審，主張這則報導受到第一修正案的保障。一九六五年，也就是蘇利文案宣判後一年，大法官同意聽審「時代雜誌公司訴希爾案」。

詹姆斯．希爾和他家人的故事，怎麼可能和蘇利文案扯上關係？這件案子並未涉及重大公共議題，像紐約時報廣告所譴責的種族抗爭；它只是一個沒沒無聞的家庭很不情願地引發大眾短暫注意的事件。在大法官援引蘇利文案規則時，證明了「時代雜誌公司訴希爾案」是最高法院向前大步躍進的機會；而這也是大法官們激起尖銳衝突的時候。

這件訴訟在一九六六年四月進行口頭辯論。多數意見的大法官投票確認希爾案的判決，駁回時代雜誌公司有關第一修正案的要求。華倫院長指派阿貝．佛塔斯（Abe Fortas）大法官主稿判決文，是年才受命遞補郭德堡大法官的佛塔斯，因為詹森總統的拔擢，辭去美國駐聯合國大使之職。佛塔斯以出人意表的強硬措辭譴責《生活雜誌》的行為：

> 《生活雜誌》圖片故事所施加的多餘、輕率、放縱和蓄意之類的傷害，並不是負責任的報章雜誌所應該有的做法。雜誌編輯和作者，不能因為他們的重要職責，就卸下避免蓄意、無謂傷害他人的一般義務……寧居權，這種家庭權利的行使，不該受到騷擾；他們的名譽，不該受到剝奪；他們的寧靜生活，也不該受到侵犯。但是，希爾一家人的寧居權卻受到蓄意、冷酷的侵擾。因此，憲法為維護自由交換思想與意見的自由交換而賦予的保證，並不能作為這種侵犯行為的辯護基礎。這種行為是剝削，是為了達到商業目的而從事的剝削。

這些話並未收錄在最高法院判決文的官方合訂本中。佛塔斯大法官的判決文草稿和有關該案所發生的故事，在伯納德．許瓦茲（Bernard Schwartz）教授所著的《華倫時期未公開的判決文》（*The Unpublished Opinions of the Warren Court*）一書中，都有翔實的記載。佛塔斯大法官為何會對《生活雜誌》的報導如此震怒，我們並不清楚箇中原由。除了早期擔任執業律師、法官和詹森總統的顧問時曾參與公開活動外，佛塔斯大法官是個隱遁世俗的人，或許，他曾在某個時期遭到新聞界的侵犯也有可能。他和他的法律事務所，曾經代表數位麥卡錫時期獵共行動的受害人出庭辯護，這些經驗讓他對謊言所具有的毀滅潛力特別敏感。無論原因何在，他在草稿中的強硬措辭造成了反效果。這篇草稿惹惱了布雷克大法官，他是最高法院中捍衛言論與新聞自由最不遺餘力的成員。布雷克公開抨擊佛塔斯的草稿，這種情勢讓其他大法官備感困擾。結果，這個案件被延到十月再舉行二次辯論。二次辯論前一天，布雷克大法官傳了一份備忘錄給他的同僚，他用急切的語氣對通過給希爾三萬美元的判決提出警告。他說：「我想，任何人都不是先知，能夠預見像本案這樣的判決會嚴重嚇阻和處罰報業；因為，只要對具有新聞價值之事實的完全正確性有所質疑，但這種質疑是永遠存在的，報界就不再試著以生動、可讀的形式報導新聞。」

一九六七年一月，最高法院宣讀希爾案判決，佛塔斯大法官喪失他的多數決地位，詹姆斯·希爾也輸掉了他的官司。最高法院的判決文改由布瑞南大法官提出，他用自己經營出來的「紐約時報公司訴蘇利文案」原則作為法理依據。他說，紐約州法的隱私權條文並不能在「缺乏證據證明被告是在已知事實有誤或是蓄意輕忽真相的情況下，對大眾關切之事的不實報導」判處損害賠償。

為什麼最高法院用來保護人民評論政府權利的原則，會被用在保護一幀刊在雜誌上涉及希爾家的不實照片？布瑞南大法官對此做出解釋：

憲法對言論與出版的保障，不僅限於有關公共事務的政治意見或評論那些健全政府的必要條件。我們只要任選一份報紙或雜誌，即可瞭解新聞報導的範圍是廣闊無邊的，它們使讀者接觸到公共領域，包括私人與公職人員。對他人不同程度地表露自我，是生活在文明社會的附帶條件。而且，在一個以言論和出版自由為社會最高價值的社會中，這種表露所具有的風險，則是生活的必然意外……假如我們要求報紙對新聞報導中的個人姓名、圖片或肖像，擔負起證明事實正確性的不可能責任，那麼，我們就為自由社會中自由報業的必要任務，製造了具有嚴重殺傷力的重大危機。

希爾案的判決引發了一些哲學上的疑問。就像布瑞南大法官所說的，要求報社逐字查證事實，無疑會讓他們度日維艱。但問題是，這種舉證負擔對於保護非自願蹚入公開生活渾水的私人隱私權，或是誹謗訴訟中的私人名譽，卻有其社會正當性。美國社會確實將言論自由奉為最高價值，然而，它是否意味著，社會應該強迫個人「對他人表露自我」？二十世紀極權國家的經驗，就是利用不同的監控，暴露人民生活的最深處。因此，當喬治．歐威爾（George Orwell）創造出眼睛無所不在的老大哥時，他相信，那就是一九八四年的生活中最暴虐的人物之一。

最高法院意見分歧

將蘇利文案判例應用到案情事實極其懸殊的希爾案，粉碎了大法官們的意見一致性。大法官投票的結果，以五比四駁回原判決。佛塔斯大法官提出一份不同意見，加入華倫院長和克拉克大法官的判決文中。他收斂了先前在草稿中的憤怒言辭，但仍在結論中提出火力十足的警告：「因為，不論報社的性格是耿介率直，或是迂迴巧詐，最高法院均賦予全面的豁免權。但是，在非關新聞需求、評論公眾人物與事件、討論公共議題，以及其他同類事情的領域中，這種豁免權就不是新聞自由的保障，而是引發大眾仇視此種自由的誘因。」

哈藍大法官也在一篇著名的判決文中提出不同意見，他預期在未來，大法官們將陷入意見分裂的苦戰中。他說，他有兩個理由可以說明，為什麼不能僅僅因為言論有事實錯誤，就令其喪失憲法的保障。第一，在自由辯論中，有些錯誤是無法避免的；第二，在很多領域當中，「真相」並不是個容易識別的概念，而且，如果讓陪審團在有預存偏見的狀況下裁定真相為何，事實上，可能會引導出一套新聞檢查制度。任何一個視「史考波斯審判」（*Scopes trial*）為瑰寶的國家，都斷不可能因為陪審團判決事實有誤，而讓意見受到制裁。（這起對田納西州學校教師約翰．史考波斯〔John T. Scopes〕的審判，是一九二〇年代法律與文化最嚴重的衝突之一。田納西州法規定，凡教授聖經創世記以外的人類起源理論，均為犯罪。史考波斯因為教授達爾文的演化論而被起訴，一位偉大的公民自由律師克萊倫斯．丹諾〔Clarence Darrow〕為他辯護；而控方則由威廉．布萊恩〔William Jennings Bryan〕領軍，他是堅持上帝創世說的基本教義派基督徒，曾經受到民主黨三度提名為總統候選人。最後，陪審團宣判史考波斯有罪。）

哈藍大法官說：在可行的情況下，「意見自由市場」是檢驗真理最好的地方；但對希爾案這樣的訴訟而言，卻非如此。為了駁斥《生活雜誌》的謊言，希爾度過一段備極艱辛的日子，所以本案具有「無法澄清的謊言的危險」。此外，蘇利文案判決文表示，公職人員必須擁有堅忍不拔的特質，但不能要求希爾也必須具備這項條件。基於這些理由，哈藍大法官認為，像希爾這樣的人，應該能夠獲得損害賠償，即使本案涉及的不實報導並非蓄意輕忽，而是無心之過（negligent）。所謂的「無心之過」指的是，報刊在出版前沒有進行「合理的調查」。哈藍大法官在結語部分也提出一項警告，和佛塔斯所提的沒什麼兩樣。他說：「憲法原則保障新聞自由，卻連本案這樣最低限度的新聞責任也一併解除了，對我而言，這似乎沒有必要，而且，如此一來，最終將會傷害到報業本身長遠的健康。」

小插曲：尼克森的對話

「時代雜誌公司訴希爾案」中有個有趣的事情，那就是希爾在最高法院的辯護律師是理察・尼克森（Richard M. Nixon），當時，他因為準備蟬聯一九六八年的總統任期，而在紐約當執業律師。當尼克森因為水門事件下台時，希爾案還在白宮錄音帶中，令人意外地出現。錄音內容是，尼克森和他的辯護律師約翰・狄恩（John Dean）於一九七三年二月二十八日的對話。根據白宮司法委員會有關尼克森彈劾案的謄本記載，當時狄恩說誹謗案所面臨的威脅，「對若干全國性雜誌已經產生鎮靜效果」，讓它們在刊布「水門垃圾」（this Watergate junk）前好好再想想。他們當時的對話如下：

總統：「好啦，你當然知道我在希爾案時所說的話；公眾人物以後想要打贏任何誹謗官司，簡直是該死的不可能。」

狄恩：「是啊，的確如此。第一，要證明惡意，或蓄意輕忽。哦，不！這兩樣都很難證明。」

總統：「沒錯。說真的，惡意是絕對不可能證明的。這個傢伙站在那裡，『誰？我啊。』蓄意輕忽，或許你能證明。」

狄恩：「我看很難。總統先生，那真是個糟糕的判決，真的很糟糕，真是個糟透了的判決。」

總統：「到底見了什麼鬼？那個叫什麼名字來著……我不記得那個案子了，但它真是個駭人聽聞的判決。」

狄恩：「紐約時報公司訴蘇利文案。」

總統：「蘇利文案。」

狄恩：「它是因為南方民權運動而發生的……」

總統：「它是講某個、某個傢伙，他是……對了，他是警察局長或什麼的。不管怎樣，我記得那個時候我們在宣讀這件案子時……就是我們為希爾控告生活雜誌時，你知道的。等生活雜誌下地獄時，它就有罪了。」

狄恩：「它們打贏官司了？」

總統：「最高法院……四比三票。有兩個人他們不能……不，五票，五比四票，五比三票半。」

狄恩：（訕笑）。

對於尼克森在希爾案中的角色，有個較持平的觀點，這是他的前律師合夥人和白宮顧問里歐納德·加曼德（Leonard Garment），於一九八九年在《紐約客》（*New Yorker*）一篇報導中所敘述的。加曼德寫道，尼克森以超乎想像的關注，在準備最高法院的第一次辯護，連大法官也認為他表現地出類拔萃。辯護後的第二天上午，加曼德在桌上發現一份長五頁、以單行書寫的備忘錄，那是尼克森對於他自己的表現的分析與批評。加曼德說，當時，我一直讀著這份備忘錄，我瞭解到，這是凸顯理察·尼克森的堅毅性格與工作習慣的例證。當最高法院將希爾案二次辯護延到一九六六年十月時，尼克森在共和黨國會候選人的競選活動中，整整騰出三週來準備出庭事宜。次年一月，加曼德打電話告訴尼克森，大法官駁回希爾案原判決的消息，尼克森當下脫口而出：「我就知道，在上訴案中，永遠贏不了報業的。里歐納德，好好聽清楚了：我再也不要聽到任何有關希爾案的事了。」

悲劇收場

若從派系立場觀察，阿貝．佛塔斯和尼克森剛好站在光譜的兩端，但是，他幾近病態地仇視報業，卻和尼克森對這項判決的惡劣批評如出一轍。一九六九年，佛塔斯被迫辭去大法官一職，因為《生活雜誌》揭發他接受一名正受到證券交易委員會調查的人士的酬金，涉嫌為他關說。加曼德說，佛塔斯相信，該雜誌刊出這則報導是為了報復他在希爾案所持的立場。加曼德還在詹姆斯．希爾的同意下，報導這件訴訟的悲劇尾聲：一九七一年八月，希爾太太自殺身亡。加曼德說，他並非斷言「《生活雜誌》不實、有害的報導，釀成了這齣悲劇。但自殺是人類最晦暗的行為，是多重因素影響的結果。無論如何，這種報導是不公平的。在這個充滿侵略的世界裡，以個人心理的完整性作為生活依歸的人，當他們被迫暴露在社會負面注意的聚光燈下時，會因為這種尖銳的事件而受盡折磨」。至少，這個自殺事件，強化了一個人要求最高法院審判希爾案的艱辛。

詹姆斯．希爾不應該訴請誹謗，因為他的家人所遭受的傷害，和他們自己所感受到的名譽受損，其實沒有太大關聯。布瑞南大法官在他的判決文中說，大法官們在這件隱私權訴訟中，所應用的已知或蓄意輕忽原則，並不能在誹謗案中作成判決。但數個月後，大法官決定將「紐約時報公司訴蘇利文案」所制訂的原則，套用在原告為蘇利文警長等公職人員以外的誹謗案件中。這件訟案就是「柯提斯出版公司訴巴慈案」（*Curtis Publishing Co. v. Butts*）。

柯提斯出版公司訴巴慈案

《週六晚郵報》是柯提斯旗下的一本雜誌。它的一篇煽情報導指控，瘋迷足球的大學運動東南協會，在足球比賽作弊。這篇報導敘述，喬治亞大學體育主任威利・巴慈（Wally Butts），曾在該校與阿拉巴馬大學開戰前，洩漏軍情給阿拉巴馬隊教練貝爾・布萊恩特（Bear Bryant）。這篇報導係根據一名亞特蘭大商人的奇特經驗所寫成，這名商人說，他當時正在打電話，結果電話搭錯線，他在無意間聽到巴慈和布萊恩特的陰謀對話。巴慈因而控告柯提斯出版公司誹謗。陪審團判給他六萬美元的補償性賠償，以及三百萬美元的懲罰性賠償，這筆罰金後來被法官裁減為四十六萬美元。最高法院在覆審該案時，將焦點擺在巴慈的身分上。他不是「公務員」，因為他的薪水不由州政府支付，而是校友會特別撥款資助。但他是「公眾人物」，一位大眾所熟知的人物。那他應該像公職人員一樣，必須符合相同的「已知或蓄意輕忽之不實」原則嗎？在這個問題上，大法官們分成四派意見。

哈藍大法官代表他自己和克拉克、史都華，以及佛塔斯大法官說，像巴慈這樣的公眾人物，應該不需要舉證「蓄意輕忽」真相，即可獲判誹謗損害賠償。哈藍大法官說，假如此類原告出示具有「嚴重違反」一般調查與報導標準的證據，就已足夠。而《週六晚郵報》正有這一類嚴重違反行為，所以，巴慈的判決應該獲得確認。布瑞南和懷特大法官，則投票支持以蘇利文案的蓄意輕忽原則審理本案；他們表示，這項判決應該被駁回，並發回更審。至於布雷克和道格拉斯大法官，則站在較廣義的基點上，認為第一修正案賦予言論與新聞絕對的保障，裁決本案原判應該駁回。如此一來，主張支持和駁回的人數各為四人，因此，華倫院長的一票成為判決關鍵。他寫了一份意見支持布瑞南和懷特大法官的見解，認為公眾人物必須符合和公職人員同樣的原則，才能贏得誹謗官司。他解釋：

在我國，政府和私人領域的分野日益模糊。自從一九三〇年代的經濟大蕭條，以及第二次世界大戰以來，各個領域急遽整合，像經濟和政治權力的融合，科學、工業和政府的結盟，乃至於政經學界的高度互動等等……在很多情境中，傳統上，由正式政治組織所擘劃的政府決策，現今改由繁雜龐複的各級單位，如局、會議、委員會、法人組織和學會來運作執行，其中的少數單位，甚至和政府沒有太多淵源。這種職務與權力的融合，也出現在涉及私人的情況裡，許多未服公職的個人，卻深度涉入重要公共問題的決議之中……我們的人民，對於這一類人士的行為，具有正當和實際的興趣，而報業也有權不受約束地討論這些人和公共問題、公共事件的牽連，擁有這種權利的重要性，就像討論「公職人員」的情況一樣。

但根據事實，華倫院長反對《週六晚郵報》。他說，這本雜誌的律師刻意不在本案提出憲法抗辯，反而放棄此舉，那是因為他發現審記錄證明，這篇報導的確有蓄意輕忽之實。因此，華倫院長成為支持原判的第五票。為柯提斯出版公司出庭辯護的賀伯特．威克斯勒對此相當苦惱，因為他在蘇利文案的法律辯護成功地被擴大應用到公眾人物身上，但他的當事人卻敗訴了。「這是我在五十歲那年唯一的案子，」他後來說：「我在那件案子贏得了信念，卻輸掉判決。這真是慘痛的經驗。」兩年後，《週六晚郵報》結束悠久的週刊生涯，這或許可以歸因於它在巴茲案中摔的那一跤。（為東南協會評論巴茲案審判的法學教授詹姆斯．科比（James Kirby），後來出了一本有關本案的書《漏接：貝爾．布萊恩特、威利．巴茲和大學橄欖球盃醜聞》（*Fumble: Bear Bryan, Wally Butts and the Great College Football Scandal*），他在書中論斷，《週六晚郵報》的確太草率馬虎，但有關巴茲和布萊恩特的交易可能確有其事，而且陪審團不可能確切地認定「已知或蓄意輕忽的不實報導」。）

公眾人物與私人

巴茲案宣判後，原告的身分成為誹謗案件的關鍵變數。當原告為公職人員或公眾人物時，他必須舉證已知或蓄意輕忽的事實錯誤；當原告為私人時，第一修正案就不適用於該案，而成為州法案件。巴茲案過後四年，布瑞南大法官在另一宗案件中，提出另一種解決方法。他說，不管潛在的誹謗陳述是否受到第一修正案保障，都不應該以原告受到陳述的傷害類型來作判斷，而應該依據案件的主題來處理。假若案件主題為「大眾或一般人感興趣的事」（public or general interest），無論由何人訴請誹謗，該陳述都應該受到憲法的保障。這件訟案是一九七一年宣判的「羅森布倫訴都會媒體案」（*Rosenbloom v. Metromedia*）。費城一家廣播電台，播報一名猥褻書刊經銷商遭到逮捕，該經銷商被以刑事猥褻罪名起訴，最後獲判無罪開釋。後來，他控告這家廣播電台誹謗，他宣稱，該電台誤用「猥褻」一詞描述他所經銷的雜誌，導致他名譽受損。最高法院以五比三票，支持該電台可受第一修正案的保障；至於這名經銷商，則能在證明該電台具有已知或蓄意輕忽錯誤的情況下，獲判損害賠償。這件案子並沒有多數意見判決文，布瑞南大法官為他自己和另外兩位同僚發言，即院長華倫・伯格（Warren E. Burger），他是接替一九六九年退休的華倫院長，以及大法官哈利・布雷克曼（Harry A. Blackmun），遞補佛塔斯大法官的遺缺。布瑞南大法官說，蘇利文案誹謗原則應該用於此案，因為本案的主題是一則有關警察毫無根據地入人於猥褻罪名的廣播，因此是大眾所關切的事件。

「假如案件是大眾或一般人感興趣的事，」布瑞南大法官說：「它就不會因為個人的涉入，或因為個人非自願地涉入，而突然變得完全不受到眾人的關切。因為，大眾的主要興趣是在於事件本身。」為何布瑞南大法官竟然悖離他從蘇利文案開始，就強調之誹謗原告的公眾人物，轉而做出此番解釋？他說：「數年來的深思反索，說服了我，認為『公職人員』或『公眾人物』在鎂光燈前必須有接受誹謗的心理準備，這和第一修正案所保障的價值或是社會的本質毫無關連。不管是否願意，在某個程度上，我們都是『公眾』人物。相反地，即使是最有名的人，他們的某些生活層面，也會和公眾或一般人感興趣的事完全無關的。」

布瑞南大法官的新觀點，導出了其他大法官的不同意見，如取代克拉克大法官之職的大法官舍古德．馬歇爾（Thurgood Marshall）。在憲法議題上，馬歇爾大法官的觀點和布瑞南大法官的立場相當接近，他對於國家對言論與新聞自由的承諾問題特別有興趣。但是，他反對布瑞南在羅森布倫案的取向，他認為這最後可能會導致所有誹謗案件，都得以適用蘇利文案原則；因為人類所發生的一切事件，都可以被納入「公眾或一般人關切」的領域。將焦點集中在事件主題，而不是受傷害的個人，他說這種做法，「將使社會無法保護個人免於扭曲的侮辱而被迫在大眾眼前曝光。」

蓄意不實報導的考量

馬歇爾和所有大法官一樣對言論自由感到關切，他的不同意見顯示，在誹謗官司中的另一個價值考量——個人名譽——仍然須要謹慎思考。布瑞南大法官本身從未同意過布雷克和道格拉斯大法官的說法，他們認為第一修正案透過誹謗訴訟徹底踐踏了人民恢復受損名譽的古老權利。早年，在「葛瑞森案」中，布瑞南大法官曾警示過，「蓄意不實」在「肆無忌憚」方面所具有的危險。其他大法官的意見也強調名譽的重要性。史都華大法官有句常被引述的名言這樣說著：「一個人保護個人名譽免於遭受不當侵害，或不實傷害的權利，正反映出人類不可或缺的尊嚴與價值的基本概念。」當時，史都華大法官提及獵捕共黨人士與暗殺名人的年代，他說：「防範誹謗，是一項極為重要的公眾目的，因為個人人格的權利與價值，絕對不只是個人的利益問題而已。確實，假如一九五〇年代教給我們任何事情的話，那就是，在謊言氾濫的惡質環境中，整個社會很會因為受到感染而墮落。」在「紐約時報公司訴蘇利文案」審理過程中，布雷克大法官在給布瑞南大法官的意見回覆中，曾經預言，言論自由的至高重要性終將普及，而最高法院也會完全排除誹謗訴訟。然而，他的誹謗法觀點卻從未成為最高法院的多數意見。

毫無疑問地，關心名譽，是布瑞南大法官將蘇利文案原則應用在所有非關公眾關切之事的原因之一。一九七四年，最高法院達成一項新的多數意見，明確地否決這種做法。這是「葛茲訴威爾區案」（*Gertz v. Welch*），它是一個說明名譽與言論自由之衝突的生動例子。在本案中，觀點迭起的敘述，引發了相當不同的互動。

訴訟纏身的媒體：葛茲案

基於鼓吹新聞自由，這個故事應該是這麼安排的：一九六九年，一本雜誌刊登一篇批判一名芝加哥律師的報導，因此這位律師訴請誹謗。結果，這本雜誌發行人和編輯，就此捲入一場漫無止境的訴訟中。一九七〇年，這名律師由陪審團判給五萬美元賠償。兩年後，聯邦上訴法院推翻這項賠償，判定這名律師並未符合憲法誹謗原則。於是，律師上訴到最高法院；大法官在一九七四年給他一次機會，將該案發回，以最高法院通過的新規則，另外舉行一項新的審判。由於不知名的原因，聯邦審判法庭延期處理此案，直到一九八一年，二次審判終於開庭。這次，陪審團判給律師四十萬美元賠償。為了上訴，這家雜誌社必須將總部所在的大樓抵押貸款；一九八三年，判決定讞，敗訴的雜誌只好拋售這棟大樓，以便償付大筆罰金。因為一篇批判報導，這家雜誌耗費十四年光陰，與數目不詳的律師訴訟費，為自己在法庭之上辯護。到最後，還必須支付四十萬美元賠償，外加八萬一千八百零八美元九美分的利息。

現在，換個角度改後原告的觀點來檢討這件案子。這名遭到攻訐的律師，試圖挽回他的名譽。攻擊他的是一本叫做《美國看法》（*American Opinion*）的月刊，由約翰・柏區學會（John Birch Society）發行，這是由羅伯・威爾許（Robert Welch）所創立的極右派組織。該報導所批評的艾爾墨・葛茲（Elmer Gertz），是位民權自由律師，他代表一名遭到芝加哥警察理察・努丘（Richard Nuccio）所槍殺的年輕人之家屬。伊利諾州檢方起訴努丘，並判他二級謀殺。《美國看法》宣稱，這項起訴其實是共黨人士為了侮蔑警察的手段。雖然，葛茲和這項起訴無關，但這篇報導卻說，這是他所「捏造」的傑作。作者稱葛茲為「列寧主義者」與「共產黨陣線」，並說在警方檔案中，他「罪無可逭」。這些陳述都是不實的，而且該月刊的編輯也不曾查證過這些說法。他作證時表示，他信任該報導的作者亞倫．史丹（Alan Stang）。史丹曾在其他報導中描述他人為馬克斯主義者、共產黨徒，或是說他人受到共產黨控制等等，像尼克森也是遭到抹黑的人之一。

在最高法院宣判「葛茲案」時，布雷克大法官已溘然長逝。他的繼任者小路易斯．鮑爾（Lewis F. Powell Jr.）主稿最高法院判決文。本案多數決僅以五比四票成立，但這篇判決文卻成為歷久不衰的原則。首先，它在一節令人難忘的段落中，說明了憲法並不容許懲處思想或意識型態懲處，不論多數人民相信這些言論有多奇怪，或多危險。他說：「在第一修正案之中，沒有錯誤思想這種事。無論一項意見看起來有多危險，我們所賴以更正它的，不是法官和陪審團的良知，而是其他思想的競爭。」在這些觀點當中，鮑爾大法官實際上將何姆斯大法官的原則搬到法律之中。何姆斯大法官於一九一九年，在「亞伯瑞斯案」中主張，「思想必須在言論市場被自由地檢驗」。他在不同意見中寫道：「檢驗某一思想是否為真理，其最佳途徑即是將之置於自由競爭的言論市場，令其憑著思想自身的力量，讓眾人接受它。」鮑爾大法官此舉論證了何姆斯和布藍迪斯大法官思想的正當性，他們兩位以不同意見，駁斥支持懲處阿妮塔．惠尼、班傑明．紀特洛，以及其他鼓吹和平主義和社會主義等非主流思想的人士之最高法院判決文。

然而，事實與思想是兩回事，鮑爾大法官說：「對事實的錯誤陳述是沒有憲法價值的。」因為不實陳述之所以受到憲法保障，僅基於錯誤是「論辯中必然存在的」；而且，懲罰錯誤將導致

「令人難以忍受的自我檢查」。鮑爾大法官繼續說道，如果事實錯誤必須受到保護，法律就必須平衡新聞自由與個人名譽之間的重要性，而此種平衡狀態的鞏固，即仰賴於受到傷害的個人是公眾人物抑或私人。他說，公眾人物利用公共論壇反駁不實言論的可能性較大，就像哈藍大法官在「時代雜誌公司訴希爾案」所提出的觀點一樣。此外，任何服公職或在社會中扮演著名角色的人，都必須承擔受到爭論的風險。（杜魯門總統曾說：「怕熱的話，就不要待在廚房。」）何謂公眾人物，鮑爾大法官做了兩種界定：其一，一個名氣極為響亮的人，將永遠被視為公眾人物；其二，自願投入個別公共議題的最前線，並在該情境中招致批評者。（哈藍大法官曾經描述過第二種公眾人物是，自願捲入個別爭論的「漩渦」，因此，律師稱呼這樣的人為「漩渦公眾人物」。）鮑爾大法官說，艾爾墨．葛茲並不屬於二者之一，所以，他並不適用於蘇利文案原則。

鮑爾大法官的申論並未就此停止。他繼續說明，訴請誹謗的私人必須出具比純事實更多的證據，例如，當被告刊布和他有關的有害的錯誤事實時，他至少還必須證明，被告在刊布時，有行為疏失之實。這個看似穩當的必要條件，其實是鮑爾和其他大法官所採取的實質措施。在一九七四年，當葛茲案宣判時，不包括這項必要條件的古老誹謗習慣法，依舊存在於多數州之中。在習慣法中，誹謗係屬民事侵權訴訟，為民事不法行為的一種，因此，加害人必須負起律師所稱的嚴格賠償責任（strict liability）。假如某人做出妨害他人名譽的不實陳述，不論他所犯的錯有多無辜，他都必須支付損害賠償。如將情況置於新的聯邦必要條件之上，則辯方有權證明不實陳述乃是無心之過，最高法院從蘇利文案，即開始實施這項重要程序的擴大應用。現在，訴請誹謗的私人，也同樣必須符合第一修正案的原則，雖然這僅僅是單純的過失，卻必須證明為具有已知或輕忽之不實。在後來的一件訟案中，大法官支持私人誹謗官司的原告，也必須負起舉證不實的責任。該項判決推翻了習慣法要求誹謗案被告證明受質疑陳述為真的規則。

懷特大法官也針對這項判決，提出一份義憤填膺的不同意見，以便為私人誹謗案原告爭取證明被告疏失的機會。他說，該判決有違聯邦主義之中央政府與州政府彼此尊重的原則，施行兩百年的州法，就這樣在「一些印刷品」當中給推翻了。關於憲法對州誹謗法的指示，他認為應該限定於涉及公職人員與公眾人物的案件。他在不同意見中寫道：「紐約時報案的核心意義，以及我所認為第一修正案有關誹謗法的部分，是誹謗政府罪，也就是對政府與公職人員的評論，應該凌駕於州政府的警察權之上。」

「無心之過」和「蓄意輕忽」

究竟，「無心之過」和「蓄意輕忽」有何不同？這兩個抽象的法律名詞，對一般人而言，並沒有太大意義；但是，最高法院大法官的心中，卻自有一套明確的區別。在一九六八年的一宗案件中，大法官們為「蓄意輕忽」下了定義，就某種意義而言，他們賦予報業相當大的保護，即使對素行不良的報紙也一視同仁。這份判決文由懷特大法官所執筆，這或許有點奇怪，但他還是勉為其難地採用蘇利文案的擴大原則。他說，作者或編輯在出版前疏於查證報導內容，並不能證明他們「蓄意輕忽」事實真相；惟他們事前即已知悉報導可能有誤，卻仍一意孤行，付梓發行，始得構成蓄意輕忽行為。懷特大法官說：「蓄意輕忽行為，並不能從一個理性謹慎的人，是否會在已出版或出版前進行調查來加以判斷；而必須有充分的證據以資證明，被告其實是將極度可疑的陳述，當作事實在出版。」

懷特大法官則定義蓄意輕忽原則為主觀的行為：個別作者或編輯在出版前即已知悉的事情。這明顯不同於民事侵權案件的一般原則。在民事侵權訴訟中，不論理性或謹慎的人會如何進行被告曾經做過的動作，例如，當外科醫生被控醫療失誤時，民事侵權審判即會傳喚「專家」出庭作證，說明何謂合理的做法。但是，並沒有專家可以作證，作者或編輯對於已刊布的出版品，是否在出版時具有已知或蓄意輕忽等主觀的問題。懷特大法官坦承，出版前沒有進行查證工作的義務，可能會被判處「疏失額外賠償」（a premium on ignorance），但他說，這種原則是為了因應確保人民參與公共事務的辯論。他更表示，假如報導中存有疑點的話，就應該要查證；例如，編輯如果刊登一則「本來就不可能的」報導，或是一篇完全根據「一通無法證實的匿名電話」而做的報導，那麼，編輯就有蓄意輕忽之實。佛塔斯大法官則單獨提出不同意見，他說，在出版有關公職人員的不利陳述前，編輯必須負起「查證的責任」（the duty to check）。他以追憶那份未曾出版之「時代雜誌公司訴希爾案」判決文草稿的語調補充道：「公務員的職業，並沒有使他喪失身為人類的資格。」

在兩個憲法原則中，有關查證責任的規定是不同的。編輯的無心之過指的是，他在刊布報導時未加查證，事後發現該報導為不實的；但是，當他規避可能不實，並執意出版該陳述時，即為蓄意輕忽。

「葛茲案」最後決定以劃分公眾和私人的領域，作為解決依據。或是說，幾乎是如此決定。幾年後，鮑爾大法官在另一宗案件中建議，當一個純粹私人因為非關公眾所關切之事，而遭到誹謗時，第一修正案就完全不能適用。該案涉及一家財務報告機構「丹與布瑞德街」公司（Dun & Bradstreet），散布不實資訊給身為原告的五位訂戶。「這不是公眾問題，」鮑爾大法官如是說。

複雜難解的認定問題

總之，這些有關公眾與私人議題的案件，留給我們的是一組複雜難解的憲法規則。假如，你是處在大眾視線之外的私人，但某人刊布一則非關公益，卻與你有關的不實也不利的陳述，無論如何，你都可以依據州法，獲判損害賠償，但憲法就不能應用於你的訴訟。假如，你是私人，卻在有關公眾關切的事件中遭到攻擊，如艾爾墨・葛茲是因為有關共產黨與警察的議題而受到攻訐，那麼，你就必須符合州法的必要條件，還得在第一修正案的規定下，證明有關你的不實陳述至少具有無心之過。假如，你是公眾人物或公職人員，你則必須符合憲法原則，舉證出版品具有已知或蓄意輕忽之不實。比起一九六四年「紐約時報公司訴蘇利文案」宣判時，這項原則現在不僅毫不簡要，更不適切。

想當然耳，「公眾人物」的定義既不精確，也不可能精確。葛茲案宣判後數年，最高法院幾度駁回由公眾人物訴請誹謗的辯護，它在程序中釐清了，凡非自願招致惡名的人，並不算是公眾人物。最高法院支持瑪麗．法爾史東（Mary Alice Firestone），一名涉及熱門離婚官司的社交圈人物，非屬公眾人物。而遭到參議員威廉．波羅斯米爾（William Proxmire）以自創之「金羊毛獎」（Golden Fleece Award，譯按：波羅斯米爾向來以監督政府預算支出為己任，凡浪費公帑的機關，他都會頒以「金羊毛獎」，一來諷刺，二來促請輿論重視）嘲笑的研究猴子情緒反應的科學家，也不算公眾人物。一名在大陪審團調查俄國間諜案時，因未出庭應訊而被判藐視法庭罪的人，也稱不上是公眾人物。但經過多年的歷練，律師和法官們對公眾與私人分際的拿捏，已游刃有餘；而誹謗的新憲法原則對於這些名詞，也都處置妥當。

同樣地，學理上的懷疑依舊存在。麥可強和麥迪遜的觀點是無庸爭辯的，亦即，第一修正案的核心關懷在於自由辯論公共事務。焦點在誹謗原告的身分、而忽略議題本身的葛茲案原則，偶爾似乎會把這種關懷轉而置於首要地位。藝人卡蘿．柏內特（Carol Burnett）控告《國家詢問報》（*National Enquirer*）在一則八卦新聞中說她曾在一家餐廳和亨利．季辛吉（Henry Kissinger）發生爭執，並暗示她當時爛醉如泥。柏內特毫無疑問是個公眾人物，但《國家詢問報》的新聞，報導了什麼和公共事務辯論有關的議題，讓它有權受到蘇利文案原則的保護？為什麼她必須符合憲法原則，以便向報導謊言的不入流小報，請求損害賠償？（柏內特太太後來證明了《國家詢問報》的確有蓄意輕忽，因而獲判八十萬美元賠償。）電影明星幾乎是最出名的美國人，因此在法律上符合公眾人物的定義，但他們經常都不是公共政策辯論的焦點。為什麼有關影星私人生活的不實八卦報導，應該得到第一修正案超高標準的保障？

韋恩．紐頓案

現在，來看看拉斯維加斯超級巨星韋恩．紐頓（Wayne Newton）的案子。一九八〇年，國家廣播公司（NBC）在「夜間新聞」有關紐頓的調查報導中，影射他和黑手黨某大哥有一手。紐頓提出控訴，拉斯維加斯聯邦法庭陪審團判給他超過一千九百萬美元的補償性和懲罰性賠償。（後來，法官將總額減為五百二十七萬五千美元。）上訴時，第九巡迴區美國上訴法院駁回此項判決，認為「幾乎沒有證據」可以證明NBC記者具有已知或蓄意輕忽的不實，也未提出清楚、確實的證據。該項判決文的開場白，即引述麥迪遜對一七九八年危害治安法的抗爭，判決文寫著：「在『紐約時報公司訴蘇利文案』中，最高法院保證讓報業得以在不受地方陪審團的報復風險下，自由地報導、發行報紙。大法官在紐約時報的判決文中……推翻一項由清一色白人所組成的阿拉巴馬州陪審團，反對紐約時報和數名黑人民權運動領袖，卻偏袒地方公共事務警長的判決。此時，我們認為，美國誹謗歷史中最龐大的懲罰性損害賠償，在拉斯維加斯陪審團支持地方英雄的情況下，重返紐約，襲擊另一個新聞媒體。」

到底，韋恩．紐頓和詹姆斯．麥迪遜有何關係？為什麼第一修正案要保護影劇評論者，就像布瑞南大法官主張要保護「政府公民評論者」一樣？理性端詳的話，像紐頓這樣的案件，與最高法院必須以第一修正案來保障誹謗的阿拉巴馬州訴訟，可以說是風馬牛不相及。假如，蘇利文案從未發生的話，最高法院會被說服去覆審紐頓的損害賠償，且以憲法來限制誹謗訴訟嗎？想必是不會。因為歷史機緣，誹謗案件已經成功地與第一修正案的核心意義接軌。它促成一項最高法院的革命性判決，並將憲法原則的應用，拓展到更廣更遠的領域。

對大多數誹謗案件而言，第一修正案保護的擴大，存有一項危險：這層保護膜變得太薄了。法官們寧願去保障狹隘、定義明確的利益，而非模糊不定的訴訟類別。假如，憲法上的誹謗罪辯護，僅止於和政府、公共政策有關的案件，那麼，這層保護可能會比較堅實且一致；另一方面，我們的社會和文化的符號，就像政治人物一樣，需要給自由評論一個公平競賽的機會。假如一位知名藝人與幫派人士有所掛勾，那這件事就與社會有關，而媒體也應該有權報導或廣播此事。但要享有明確又清楚的第一修正案保護，必須付出代價。

在探究蘇利文案寓意的案件中，當大法官們要將美國當前社會的命令，寫入兩百年前制訂的國家基本大法之中時，他們身不由己地陷入爭戰。他們被自己對社會的感受所牽引，如社會的傳統、需要，及其變遷的特質。釋憲是他們主要的工作，就像英國和美國的法官在過去數百年中努力發展習慣法一樣。何姆斯大法官在其著作《習慣法》中寫道，法官們在制訂法律的過程中，較少依據抽象的邏輯運作，而是根據「時代所需、普遍的道德與政治學說，以及公共政策的直覺」。在蘇利文案宣判數十年後，判決的複雜過程，恰恰反映了一個司法程序，就像最高法院致力讓誹謗法合乎憲法的命令一樣：「不得制訂法律……剝奪言論或出版自由。」

第18章

舞已經結束

當「紐約時報公司訴蘇利文案」宣判時，精研自由言論的哲學家亞歷山大·麥可強曾說：「現在是可以在街上起舞的時候了。」事隔二十年，一位法學教授理察·艾普斯坦（Richard A. Epstein）如是寫道：「一個時代過去了；舞也已經結束了。」相信許多編輯與作家，對此都心有戚戚焉。對於他們在一九六四年所展望的前景，一個公共辯論不受沈重誹謗損害賠償威脅所約束的國度，並未如願實現。相反地，誹謗訴訟似乎在數量與規模上與日增長。羅伯·柏克（Robert Bork）法官在一九八四年寫著：「晚近數年，誹謗訴訟如潮水般湧現，而損害賠償金額也隨之暴增，這種現象已然威脅報業採取自我檢查……」至今仍令人難以想像，百萬美元賠償的誹謗判決，竟然變成司空見慣的數目。布雷克大法官曾經就詹姆斯·希爾訴請時代雜誌公司三萬元賠償的判決，提出警告：「嚴重嚇阻和處罰報業，報界就不再試著以生動、可讀的形式報導新聞。」言猶在耳，現在的報人卻必須思考陪審團判決五百倍於希爾求償金額的可能性。

誹謗訴訟沉重的費用負擔

在柏克法官提出警告意見的時候，陪審團才剛剛因為《閣樓雜誌》的一篇短文，而判給前懷俄明小姐兩千六百五十萬美元的賠償。在該案中，前懷俄明小姐宣稱，這篇短文中所虛構的超級波霸，有模仿並侮辱她之嫌。前美孚公司（Mobil）總裁威廉·塔佛拉瑞斯（William Tavoulareas），曾經獲得陪審團判給兩百零五萬美元，因為華盛頓郵報報導，「他把兒子安插在」一家和美孚往來的海運管理公司中。這兩項判決後來雖在上訴時遭到駁回，卻對報業被告造成莫大的負擔。例如，在塔佛拉瑞斯案中，數名華盛頓郵報的記者與編輯耗費數週時間為官司做準備，以及出庭應訊。根據塔佛拉瑞斯的估計，審判終結後，他所付出的律師訴訟費為一百八十萬美元；而華盛頓郵報的花費約莫也是這筆數字。這些帳單從上訴時開始寄出，延續數年後，才償付清楚。最後，所有所有控告報導的官司，一律交由哥倫比亞特區美國上訴法院，來裁決法律基礎的確認。

誹謗訴訟辯護費用的增加，是蘇利文案判決所造成的意外後果。最高法院所認定之「對事實的蓄意輕忽」，意指不實陳述之刊登者唯有在明知陳述可能有誤卻仍執意刊登時，方得科以損害賠償。當誹謗原告試圖符合這項高難度原則時，他們勢必得查出刊布者在刊布時知道些什麼，但是，要獲得這個答案，還有什麼方法會比詢問刊布者本人更好的？因此，律師開始嘗試挖掘事實，例如，廣播人曾經做過，但不曾用在受質疑的廣播節目的行為。而編輯和記者，最最痛恨外來者干涉他們的編輯流程，而不僅止於律師。任何爭議性題材的印刷或廣播報導，都會涉及採用主題、事實與篇幅的選擇。新聞工作者有充分的理由相信，在編輯流程中，假如有外來者突然出現，將會讓他們無法自在地工作，更何況，這些外來者還可能提出徹底搜查所有原始資料的要求，並批評他們的判斷。但假如，一個受到廣播或平面媒體評論的人，他相信作者或播音員明知事實真相，卻故意置之不理，那他要怎麼在不考察編輯流程的情況下，發現證據呢？

舉證的困難

有關「新聞工作者抗拒他人對其工作細節有所要求的權利」的議題，在「賀伯訴藍道案」（*Herbert v. Lando*）中得到了解決。安東尼·賀伯上校（Colonel Anthony Herbert）是位越戰退役軍人，他說自己曾因為想要引起軍方對美軍大屠殺的注意，而遭到軍方懲處。哥倫比亞廣播公司（CBS）製作了一個節目《賀伯上校的買賣》（*The Selling of Colonel Herbert*），節目中對他的聲稱有所懷疑。賀伯上校遂控告CBS、該節目製作人巴瑞·藍道（Barry Lando），以及其他人涉嫌誹謗。賀伯的律師為了發掘質詢和蒐集審判時所需的證據，遂要求調查CBS的檔案與訪問母帶，這些曾經散亂在剪接室地板上的東西；他想瞭解為什麼有些東西會被採用，有些則棄置一旁。在問題進行到某一點時，CBS有所抗拒，它辯稱這樣挖掘編輯的決策，可能會導致編輯的恐懼心理，因而引發蘇利文案所亟力防範的自我檢查。但是，當一九七八年，CBS在最高法院提出這項辯護時，卻遭到大法官的駁回。代表最高法院發言的懷特大法官指出，在蘇利文案原則下，公眾人物與公職人員必須舉證說明刊布者知道可能存在的不實；但假如他們不能發現刊布者知道些什麼，他們可能就不得獲判損害賠償，這是大法官們一致拒絕採取的措施。因此，該案判決，誹謗被告必須應賀伯上校的要求，提供資料進行調查。關於這項判決，布瑞南大法官提出部分不同意見，但他稍後說明：「這真的很不公平。既然規定原告只能在證實被告具有蓄意不實的情況下，才能獲得賠償，竟又同時要求他不得探究被告的意圖。」

賀伯案的判決，是導致誹謗訴訟費用遽增的重要因素。當原告負擔得起額外調查的費用時，他們就會針對報導資料與新聞工作者的想法，展開例行性調查。被告同意讓原告調查證物，並不表示被告的位階高於原告，一些原告律師曾就這一點，抱怨受到大報社的脅迫。賀伯案自行展現了此一發現舉證責任的意涵。這項調查持續了十二年之久，直到一九八六年，紐約美國上訴法院終於下令撤銷上校的誹謗聲明，而最高法院也拒絕再次覆審該案。截至當時，製作人藍道一共宣誓作證二十八次，證詞紀錄多達三千頁，呈堂供證也有兩百四十項之多；此外，他還必須繳出所有的檔案與該集節目所進行的全部訪談母帶。至於ＣＢＳ的辯護律師，則從賀伯上校的證物調查中，要求並獲得一萬兩千多頁的文件。一九八二年，審判終結的前四年，曾參與製作有關賀伯的節目，同時也是誹謗官司被告之一的ＣＢＳ員工麥克·華勒斯（Mike Wallace）估計，ＣＢＳ在本案所支付的辯護律師費約在三至四百萬美元之譜。

冗長的審判

ＣＢＳ和其他媒體巨人，都擔負得起誹謗訴訟的賠償；但對規模較小的被告而言，這道訴訟程序就是走向滅亡的路。《乳草雜誌》是一本在威斯康辛州麥迪遜郡發行的月刊，發行量有一千三百本；編制內的新聞人員只有一位，即編輯兼發行人的彼得·哈丁（Peter L. Hardin）；這是一本以鮮乳行銷為主題的雜誌。一九八一年，紐約雪城的一家大型鮮乳公司因一則報導，控告《乳草雜誌》，並求償兩千萬美元；這篇報導係根據藉由「資訊自由法」（Freedom of Information Act），所獲取有關合作社（cooperative）申請聯邦貸款擔保的政府卷宗。哈丁很幸運，僅僅一年，雪城的聯邦法官就撤銷了該項告訴。在那一年，哈丁用四個月時間在處理這件官司，他必須來回雪城五次；他印了數百頁的文件；他還因此花了兩萬元，其中大部分是律師訴訟費。這筆金額不算多，甚至和現今的大型誹謗案件相比，還顯得少得好笑。但假如他的讀者不曾回應他的求救呼籲的話，該雜誌早就關門大吉了。

比《乳草雜誌》資金雄厚許多的刊物，通常寧願以庭下和解來處理誹謗請求，而不願忍受曠日費時、所費不貲的訴訟，以及承擔最後還可能必須付出鉅額賠償的風險。《華爾街日報》（*The Wall Street Journal*）曾經頒布一項政策，拒絕在審判前和解任何誹謗官司，但一九八三年，它卻支付八十萬元，和誹謗厚告達成和解。這段插曲並未讓華爾街日報停下深入重要調查報導的腳步；但其他財務狀況不如華爾街日報寬裕的報社，則為了遠離誹謗帶來的懲處，因而迴避了爭議性的題材。這就是阿爾頓電訊報故事的寓意。

乾脆請求破產裁定

南伊利諾州的阿爾頓，是美國報業英雄、力倡廢奴運動的編輯伊利亞·羅弗喬（Elijah Parish

Lovejoy），於一八三七年遭擁奴制度暴徒殺害的小鎮。電訊報秉持著揭發政府不法的傳統，導致兩位州最高法官因其報導而下台。一九六九年，兩名電訊報記者得到情報，有一筆黑錢正流向一名地方建商。為了查證這項消息，他們送了張便條給聯邦調查員；這名調查員則將便條轉給一位聯邦銀行管理人。結果，這名管理人竟立即採取行動，切斷建商在地方金融機關的信用。沒有任何關於此事的報導被刊登出來，但這名建商因那張便條而訴請誹謗，陪審團判給他九百二十萬美元。為了上訴，電訊報必須支付超過一千萬美元，它因無法籌到這一筆錢，遂到破產法庭請求保護，因為，唯有被裁定為破產，才能保護它免於受到誹謗判決的上訴審判。最後，電訊報以一百四十萬元達成和解，由誹謗保險公司理賠一百萬，其餘四十萬則舉債償付。華爾街日報以「寒蟬效應：誹謗訴訟如何耗弱小報社的改革精神」（Chilling Effect: How Libel Suit Sapped the Crusading Spirit of a Small Newspaper）為標題，報導這個案件的始末。它說，阿爾頓電訊報幾乎完全停止了調查政府的不法行為。記者在寫信之前，必須先詢問編輯，而且，必須銷毀所有的便條，以免日後遭到誹謗原告的利用。甚至在有人告知電訊報警長涉嫌濫用公權力時，編輯決定不去調查，他說：「這次讓別人去冒險吧。」

失蹤

誹謗訴訟的寒蟬威力，則以另一種不尋常的方式，在一件涉及哥斯大葛弗拉斯（Constantin

Costa-Gavras）所導的電影《失蹤》（*Missing*）的訟案中，展露無遺。這部電影係改編自湯馬斯・豪瑟（Thomas Hauser）的原著《查爾斯・荷曼之死：美國的祭品》（*The Execution of Charles Horman: An American Sacrifice*）。查爾斯・荷曼是一名美國年輕作家，他在一九七二年遠赴智利，著手有關當地左翼政府總統薩爾瓦多・高生斯（Salvador Allende Gossens）的故事。這個政權在一次軍事突擊行動中遭到推翻，幾天後，荷曼也失蹤了。他的父親愛德蒙・荷曼（Edmund Horman）遂南下智利千里尋子。漸漸地，老荷曼開始懷疑，美國使館官員在掩飾事情真相。他相信，他兒子獲悉美國在這項突擊行動中所扮演的角色。經過數週，荷曼的屍體被發現了。於是，他的父親控告包括國務卿季辛吉在內的美國官員，必須為他兒子的死負責；但最後，他卻撤銷這項告訴。豪瑟的書，是透過老荷曼的眼睛在說這個故事。這部電影由傑克・李蒙（Jack Lemmon）和西西・史派斯克（Sissy Spacek）主演，劇情張力十足；因為，哥斯大葛弗拉斯以他在《希臘軍事會議Z》一片中，成功運用的紀錄片拍攝手法執導。《失蹤》上映時，國務院以驚人的方式，發表白皮書譴責這部電影。同時，荷曼失蹤時的美國駐智利大使納塞尼爾・戴維斯（Nathaniel Davis）和其他兩位美國官員，聯手提請一項一億五千萬美元賠償的誹謗訴訟，列名被告的包括：作者豪瑟、導演哥斯大葛弗拉斯、發行該片的環球公司、該書精裝版的發行人哈寇特・喬瓦諾維奇（Harcourt Brace Jovanovich），以及發行艾文版（Avon）平裝本的赫斯特集團（Hearst）。

戴維斯說，這部電影以尖刻的暗示，指摘「我們陰謀教唆智利人殺害查爾斯．荷曼」。羅德尼．斯莫拉（Rodney Smolla）教授在其著作《控訴報業》（*Suing the Press*）中做了以下的評論。

「侵蝕」（corrosive），確實是報業對政府的必然態度，它侵蝕了美國政府刻意營造的假象，彷彿美國從未像霸道的帝國政權一般勾結外國的惡勢力。無論如何，這樣的侵蝕，確是第一修正案要求政府去承受的考驗。假如，政府要反駁《失蹤》的尖刻描述所根據的事實，那麼政府就該拿出令人信服的證據。但是，第一修正案的基本論點之一是，政府不得要求人民沈默地全盤接收政府的說法。

斯莫拉還補充說道，尼克森（智利軍事突擊行動時的美國總統）、季辛吉、戴維斯，以及其他美國官員，一概否認美國介入這項突擊行動。他說，這些官員說的或許是實話；老荷曼、豪瑟、哥斯大葛弗拉斯的故事，不過是妄想罷了。「但在理論上，這件事至少還有一種可能，那就是尼克森、季辛吉等人對智利政府說謊，他們又不像是從未說過謊的人。」

儘管第一修正案強力主張，美國人有權自由爭辯官員在智利突擊之類的政治事件中的角色，但《失蹤》的誹謗訴訟仍舊有著一根刺，一根長在尾巴上的刺。一九八二年，艾文重新發行豪瑟的書，書名改為《失蹤》，以便沾電影上映的光。這本書大為暢銷。但一九八三年，當官員訴請誹謗時，艾文卻決定不再印行這本書。因為他的律師建議，如果為了滿足書市需求而加印，可能會在訴訟中傷害到發行人的立場。一九八五年，這部電影在全國電視網播映；通常，發行人應該會趁著難得的曝光機會促銷書籍；但豪瑟的書卻未被提及，也不見書影。豪瑟在沮喪之餘，要求恢復版權，以便他再找其他出版社發行。但他們拒絕了這項要求，甚至在法官否決這件訴訟後，艾文仍舊堅持這個立場。赫斯特集團發行人的律師出面解釋說，有些事在上訴時，可能還是會出錯；如果繼續印行更多冊數，可能會讓事情複雜化，同時也意味著更多的訴訟費用。就這樣，一項成功機率相當低的誹謗訴訟（真的不重要的訴訟）讓一本重要的著作停止印行好幾年。此案展現了誹謗法驚人的威嚇功力，特別是在遇到毫無擔當的發行人時。電視台並不是為了標榜它的氣魄，但它就是播了哥斯大葛弗拉斯的作品。沒有法庭，沒有原告，也沒有保險公司打壓這本書；是發行人自己打壓了它。

《失蹤》誹謗案的故事，在嗚咽聲中落幕了。當誹謗聲請被撤銷後，豪瑟提出一項反訴，控告戴維斯大使和其他原告，本案至今依舊懸而未決。一九八七年五月七日，戴維斯被傳喚宣誓作證（deposition，這是審判前的作證）。豪瑟本人剛好是位律師，因此由自己進行質詢。他問戴維斯，當他出使智利首都聖地牙哥時，美國大使館名冊中，共有多少中情局情治人員。戴維斯勉強地回答了。突然間，他告訴他的律師，他想停止這項作證，以及這件官司。他同意撤銷所有的上訴，並承諾決不再控告；而豪瑟，也以放棄反訴作為回應，他和其他原告對於這個結果，共同簽署一項協議。同時，豪瑟控告哈寇特與艾文，因為他們未履行合約持續印行《失蹤》一書，也拒絕將版權歸還給他。一年後，這兩位發行人與他達成和解，他們付給豪瑟一筆相當可觀的補償，並將版權歸還給他。後來，這本書版權由賽門與修斯特（Simon & Schuster）出版社買下，另外發行新的版本。

誹謗訴訟到處充斥

在「紐約時報公司訴蘇利文案」宣判二十年後，誹謗訴訟成為美國一項方興未艾的產業。不只是藝人、企業主，連將軍、州長、參議員，都前仆後繼地打起誹謗官司。威廉·魏斯摩蘭將軍（General William Westmoreland），越戰時的美軍總指揮，控告ＣＢＳ。以色列的艾瑞爾·夏隆將軍（Ariel Sharon），控告時代雜誌。賓州最高法院法官，集體控告費城詢問報以評論報導誹謗他們。費城詢問報在二十年當中，耗費大半時間投入在一九七三年的一則報導，該報導質疑檢察官理察·史普雷克（Richard Sprague）處理一宗謀殺案件的手法。（經過一次審判和數度擴大上訴後，二次審判的陪審團判給史普雷克三千四百萬美元，但費城詢問報繼續上訴。）川普，房地產界名人，控告芝加哥論壇報和該報建築評論家，索賠五億美元（未成功），因為該報在一篇報導中，嘲笑他計畫在紐約興建一棟一百五十層大樓的構想。看來，遲早似乎會有人提出第一宗求償十億美元的誹謗訴訟。

為什麼，誹謗訴訟在數量和規模上會急遽增加？為什麼大多數的誹謗案件是由公眾人物和公職人員提出？這和美國的傳統顯然扞格不入。一九四八年，杜魯門總統寫信給他的姊妹：「白宮的每一個人，都深受流言、不實陳述和誹謗言論的糾纏，而他們除了忍耐，什麼也不能做。」格蘭特和其他南北戰爭時期的將軍們所受到的抨擊，猛烈到魏斯摩蘭將軍做夢也想不到，但他們並沒有提出告訴。晚近，在一九四七年，在第一修正案理論上，深深影響何姆斯大法官的查菲教授可能會寫道：「受到誹謗的美國人，較樂於以穩定發展人生來證明自己的清白，而不是延聘律師上法庭為他辯護。」這個傳統到底出了什麼事？

媒體本身的問題

一個可以解釋誹謗如潮的說法是，因為蘇利文案的判決，使得報紙以更傷人的侮辱對待政治人物。一九七四年，當水門陰霾逐漸籠罩尼克森總統時，他在一次廣播演說中做出如下辯稱。「有興趣參政的人民，」他說：「應該要有更多的保證，作為保護他們及其家人免於受到誹謗攻擊的護身符……不幸地，一些誹謗律師將最高法院近日作成的判決，特別是『紐約時報公司訴蘇利文案』的判決，解釋為一張通行證，讓記者可以在政治候選人及其家人，或他的支持者、朋友所介入的事件中，暢行無阻。這是不對的。」

其他人也提出類似的觀點，但他們的見解並不像尼克森的想法遭到了個人私利的扭曲。有位傑出的州法官，伊利諾州最高法院的瓦特．薛佛（Walter Schaefer），曾在一九八〇年說過，蘇利文案判決讓公職人員的身價急遽貶值。但這個認為一九六四年後，報業以更嚴厲的態度對待公務員的見解，被歷史所駁斥了。在第一修正案被採用的當時，以及此後數十年中，政治領袖受到對手所收買的報業的欺凌。新聞自由的著名倡議者傑佛遜，曾於一七八七年說：「假如讓我在『沒有報業的政府』和『沒有政府的報業』之間做選擇，我會毫不猶豫地選擇後者。」但一八〇七年，他當了六年總統後，他在給朋友的信中寫道：「現在，報紙上寫的東西，沒一樣能夠相信的。被放到受汙染的媒介中，連真理本身也變得可疑。」十九世紀末的黃色報紙，也一樣糟糕。

我們該如何解釋柏克法官所說的「誹謗訴訟如潮水般湧現」？毫無疑問地，這個現象反映了民事侵權案件的普遍暴增，數量驚人的判決，在醫療過失、不當產品與其他同類型的案件中贏得勝訴。二十世紀中葉以降的美國人，似乎相信法律的「免費午餐」理論；他們篤信，任何不幸遭遇都可以歸咎於某人或某事，並可以獲得金額可觀的補償。但是，對於誹謗現象，應該還有某些更誇張的事；因為，相較於其他民事侵擾案件的情況，誹謗訴訟更顯得鋪張浪費。

最令人折服、也最睿智的解釋，是由斯莫拉教授所提出的。首先，他形容「美國人的臉皮愈來愈薄了」。斯莫拉說，在「自我的年代」（Me Generation）裡，人們比較在乎自己；他們花許多時間和金錢在自戀性的自我提升、在發現和陶冶內在自我上。斯莫拉總結說：「一個人不會為了恢復自己的形象，而付給分析師數千美元，然後就無所事事地坐著，彷彿是藉著《六十分鐘》或國家詢問報的曝光就可以復原。」當時，報業的特質已然改變。過去，記者通常是低收入、沒受過太多教育的人。他們圍坐在侷促狹隘的編輯室裡，就像《頭條大新聞》（*The Front Page*）裡演得一樣，一面灌著威士忌，一面杜撰精采的故事。誰會去在乎這樣的無賴說了你什麼？但現在，他們是新聞工作者，大學畢業，喝的是白酒。此外，在過去的年代裡，報紙非常之多，像世界報報導的新聞內容，可能和論壇報寫的完全相反。現在，報紙的家數變少了，但重要性較大，自我期許也較高。「這些企業報紙相當嚴肅地看待自己，」斯莫拉寫道。「它刊登的似乎不只是新聞，而是真理；陪審團的反應，可能就是大眾對媒體這種曖昧角色的普遍反感。」

肆無忌憚的無冕王

電視的角色就更有威嚴了。它無遠弗屆的特性，將全國電視網的主播先生、女士，以及頂尖的記者們，塑造成舉國盡知的顯赫人物。對大眾而言，這是一項權力，是一項偶爾會以一種不可思議，甚至傲慢的方式在運作的權力。全國電視網、大報和重要雜誌，他們提出問題，要求答案；但是，當別人想瞭解他們的業務時，他們就用第一修正案把自己裹得緊緊的，並拒絕回答任何問題。這一幕是大眾屢見不鮮的。但新聞界卻用另一種角度看待此事。新聞工作者明白，當他們在洞察政府秘辛時，自己的權力有多渺小。當丹．拉瑟（Dan Rather）試著在喬治．布希的口中，套出他在伊朗反抗軍所扮演的角色等重要問題的答案時，布希四兩撥千金地回應他，在那個過程中，拉瑟當下成了苦鬥的困獸。但大眾所看到的，是一個有權勢的新聞界。斯莫拉說：誹謗訴訟已經變成對這種高高在上、不可一世的權力的報復手段，一種挑戰美國社會新權力的方法。

新聞界給人的傲慢印象，因為多數媒體的拒絕認錯而更加深化。許多訴請誹謗的人士表示，如果刊登攻擊陳述的媒體曾表示願意撤銷該言論，或有意討論這件事的話，他們就不會提出告訴了。時代雜誌在夏隆將軍案的表現，正是說明媒體之冥頑倔強的痛苦例證。一九八二年，身為以色列國防部長的夏隆將軍，指揮以色列軍隊進攻黎巴嫩，結果，這項軍事行動演變成兩國的災難。因為，以色列違反與美國的協定，派遣部隊進入西貝魯特的回教區；在他們之後，黎巴嫩基督教右派武裝組織也隨即來到，他們進入巴勒斯坦難民營，屠殺了以婦孺為主的數百名難民。以色列的抗議人士迫使司法委員會進行調查，他們裁定夏隆將軍必須為這項大屠殺負起「間接責任」。但是，時代雜誌不滿足於僅報導司法委員會對夏隆將軍的嚴厲起訴。它驚人地補充道，「時代雜誌聽說」，在委員會的報告裡，有一份祕密附件B記載，夏隆曾經和黎巴嫩基督教右派武裝組織領導人會商，「需要他們代為復仇」。夏隆將軍訴請五億美元賠償。在擴大證物調查和審判的兩個月當中，時代雜誌信賴報導中的匿名消息來源，堅持不肯透露其姓名。最後，以色列政府同意讓律師在受到監督下，調查附件B，而其中並未發現任何有關夏隆將軍和黎巴嫩基督教右派武裝組織的會商。後來，時代雜誌辯稱這是「情節輕微的錯誤」；但是，附件B已經揭露了時代雜誌所虛構的故事的可信度。事實真相是，時代雜誌根據不可靠的消息來源，刊登一則不實的報導；而且，即使他們有錯的話，時代雜誌也沒有承認錯誤的胸襟；因為，就常識判斷，夏隆將軍遠在這場昂貴的訴訟結束之前很久，即表示願意以一則簡短的撤銷聲明，作為和時代雜誌和解的條件。經過十一天的長考，陪審團判定這則報導為不實陳述，但沒有蓄意輕忽之嫌。結果，夏隆將軍訴請損害賠償失敗；至於時代雜誌，則因為它的傲慢，賠上了它的公信力。

大眾的反感

有時候，媒體會因為它談論憲法保護的方式，而加深了大眾對它的傲慢的感受。像「新聞自由」、「第一修正案權利」等名詞，其實是帶有獨斷意味的名詞，同時具有排他性的獨斷想法。有些編輯和發行人的行為，彷彿第一修正案的新聞條款，是僅為了保護新聞工作者而量身打造的；而且，這種保障還凌駕於憲法的其他權利之上，但這種主張卻沒有任何邏輯與歷史的依據。在約翰．彌爾頓首度鏗鏘有力地提出新聞自由的完整概念時，當時還沒有定期發行的報紙。彌爾頓擔心的是政府對書籍和小冊子的檢查制度，而這也是美國各州憲法出版自由條文的傳統，以及第一修正案制訂時的目的。沒有人可以決然地斷定，第一修正案的制訂者要保護的只是報紙的自由，而非書籍的自由。言論與報業自由條款的結合，彰顯了先賢有意全面保障口頭與文字的言論。在憲法的其他保障中，也沒有任何偏袒新聞界或報業的線索，例如，第六修正案的保障為：

所有刑事訴訟的被告，均享有公平審判的權利。

當最高法院作成一項反對報業利益的判決時，編輯與發行人太常表現出一副「憲法精神已經蕩然無存」的樣子。當最高法院在賀伯上校案裁定，在誹謗訴訟中，報紙被告必須回答有關編輯流程的問題時，洛杉磯時報稱這項判決為「歐威爾（一九八四）的」（Orwellian）判決；聖路易斯郵遞報的編輯則說：「這項判決有全面禁止報業的可能性，除了在獨裁或法西斯國家以外，是絕無僅有的判決。」像布瑞南大法官這般忠於言論自由的人，也曾經對這種過分傷人的言辭提出警告。他在賀伯案中說：「對媒體的傷害，在程度上絕對無法他們的毒辣評論所引起的燎原大火相提並論。」他補充說，最高法院在賀伯案和其他訴訟中所面對的議題，是很多理性的法官無法苟同的，而且，他們應該也會對報業耳提面命一番，要他們報導謹慎、可信的言論。布瑞南大法官總結說：「這可能會連帶失去一些清白、一些讚許，就像其他機關一樣，報業也必須包容多元的重要社會利益。」

新聞工作者享有特權

許多新聞工作者特別支持一個憲法上的特別地位問題。這是一項特權要求，意指新聞工作者可以不必回答有關消息的可靠來源等問題。在最高法院於一九七二年所宣判的案件中，握有可能的犯罪行為消息的記者，被檢方傳喚出庭，在大陪審團面前作證。但他們拒絕作證，因為他們承諾要保護消息來源，如果供出消息來源姓名的話，會傷害到彼此間的關係。大法官們遂投票表決，以五比四票撤銷下述這項聲明：「基於第一修正案對新聞自由的保障，記者有權拒絕作證。」後來，在下級法院中，出現幾件涉及類似的特權聲明的案件，例如，刑事訴訟的被告，要求庭上傳喚記者出庭；或訴請誹謗的原告，希望知道報導中曾引述的未具名消息來源。

的確，在必要時，記者是需要引述祕密消息來源的。如果沒有「深喉嚨」和其他記者承諾守密的消息來源提供線索的話，華盛頓郵報就不可能揭開水門案件的面紗。記者和編輯必須嚴守這樣的承諾，或是破壞他們個人的信用。但這並不能被推斷為，第一修正案或其他報業所贏得的憲法權利，保障記者在法律審判中，有權保留這些姓名，而不向法庭透露。例如，刑事訴訟案件的被告，根據憲法，有權為自己的利益傳喚證人；假如記者握有可以證明被告無罪的消息，當他拒絕作證時，憲法當真會保護他嗎？偶爾，在相當偶然的情況下，新聞工作者可能為了堅守他保護匿名消息來源的承諾，而被判藐視法庭罪，還可能因此坐牢。對記者而言，這是必須付出的慘痛代價，但這種狀況鮮少發生，也可以制衡新聞工作者的特權對我們的司法體制可能造成的扭曲。

或者，讓我們想想誹謗訴訟的情境。假設一家報紙或雜誌，在沒有具名消息來源的情況下，說某人是恐怖份子。是否有一種強制的利益（憲法的利益），會否決這位遭到指控的人，有權獲知這項不利指控的根據？在南非一宗誹謗訴訟中，一家新聞雜誌的記者報導，一位黑人牧師，在公開談論和平時，祕密地鼓吹以暴力手段反對種族隔離政策。這位牧師要求知道作出這項指控的消息來源，當記者拒絕透露消息來源姓名時，法庭遂判給牧師一筆損害賠償。本案後來發現，這本雜誌其實是政府出資發行的，而該篇報導的作者則是臥底的警察。現在，把同樣的劇情換由另一批演員，擔綱演出記者要求特權的故事。在麥卡錫時期，美國的狀況其實好不到哪裡去：出版品根據匿名消息，指控人民為親共人士。報紙也可能是壞蛋，它並非永遠都是個好人。

「報業例外論」（press exceptionalism），係指在憲法中，新聞界擁有獨特且優越的地位，這不僅令人難以信服，更是危險的主張。一般人民很難理解，為什麼報業應該擁有比他們更多的權利，雖然，這些權利終究必須仰賴公民的瞭解與支持。柏克法官說明：「當報業獨享自由到某個程度時；它的自由所瀕臨的危險，也就達到那個程度。」

報業從第一修正案汲取它的憲法支持，第一修正案雖以確保對公共事務健全的辯論為主要目的，但這個目的並非為新聞工作者所獨享。一開始，美國是一個激發人民自由爭辯重大議題的國家；從南北戰爭之前的廢除奴隸運動，到今天的環保運動，公民活動已經在我們的歷史上留下印記。誹謗訴訟的現象顯示了，在第一修正案的核心意義中，人民握有的籌碼並不亞於媒體所擁有的。在一九八〇年代，如潮水般湧來的誹謗訴訟，同時對報業和人民發出警訊，如果有任何事對時事評論者更具威嚇力的話，那就是誹謗訴訟了。

加州里奇蒙的亞倫．拉波音（Alan La Pointe），對西康德拉哥斯大衛生區所提的垃圾焚化爐興建計畫，發起一項反對運動。州檢查總長裁定，該設備的建設基金遭到濫用；拉波音遂提起一項納稅人訴訟，而衛生區也因為拉波音發表公開演說和文章阻撓興建焚化爐，而提出反控，並求償四千兩百萬美元。最後，加州法院撤銷衛生區的請求；但拉波音卻表示，他很懷疑以公民身分公開表達意見，是否是種「犧牲」。加州史闊谷（Squaw Valley）開發計畫，曾經引發多次公開辯論與訴訟，「史闊谷產權所有人協會」曾經聯合「西拉社團」反對一項計畫。但到了下一次，開發負責人亞歷山大·喀辛（Alexander Cushing）和協會領導人討論，他們決定不再反對他。其中一人後來表示：「喀辛的態度是，你告我，我就告你——就是這麼一回事，就像我有些小事業，也有了兩個小孩。我很不安。」

兩位丹佛大學的教授，喬治·普林（George W. Pring）和潘納洛普·卡能（Penelope Canan），研究他們所稱的「反對公眾參與的策略性訴訟」（strategic lawsuits against public participation）。有很多訴訟抵制個人或團體發起請願、作證，或參與公眾所關切的議題的政府流程。一九八九年，普林和卡能寫道：「每年，全美都有成千上百的民事訴訟案件，以杜絕人民行使其政治權利，或懲罰已行使該項權利者，為唯一的訴訟目的。」

讀者投書也會惹禍上身

寫讀者投書給媒體，是很多人發表個人對公共議題看法的傳統作法，這也同樣引發了許多的誹謗官司。對司法程序戕害最大、最惡劣的一宗誹謗案件，莫過於此了——起因於《靈長類醫學期刊》（*Journal of Medical Primatology*）的一則讀者投書。這是一本針對研究猿猴與其他靈長類的學生所發行的學術期刊，每期發行量只有數百本。該期刊於一九八三年所刊登的這則讀者投書，係由「國際靈長類保護聯盟」主席莎莉．麥瑰爾（Shirley McGreal）所寫，它批評伊慕諾公司（Immuno A. G.）所進行的一項計畫。伊慕諾為總部設在奧地利的跨國公司，它在非洲獅子山以被捕來的黑猩猩，進行肝炎疫苗的研究。麥瑰爾控訴伊慕諾的下列作法：第一，伊慕諾以在獅子山興建研究機構，來規避國際禁止進口黑猩猩的禁令；第二，這項計畫可能會使野生黑猩猩瀕臨絕種，因為，獵人通常是以殺害母猩猩，來捕捉黑猩猩；第三，任何被捕的動物在實驗後縱歸山林，可能會將肝炎傳染給其他黑猩猩。伊慕諾根據這篇投書，控告八個人涉嫌誹謗，其中包括有麥瑰爾博士，以及詹．摩爾詹考斯基博士（Dr. Jan Moor-Jankowski），他是該期刊的編輯、紐約大學醫學院教授，並主管「靈長類實驗醫學與外科」實驗室。伊慕諾的訴狀中引述麥瑰爾的投書，以及摩爾詹考斯基的評論——他引用英國雜誌《新科學家》（*New Scientist*）的說法，稱伊慕諾計畫為「科學帝國主義」，並警告說，這項計畫「將會牽連到像我一樣誠實使用黑猩猩的人」。

伊慕諾的訴訟在一九八四年提出。在接下來的幾年間，除了摩爾詹考斯基博士以外，其餘被告都因為和大公司對陣的驚人訴訟費，而和伊慕諾和解。他們以付給伊慕諾法官所稱的「實際總額」（substantial sums），來擺脫這件官司；而且，他們多數否認有意批評該公司的獅子山計畫。麥瑰爾博士的保險公司為她理賠她應負擔的十萬美元，而她在這件案子上已經花費二十五萬元；但麥瑰爾博士本人從未撤銷任何言論。摩爾詹考斯基博士成為僅存的被告，他必須獨力擔起伊慕諾的四百萬美元損害賠償。他請求該案審判法官——紐約最高法院的碧翠絲・宣絲威（Beatrice Shainswit），准予進行「即決審判」（summary judgment），以便讓他拋棄這項訴訟。即決審判是，當他們提不出實際證據時，所採取的一種未經完全審判，即逕行判決的設計，也就是，即使證據是由對方所提出時，一方仍有資格勝訴。在誹謗訴訟中，即決審判對被告而言事關重大，否則，他們就得面對漫長費時的證物蒐集，以及接踵而來的審判。但宣絲威法官拒絕給摩爾詹考斯基博士即決審判，她說，陪審團必須決定麥瑰爾博士的投書內容是否正確，若非，還必須查證有無已知或輕忽不實。這項判決後來上訴到紐約位階最高的法院——上訴法院，法官們一致同意，給予有利於摩爾詹考斯基博士的即決審判。

朱蒂斯・凱（Judith Kaye）法官代表上訴法院撰寫一份令人難忘的判決文，她寫道：「對於多數民眾而言，讀者投書是唯一的機會，讓他們可以公開表達自己對切身議題的看法。」她引述一項英國的判例說明，「受到執行失當的事務困擾」的人民，應該有權寫信給報社，讓報社刊登這封信：「這經常是讓事情各適其位的唯一方法，」她繼續說：「這種論壇之所以重要，並不只是因為它允許個人或團體，在公共利益上，接觸並說服更廣大的人群；也是因為它允許讀者獲知原作者和來函讀者的不滿，也或許，之前所刊登的言論只是謠言罷了。這樣的論壇，可以將議題提升到彼此謾罵的層次以上……公共論壇讀者投書的功能，是和『言論自由市場』的精神相當接近的……。」

凱法官還特別強調即決審判在誹謗訴訟中的重要性。她說：「本案已經累積了數千頁的審判記錄，以及其他被告的『實際』和解。」她援引先前的一宗案件判決文說，本案證明了一項事實，經由審判來訴請各式各樣的誹謗案件，「對於第一修正案自由的行使，可能會產生寒蟬效應，就像誹謗訴訟本身的結果所帶來的恐懼一樣。」

不堪其擾，只好和解

對摩爾詹考斯基博士，以及對讀者投書的自由而言，上訴法院判決文都是一場精采絕倫的勝利。只可惜，它並不是該案的結局。凱法官以州法和聯邦法作為該案的判決基礎。她發現，麥瑰爾博士的投書僅是純粹的意見表達，但是，經年積累而成的紐約州法，就像多數州的誹謗習慣法一樣，因此，那篇判決文不能適用於誹謗案件，因為，它不像事實一樣，無法證明真偽。但是，凱法官根據鮑爾大法官在葛茲案的主張，「在第一修正案之中，沒有錯誤思想這種事。無論一項意見看起來有多危險，我們所賴以更正它的，不是法官和陪審團的良知，而是其他思想的競爭。」很多下級法院都瞭解這段話指的是，任何陳述都能完全顯現出意見表達的特質，因此，都能在誹謗訴訟中，獲得憲法的豁免。然而，數個月後，紐約法院宣判伊慕諾案，最高法院認為聯邦憲法中，並沒有如此全面性的原則。最高法院說，即使一項陳述完全是意見表達，假如它暗示這些證據可被證明為不實的，那它就是誹謗案件。在這項判決之後，最高法院立即受理伊慕諾案的覆審聲請，並宣判將之發回紐約法院，根據一項新的聯邦法定義，再行更審。上訴法院再度進行調查，並維持原判。凱法官代表法院表示，根據最高法院最近的判決，麥瑰爾博士的投書得受到第一修正案的保障。她進一步清楚地說明，無論如何，這件誹謗官司都是紐約州憲法所禁止的；然後，她對這項特別保護加以評論，彷彿是在寫讀者投書一般。摩爾詹考斯基博士贏得法律，卻遍體鱗傷，他寫了一封讀者投書給紐約時報，諷刺地形容自己是「勝利的被告」，並對他所稱的「本次訴訟的真實生活效果」著墨深刻。他說：

> 我是紐約大學醫學院的專任研究教授，同時擔任國際《靈長類醫學期刊》這本小型期刊的無給職編輯。過去七年來（美國男性預期壽命的十分之一），我官司纏身……截至目前為止，我的訴訟費用已經超過一百萬美元；過去的一年半中，我在本國歷經十四天的宣誓作證，並在下級法院的命令下，前往奧地利和獅子山參加代價極端昂貴的宣誓作證……七年的訴訟過程，耗費我泰半的時間，也使我的科學研究蒙塵。法律上的勝利，並不能有效地保護我或其他小型專業期刊的編輯，免於受到大企業利用我國的司法制度，以誹謗的寒蟬效應打壓對他們行為的評論。我們需要法律去制止耗費驚人、毫無價值的誹謗訴訟，以免這些對司法制度的濫用，侵蝕我們第一修正

案權利的基砥。

伊慕諾案的歷險故事，顯示了蘇利文案發生二十五年之後，有關州誹謗法的許多事情。它告訴我們，除非法官警覺到需要即決審判，否則，龐大冷酷的企業將會以毫無價值的誹謗訴訟，以及令人咋舌的求償金額，讓寧拒不屈的被告飽受破產的威脅。它告訴我們，誹謗對於發行量極少的學術期刊而言，它造成的實際利害關係，就像對紐約時報一樣。它告訴我們，麥迪遜所主張之公共評論的功能，可以從讀者投書來執行；同時，報社也能以刊登讀者投書來履行。它還告訴我們，假如言論自由市場保持運作的話，像麥瑰爾博士這樣有話要說的人，就可以自由表達她的觀點，如同紐約時報的專欄作家一樣。而社會團體的發言人，如麥瑰爾博士的國際靈長類保護聯盟，就是報社的重要消息來源之一；但即使報社完全不介入，但麥迪遜義務仍然相同。假如，麥瑰爾博士選擇以在公開聚會中演講，或以陳情方式代替讀者投書，她應該可以將自己的觀點廣為傳播，也不必承擔誹謗訴訟的脅迫恐懼。

令人好奇的是，誹謗的憲法條文，並未很快跟上麥迪遜與自由言論市場的理論。至少，在形式上，最高法院拋磚引玉，開放眾人自由討論蘇利文案判決對受到誹謗控訴的個人，是否給予與報業同等的保障。在一九七四年的葛茲案中，鮑爾大法官支持公眾人物和政府官員一樣，必需證明已知或蓄意輕忽之不實才能獲得誹謗損害賠償，而這項原則同時適用於報業和新興媒體；很顯然地，在他看來，報業是特別需要保護原則的。在後續的數件訴訟中，包括布瑞南在內的幾位大法官，提出被控誹謗個人的權利的特別問題，他們並表示，應該賦予他們和報業相同的憲法地位；然而，在蘇利文案判決三十年後，最高法院多數決仍未給予一個明確的答案。

新聞自由是人民的權利，不只是媒體的

此外，蘇利文案本身的事實似乎就可以解決這個問題。畢竟，蘇利文警長所控訴的被告，除了紐約時報以外，還有四位牧師。布瑞南大法官以他新提出的原則，處理四位牧師的案件，他認為，該案「沒有憲法的支持」。在本案進行口頭辯護時，郭德堡大法官曾和代表紐約時報的威克斯勒教授，曾有過這麼一段對話：

郭德堡大法官：「這個規定（威克斯勒對誹謗政府罪的主張）不僅適用於媒體，還普及到所有人民身上？」

威克斯勒：「當然，的確是這樣。」

郭德堡大法官：「也就是說，你現在所主張的不是只應用在媒體的特別原則？」

威克斯勒：「當然不是。」

布瑞南大法官在蘇利文案判決文中，一開場即說：大法官首度被要求去判定「憲法對言論與出版自由」應用在誹謗訴訟中的範圍，他所說的是：言論「和」出版，而非單指出版。他在提及必須保障「政府公民評論者」時，指的是公民，而非媒體。一年後，因為蘇利文案的氣勢，最高法院決然推翻一項誹謗損害賠償判決，在該案中，有位密西西比州警政首長，控告一位民權領袖在遭到逮捕時，發表一項公開聲明，聲稱他的被捕是一樁「惡劣的陰謀」。雖然，最高法院並未明確指出重點，但它以蘇利文案原則審理這項個人所作的陳述。

假如，成千上萬的人民中，每年都有一人，因為發表個人對公共事務的看法，遭到誹謗罪名起訴，而將案子提到最高法院覆審，相信大法官們將很難否認第一修正案不保護他或她。而且，報紙也不再表示異議：至少，一項議題被放到一個明智、利他的位置，讓孤伶伶的小冊發行人也能和全國電視台一樣，共同受到第一修正案的保障。費城詢問報的傑出編輯小尤金．羅伯慈（Eugene L. Roberts Jr.），在一九八九年，針對誹謗訴訟對人民的危害提出他的看法。他說：「在美國，新聞自由如果不能枝繁葉茂，那是因為這權利被強勢報業所獨佔；如果它能倖存，是因為人民理解到，新聞自由只是人民自由的延伸。他們有權質問、挑戰，並指摘他們所選出來的立法者，所以，他們很滿意媒體也能同享這種自由。」

如果，伊慕諾案是現代誹謗訴訟的一個極端：用千斤鎚去敲只有幾百人看得到的投書這個小核桃；那麼，另一個極端就是「魏斯摩蘭對CBS案」了。這是由威名遠播的將軍和全國電視網巨人，因一個數百萬人看到的節目，而掀起的一場戰爭。但這個官司所得到的教訓確是相同的：為了合法的社會利益，而在誹謗訴訟中，在司法程序失敗。

魏斯摩蘭案

一九八二年一月二十三日，CBS播出一部九十分鐘長的紀錄片，指控在越戰時期，「美國軍方高層情治人員策劃一項陰謀」，「隱瞞和竄改重要的敵軍軍情」。這個名為《不計其數的敵人：一場越南騙局》（*The Uncountable Enemy: A Vietnam Deception*）的紀錄片指出，美軍最高指揮官魏斯摩蘭將軍，曾經下令在給華府的報告中，短報了北越軍隊在一九六八年「越南新年攻擊」（Tet offensive）前滲透到南越的數目。（在越南新年攻擊時，越共和北越軍隊攻擊許多南越城市，並逼進西貢的美國大使館周邊。以軍事策略來說，這些攻擊行動最後功敗垂成。但美國輿論因為發現敵軍的損傷情形，並不如詹森總統和美國軍方所說的慘重，因而轉向反戰。）根據廣播，北越軍隊滲入南越的情治人員的真正數量，遠高於先前的推估，因此，他們為了掩飾，遂命令情治人員隨意刪減人數，以免引發總統的震怒。

魏斯摩蘭將軍譴責這個節目，同時，《電視指南》（*TV Guide*）也在一篇題為「解剖誹謗」（Anatomy of a Smear）的報導中大力支持他。這篇報導說，該節目製作人已然違反CBS的內部規定，例如，雇用專家在節目中充當證人。CBS則自行展開調查，它發現這項規定的確遭到違反，但它們支持廣播公司的決定。全國電視網提供魏斯摩蘭將軍十五分鐘不剪接的時段（以電視公司的標準來看，這是相當驚人的時數）。但他的律師認為，這種作法只會「頌揚謊言」。因此，將軍控告CBS，並求償一億兩千萬美元。

這件案子在發現證物階段，一共得到多達四十萬頁的文件。當CBS律師在一九八四年提出即決審判聲請時，他們的聲請和輔助訴狀共有一千三百四十二頁；魏斯摩蘭的律師，則以一千三百八十頁的覆文回應他們。該案的審判法官，紐約南部管區聯邦地區法院的皮爾．雷瓦（Pierre N. Leval），拒絕准予即決審判，並訂於一九八四年十月，開庭審理本案。在審判前，兩造當事人在本案的花費都高達兩百萬美元。審判持續了將近四個月，所有的證據和辯論，都集中在這個節目為什麼用了這些資料，而不是其他的。後來，魏斯摩蘭將軍清楚地感覺到，陪審團不可能認定他可以證明CBS是在已知或蓄意輕忽不實的情況下製作這個節目，因而放棄並撤銷告訴。

對訴訟兩造而言，本案都是有害的。魏斯摩蘭將軍，看起來像英詩所描寫的威嚴氣派的約克公爵，他曾經率領麾下萬人大軍，攻上山頭，再闊步下山。CBS則對該案顯得猶豫不決，即使沒有足夠的蓄意不實證據，它們也可能輸掉官司。而法律本身看起來，也夠愚蠢了。耗費如此龐大的資源，竟然只為證明某件無從證明的事情：越戰某個面向的「真相」。這個案子最後變成爭論是否該把地方游擊隊算進敵軍的數量。但那個問題必須根據這場戰爭的性質來判斷。關於這樣的事情，並沒有可以證明的真相；至少，不是陪審團可以適當判決的。在越南發生的每件事，都是政治激辯的問題。它的真相是政治的真相，也該由政治來解決，而非法律。

有關越南的統計數據這一點，華德．賈斯特（Ward Just）的小說《恐懼之城》（*In the City of Fear*）中，有完整的計算。這本書在魏斯摩蘭案發生前，即已出版。（賈斯特在越戰時期，是名駐越南特派記者。）其中有一幕，是美國總統正在聽取有關越戰簡報，他對於他所得到的數字相當擔心，「他們累慘了嗎？」總統問。他的顧問回答：「還沒真的累倒……所有的統計數據都是正確的，我確定。」另外一人說：「這正是他們的問題所在，當然，這些數字是正確的。漂亮，真有他們的，數目這麼龐大。」

當雷瓦法官讓這件案子接受審判後，他為了好好表現，於是呼應哈藍大法官在「時代雜誌公司訴希爾案」的警語：「在很多領域當中，『真相』並不是個容易識別的概念，而且，如果讓陪審團在有預存偏見的狀況下裁定真相為何，事實上，可能會引導出一套新聞檢查制度。」魏斯摩蘭將軍在譴責這個節目不實時，他顯然是誠實篤定的，但他最放棄了最適當的挽救方法：在全國電視網所提供的時段中，為自己辯護；這的確也是，當將軍在審判前後，在螢光幕前的高度曝光，他的公眾聲望明顯攀升。言論市場總是管用的。

當審判乍然結束，陪審員顯得相當失望，他們將不會再有作出判決的機會了。雷瓦法官因此說了一些堂而皇之的評論，試著平復他們的「失望感」。「歷史的審判，太巧詐，也太複雜了；陪審團樸實、單純的判決，無法圓滿地解決……」他說：「所以，我建議你們，或許，把這個案子留給歷史去審判，才是最好的。」沒錯。若果真如此，這件案子就永遠不會進行審判。雷瓦法官當時應該准予CBS即決審判的。

因為人們對誹謗法（從蘇利文案開始的憲法）日益蔓延的不滿，魏斯摩蘭案成為廣被宣傳的象徵。報業和具有公眾精神的個人發現，他們因為言論所招致的懲罰，而遭到誹謗官司和訴訟費用的打擊，但蘇利文案似乎曾經承諾過，言論不該受到懲罰。對於那些認為受到不實批評的傷害的原告而言，誹謗訴訟反而使他們更加感到挫敗。舞已經結束了。

第19章

另起爐灶？

一九六四年九月，在「紐約時報公司訴蘇利文案」宣判的六個月後，賀伯特・威克斯勒收到紐約時報的部門主管雷斯特・馬可（Lester Markel）一封不安的信。馬可是位果敢嚴苛的編輯，編製多年的週日版，現在是副主編。他擔心在蘇利文案獲勝後，「我們會使得媒體無法無天」。他問威克斯勒是否認為公務員「不應該訴諸法律」，當報紙對他「蓄意刊登不實報導」的時候？事實上，威克斯勒在最高法院正是如此主張，但是大多數人並不同意。威克斯勒在回信中寫道，最高法院容許公務員對於已知或蓄意輕忽的不實報導要求損害賠償。但是他認為媒體應該擁有絕對豁免權。他認為，公務員究竟是否能夠對於蓄意的不實報導要求誹謗損害賠償，這問題要看「普通陪審團能否公正地以他們的審判作為審理真相的工具」。換句話說，報紙可以相信陪審團會正確且公允地判定他們在刊登報導之前「知道了」些什麼嗎？威克斯勒說，麥迪遜就是不相信陪審團的判斷能力，所以主張廣義的豁免權，「這論點至今在實務和理論上仍然有其影響力……只要誹謗罪法還保留罰則的話，我想就有充足的理由認為，這會嚴重威脅到對於公眾人物的公開討論，如果報紙必須在謊言與真相的問題上和陪審團瞎攪和的話。這就是為什麼我在本案中堅持這論點的緣故。」

馬可回信建議：「美國南方合理的陪審團體制可以避免掉這個問題。」他質疑，是否會因為「正義偏處於美國的某個區域」而侵蝕了新聞責任的原則。威克斯勒回答，他不認為這問題僅限於美國南方。他說：「美國南方現在發生的難題，很可能會蔓延到全美國。」

訴訟負擔與日俱增

時間證明威克斯勒的憂慮是對的。誹謗罪的「罰則」——從重處分的損害賠償，以及耗費不貲的訴訟費用——使得辯方的處境更加困難。美國其他地方的陪審團，在裁定原告為公眾人物的損害賠償金額上，和蘇利文案的陪審團一樣慷慨大方，費城的陪審團判給檢察官理察．史普雷克三千四百萬美元，拉斯維加斯的韋恩．紐頓獲得一千九百萬元的賠償。全美各地陪審團的判決，似乎對於控告媒體誹謗的原告特別友善。在被告為媒體的訴訟中，大約有四分之三的案件，陪審團作出不利於媒體的判決。這是「誹謗罪辯護資源中心」（Libel Defense Resource Center）的研究發現，該中心是為了訴訟纏身的媒體所設立的研究機構，它的存在顯示了社會對於誹謗訴訟的重視與日俱增。陪審團不只是普遍同情誹謗官司的原告，還會判處鉅額的賠償金額。根據「誹謗罪辯護資源中心」的調查，在一九八〇到八三年當中，陪審團裁定媒體誹謗官司的賠償金額平均高達二百一十七萬四千六百三十三美元，這是一般醫療過失賠償的三倍。簡言之，陪審團似乎認為，遭到媒體損害的個人名譽，比醫療過失所受的身體傷害，需要三倍以上的賠償。為什麼陪審團和媒體會這麼對立，而又這麼同情那些自稱是受害者的人呢？其中一個理由，可能是因為媒體（全國電視網、主流報紙和雜誌）的財富和權力太過龐大。在受傷的個人和大公司之間的爭訟裡，美國人總是會把個人視為受迫害者，即便他是明星或政要。權力總是令人懷疑的，而吹噓自己可以把總統拉下台的媒體確實權力很大，即使這話有些誇張。人們也都覺得大公司有的是錢，那麼為什麼不讓他們吐一些出來呢？

根據「誹謗罪辯護資源中心」的研究，陪審團對媒體的賠償判決，到了上訴法院後，大部分的損害賠償裁定會被駁回或減輕，額度約在六、七成左右。一九八四年，最高法院為了確定批評言論不會受到打壓，而重申他們在蘇利文案中的判決主張，認為上訴法庭的法官，在誹謗案中應該獨立判斷事實及法律依據，這直接加強了上訴法院的覆審功能。在審判前，法官應該嚴格篩選法律上有漏洞的案件，准許大約四分之三辯方媒體的即決審判請求，逕行處理該案。這時候，最高法院的判決再次發生作用。一九八六年，最高法院主張，在公眾人物或官員提出的誹謗訴訟中，法官應該准許辯方即決審判的請求，除非原告在審前訴訟（pre-trial proceedings）中能提出已知或蓄意輕忽不實報導的有效證據。但是儘管媒體在訴訟程序和裁定額的撤銷上獲得成功，誹謗官司中辯方的負擔還是非常沉重。承辦媒體誹謗險業務的保險公司說，八〇％的理賠金額是花在訴訟費用上，特別是律師費用，只有二〇％是賠償裁定額。費城詢問報的編輯尤金．羅伯茲說，蘇利文案衍生了另一種箝制手段：「打壓評論的現代方法，就是以漫長的誹謗官司來扼殺言論。」

對於蘇利文案的評論

有些法律學者對於在蘇利文案判例下運作的誹謗法感到不滿，這使得他們開始去思考這項判決究竟對不對。他們不得不承認，一九六四年，最高法院在不得已的情況下，將某些憲法上的限制強加在州的誹謗法上。阿拉巴馬州蒙哥馬利市的陪審團，為了一則並未刊載蘇利文姓名的廣告，而裁定五十萬元的賠償金給這位警長，而美國南方的其他待決案件，更可能裁定數百萬元的賠償。如果最高法院容許蘇利文案判決成立的話，會對於民權運動和美國媒體造成空前的浩劫。在這個情況下，最高法院必須有所行動。但是對蘇利文案判決的某些批評認為，布瑞南大法官要求提起誹謗訴訟的官員去證明媒體已知或蓄意輕忽的不實報導，這做法似乎不太妥當。

理察・艾普斯坦教授便說，最高法院其實可以把問題集中在阿拉巴馬州陪審團何以認定該廣告「指涉且關係到」蘇利文，即使沒有刊載他的名字。艾普斯坦說，最高法院可以主張，這個認定曲解了誹謗罪的習慣法，也就是在大部分的州裡由法官制定的（judge-made）誹謗法。他們可以告訴阿拉巴馬州法院說：「你並沒有遵循你自己的法則。」事實上，這樣可以讓習慣法中要求誹謗訴訟的原告證明某些陳述是「指涉且關係到」原告的部分，納入憲法。艾普斯坦和其他人說，這樣做可以儘量不去干預各州法律。但是，我們只要動點兒腦筋，便知道這論點站不住腳。因為，要最高法院告訴阿拉巴馬州法院說他們錯誤援引自己的誹謗法，這一樣是在干預他們。事實上，最高法院也可能會說：「我們要審查你們對於州法律的引用，好讓最高法院成為解釋誹謗罪的習慣法究竟意所何指的最高機構。」再者，這審查也不會僅限於「指涉且關係到」的原則。

更早之前，有個人在某個批判性刊物上被提到，當時，南方法院原本會裁定鉅額的賠償。這是伯明罕的警察局長「公牛」康諾，控告哈里遜・沙里斯伯瑞在紐約時報上關於伯明罕種族主義問題的文章有誹謗之嫌。在蘇利文案判決後，該案便被駁回。如果該案進入訴訟程序，由清一色白人組成的陪審團肯定會判給他相當豐厚的賠償金額——最高法院又不得不利用誹謗法的問題作為政治的工具，以平息對於白人種族主義的批評。如果最高法院當初在蘇利文案中只選擇「指涉且關係到」的舉證要求納入憲法，現在我們會發現還有更多的習慣法被誤用。由聯邦要求證明已知或蓄意輕忽的不實報導，在當時或許會很具有戲劇性，但是最高法院最後會發現，就每個案件去糾正各州根據州法作成的違憲判決，反而比較不會干預到他們。

從禁止裁處「懲罰性損害賠償」下手

艾普斯坦和其他人繼續批評說：最高法院應該就損害賠償的問題去處理蘇利文案。例如，他們可以主張，在誹謗案裡，第一修正案禁止裁處「懲罰性損害賠償」，這種裁決的賠償損失額超過實際所受的損害，目的不是在補償受害者，而是在懲處犯行，以儆效尤。因為蘇利文案中五十萬元的賠償額可能包含懲罰性的損害賠償，該案判決便可以被駁回而發回更審。他們也認為，最高法院原本可以進一步主張，第一修正案禁止任何誹謗罪的損害賠償，除非原告可以舉證實際的財務損失，諸如因刊物的誹謗而失業之類。

認為最高法院應該在憲法中限制誹謗罪的損害賠償，這個觀念事後看來似乎很吸引人，因為從那時候開始，損害賠償裁定額已經幾近天價。但是，如果威克斯勒或其他人在一九六四年採取這個論點的話，他們會遇到可怕的災難。早期的最高法院強烈反對廢除懲罰性損害賠償。要求誹謗訴訟的原告提出特定的財務損失，和最高法院駁回法院的判決一樣，都是在顛覆習慣法的歷史。幾個世紀以來，誹謗罪的損害賠償從來都不需要提出損失證明，因為人們認為名譽的損失非常複雜難測，而無法予以量化。

威克斯勒在蘇利文案的訴狀裡，痛斥五十萬元的損害賠償是「荒唐離譜的」，其中也提到限制誹謗罪損害賠償額的可能性。但是他沒有強調這點；而且，當他在辯護時，郭德堡大法官問他是否質疑憲法中的懲罰性損害賠償規定，他回答說沒有。許多年後，威克斯勒說：「多年來我一直在思考這個案子，我只做了一個我認為有疑義的判斷。我究竟該不該質疑懲罰性和一般性損害賠償的既有規範，而主張憲法應限制誹謗罪的損害賠償，要求提出財務損害證明？我時常懷疑，如果當初蘇利文案繞著這個問題打轉，現在的人們會更幸福嗎？但是從辯駁的策略上看，我想我的判斷是正確的。整個英語世界國家都認定這樣的損害賠償裁定標準，去質疑這根深柢固的觀念是不智之舉。那會造成司法界的反彈。」

最高法院後來確實試圖對於誹謗罪的損害賠償加以設限，但結果卻是治絲益棼、成效不彰。在一九七一年「羅森布倫訴都會媒體案」（*Rosenbloom v. Metromedia*）中，馬歇爾大法官提議憲法限制損害賠償金額。在這個案子裡，一名雜誌經銷商控告廣播電台，因為後者把他描述成「皮條客」。陪審團裁定給經銷商二萬五千美元的補償性賠償，以及七十二萬五千美元的懲罰性損害賠償費。馬歇爾大法官說，這筆懲罰性的損害賠償應該從誹謗官司中剔除。他說，這種裁定額無異於刑罰，目的是懲罰與防範犯罪，但這些錢卻是個人罰鍰，由陪審團漫天開價所裁定的。最後他說：「這樣擴大損害賠償的裁定額，會像紐約時報的例子一樣，侵害到新聞自由。」此外，馬歇爾大法官又說，第一修正案應該廢除習慣法中關於誹謗損害賠償的推定方式。他說，最高法院應該「把賠償規限在實際的損失範圍之內」，就像在民事侵權案中的人身傷害證明。但是他也說，雖然這類損失「必須是可以證明的」，卻不一定是財務損害。他的意思顯然是，在誹謗案中可能有類似侵權案中肢體創傷的損害。史都華大法院同意馬歇爾的看法，哈藍大法官則不表贊同。他說，推定的和懲罰性的損害賠償應該被許可，但是只限於原告（無論是私人或公眾人物）能證明有已知或蓄意輕忽的不實報導的情況下。換句話說，哈藍的提議是，蘇利文案的準則也適用在損害賠償的問題上。

一九七四年，在「葛茲訴威爾區案」（*Gertz v. Welch*）裡，最高法院也提到損害賠償的問題。在最高法院的判決文中，鮑爾大法官認為，政府官員之類的公眾人物，在誹謗案中必須能夠證明媒體因已知或蓄意輕忽而作出不實報導，而私人原告至少也必須證明報導的疏失。他進而討論習慣法中有關推定性的誹謗賠償，以及由陪審團自由裁量的懲罰性損害賠償的法則。

推定的損害賠償

鮑爾大法官說，推定的損害賠償是「民事侵權法的荒誕規定」。容許「陪審團自由裁量損害賠償，等於是用不實報導的法律責任去禁止第一修正案所賦予的自由。」他又說：「這會誘導陪審團去懲罰不為大眾所歡迎的意見，而不是去補償受到媒體中傷的個人。」更糟糕的是，懲罰性損害賠償讓陪審團以「你作夢也想不到的金額」去懲罰不受歡迎的意見。看來，鮑爾大法官似乎要把誹謗案的損害賠償，限制在原告可以提出的財務損失範圍之內，進而一舉廢除推定的和懲罰性的損害賠償。但是他也沒有這麼做。他先是說，在請求補償性損害賠償時，原告必須提出損失證明。但他後來又表示，他所說的損失不只是「金錢的損失」，也包括「名譽和社會地位的損害、人格的侮辱，以及心理的傷害」。但是這類傷害的認定太模稜兩可，不大可能定出什麼賠償的上限。其次，鮑爾大法官也說，原告不需要提出損失證明，就可以贏得推定和懲罰性的損害賠償，只要他們能夠證明已知或蓄意輕忽的不實報導即可。因此他也採取哈藍大法官在「羅森布倫案」中的主張，把蘇利文案中的「真正惡意」模式應用在損害賠償上。

新的法則看起來似乎會取消推定和懲罰性的損害賠償，但是結果卻非如此。根據蘇利文案的判決，公眾人物或政府官員必須符合已知或蓄意輕忽不實報導的標準，卻也因此可以輕易通過葛茲案中推定和懲罰性損害賠償的檢驗，而事實上獲得最豐厚的裁定額的，也正是這些公眾人物。從實際的誹謗案判例來看，鮑爾大法官在設限上的努力並未收到任何成效；如果有的話，也只是不斷膨脹的裁定額。陪審團裁定一千九百萬美元給韋恩・紐頓，而理察・史普雷克獲得三千四百萬美元的賠償，這都是拜葛茲案判例之賜。

哈藍大法官在羅森布倫案的判決文裡說：「誹謗法的合理功能，應該是補償個人實際且可以計量的傷害……為了對原告沒有傷害的不實報導而讓媒體接受陪審團的判決……只能說是蓄意牴觸第一修正案。」這算是最中肯的評論了。誹謗罪當然應該僅限於傷害的補償，而不能變成箝制媒體的工具，或者是輿論的十字架。但理想和現實是兩回事。實際上，誹謗官司並不限於補償的功能。誹謗案的損害賠償通常遠超過原告的實際損失。

第一修正案的權威學者，大衛・安德森教授（Pro. David A. Anderson）切中肯綮地指出，有些著名的誹謗案的原告獲得了太多的賠償，即使他們的名譽根本沒有受損。蘇利文警長便是最好的例子。他的阿拉巴馬州鄉親，布雷克大法官認為，如果蘇利文在蒙哥馬利市的朋友相信他曾經下令鎮壓民權運動，像紐約時報的廣告所描述的，「這對他的政治生涯、社會和經濟地位，反而是個利多消息。」或者以葛茲案中的艾爾墨・葛茲為例，他是個專門處理民權自由的律師，他從陪審團那裡獲得四十萬美元的賠償，因為柏區學會發行的《美國看法》雜誌把他說成「列寧主義者」。葛茲是個很風趣的先生，他很滿意這筆賠償費。他獲得這筆錢的時候，已經七十六歲了，他用這筆錢和妻子乘著鹿特丹號郵輪環遊世界。他在出發前說：「我想我到每個港口時，都會拍一封電報給威爾區先生的。」（羅伯．威爾區是柏區學會的創辦人；他的羅伯．威爾區公司在該案中敗訴。）這是葛茲應得的，我們也不應該對他的損害賠償吹毛求疵，但是該雜誌對他的抨擊，無論是作為律師或是公民，似乎對他都沒有造成什麼傷害。安德森教授說，葛茲「可能會傷得更嚴重，如果柏區學會撰文讚美他的話。」

誹謗訴訟會使媒體沉默

如果一個人真的遭到媒體已知或蓄意輕忽的不實報導，從整體上看，對他甚至可能是個好消息。聯邦第二巡迴區上訴法院法官亨利．佛藍德利（Henry Friendly），在一九六七年寫道，「報紙、雜誌和廣播公司，都是高獲利的企業。他們在為大眾服務時，也會帶來某些傷害，就像其他企業，如食品商、建商或製藥廠，在為人們改善生活的同時，也必須付出某些代價。」但是天價般的損害賠償費卻和實際的傷害無甚關連，這已經違反了企業經營的精神。雖然，媒體可以投保誹謗險，但是陪審團裁定一千九百萬美元給無法證明其實際損失的原告，這使得保險公司不得不提高保險費率，以致於除了最有錢的媒體外，其他媒體都負擔不起。

在「紐約時報公司訴蘇利文案」判決文中，布瑞南大法官寫道：「一連串（像蘇利文案中五十萬美元的賠償金）的裁定，將會使得報業噤若寒蟬。」在蘇利文案發生當時，仍然籠罩著這種恐怖。該案的判決在誹謗法上作了非常有價值的改革。其中最重要的是，這判決終結了一個很異常的情況，也就是，誹謗案的原告，不像其他侵權訴訟，可以對於無心犯錯的被告要求鉅額的賠償。但是還是有個不合理的現象存在：陪審團可以在沒有具體損失證明的情況下，無限制地裁定損害賠償。匡正這個荒謬現象，是誹謗法改革的未竟之功，讓誹謗法最後可以符合第一修正案的精神。各州可以把損害賠償限定在他們誹謗罪的習慣法之下，也的確有些州這麼做，但是最高法院終究得做出憲法上的限定。就像最高法院在一九六四年警覺到習慣法的解釋會箝制言論自由，有一天，他們也會這麼解釋：第一修正案必須把公眾人物在誹謗官司中的賠償責任，限制在可以證明的金錢損失範圍內。

損害賠償的限制，無疑會使得某些案子對名譽利益的維護更加困難。動輒數百萬元的求償主張，變成是對於受損的名譽的報復表現，無論最後勝訴與否。魏斯摩蘭將軍請求一億兩千萬美元的賠償，顯示他對被告是多麼的憤怒。一個原告律師說：「如果我不訴請超過一百萬元的賠償，人們會以為我的客戶不怎麼在乎這件事。」再者，希望在審判終了獲得大筆的賠償金，會使得原告律師的論據變得很脆弱。畢竟，蘇利文案原則已經為名譽損失的問題找到折衷之道了。有些公眾人物和政府官員在遭到不實報導後，卻不能採取法律行動，因為他們無法舉證這已知或蓄意輕忽的不實性。蘇利文案不只讓那些想要冷卻輿論的人感到挫敗，也使得那些希望拯救個人名譽、對抗不實誣蔑的人感到絕望。後者才是蘇利文案慣例的受害者。最有名的例子就是約翰．高馬克（John Goldmark）。

約翰．高馬克

約翰．高馬克是華盛頓州議員，一位來自於偏遠的歐卡諾根郡的牧場主人。經過三次任期之後，成為賦稅委員會的主席。一九六二年，他在民主黨內初選的對手給他扣上白色恐怖的帽子，說他是「強烈親共的」美國公民自由聯盟的成員。這個攻擊果然奏效；高馬克四度蟬聯的美夢在初選中破滅。他決定控告那些抨擊他的愛國情操的人。一九六四年一月，在為期兩個月的審判後，陪審團認定他們確實誹謗了高馬克，而判給他實質損害的賠償。全美國對於這個判決都額手稱慶。波特蘭的奧瑞岡報編輯說：「再多一些像歐卡諾根郡這樣的判例，就可以讓美國更加寬容地對待這個在自由國家中應該受到保障的憲法自由。」但是兩個月後，最高法院的蘇利文案判決，直接影響到了高馬克案。因為歐卡諾根郡的陪審團不知道要根據「已知或蓄意輕忽不實報導的證明」來裁定高馬克案，所以透納法官（Judge Theodore Turner）宣告判決無效。正如高馬克的辯護律師杜爾（L. Dwyer）在他的書裡所說的，這是個非常諷刺的結果。那些攻擊高馬克的極右派份子，「本來應該是支持阿拉巴馬州不利於紐約時報的判決，現在卻反過來擁護最高法院的改判。」更弔詭的是，極右派最討厭的「美國公民自由聯盟」，還曾經呼籲最高法院撤銷阿拉巴馬州的判決！

但是透納法官所做的不僅如此而已。他對於該案的事實陳述了他的觀點（其實等於是裁定）。他說：「陪審團的判決認定說，原告高馬克不是共產黨員，也不是親共份子……而美國公民自由聯盟……也不是共產陣線組織……法院應該接受一個既定的事實，亦即，辯方抨擊原告高馬克說他是共產黨或是共黨同路人……其目的是要在政治上打擊原告，令他落選。」

在「紐約時報公司訴蘇利文案」發生一年後，人們提出許多誹謗法的改革方案，他們建議將透納法官在高馬克案中非正式性的做法納入慣例：在沒有損害賠償金的情況下，恢復受害者的名譽。這個方案的基點在於，布瑞南大法官在蘇利文案中，主要關心的是損害賠償裁定所造成的殺傷力——該判決「會使媒體從此噤若寒蟬」。如果最高法院要求真正惡意的證明，目的是要阻止威嚇性的損害賠償判決，那麼假如沒有賠償金的問題的話，這項要求就應該撤銷。不實報導的受害者只要發現有該項事實，便可以控告報導者，而不需要證明他們事前知道些什麼。

誹謗訴訟的救濟：合理的答辯機會

回到一九六四年，威克斯勒在回信給紐約時報的馬可時，談到了一種可能性。「如果你相信政府官員應該享有法律救濟，那麼它不應該是誹謗罪的訴訟，而是合法的答辯權利：要求報紙以相當的篇幅刊載他的反駁。」但是在一九七一年，關於答辯權利的州法送到最高法院，卻沒有被接受。佛羅里達州法在「邁阿密先鋒報訴多尼洛案」（*Miami Herald v. Tornillo*）中，授予遭到該報批評的候選人答辯的權利。受到邁阿密先鋒報社論抨擊的候選人，要求該報給予答辯的篇幅。但最高法院認為，政府如果命令媒體必須刊載某些文章，即牴觸了憲法第一修正案。最高法院一致通過該項結論。但是布瑞南大法官和遞補哈藍大法官的威廉．蘭奎斯特（William H. Rehnquist），在協同意見裡建議另一種可能性。他們認為，可以由憲法規定，要求報紙刊載法院對於不實報導的調查結果。

一九八三年，富蘭克林教授（Pro. Marc Franklin）也對於布瑞南和蘭奎斯特的想法提出另一種可能。他建議，讓不實陳述的受害者訴請法律聲明，昭告該陳述有誤，並損害到他的名譽。在這樣的訴訟裡，原告不會有損害賠償，但是他也因此不必費心去證明媒體是已知或蓄意輕忽的錯誤報導；他只要證明報導不實就夠了。訴請法律聲明的勝訴者，也可以獲得賠償律師費用。富蘭克林教授並不要求媒體刊載法院的調查結果，或許，他是害怕這樣的要求會像多尼洛案一樣違憲。

一九八五年，紐約布魯克林的參議員查爾斯．舒莫（Charles Schumer）提出聯邦誹謗法案。該法案只適用於報紙或廣播的報導涉及的公眾人物或政府官員，規定在訴請刊登更正時，不需要證明媒體的錯誤。但是舒莫的法案也讓辯方的報業或廣播，可以將一般的損害賠償訴訟轉換為不需賠償的訴請更正啟事案。

以更正啟事解決

一九八八年，艾南堡華盛頓計畫的研究團體提出第三種方案。他們建議各州採行「誹謗法改革草案」（Libel Reform Act）。該方案規定，誹謗訴訟的原告首先應要求撤銷不實報導或答辯的機會。如果媒體撤回或刊載答辯，就可以結案了。如果未獲回應，受害者可以訴請賠償，或是更正啟事，後者沒有損害賠償，也不需要證明錯誤。但是如果原告訴請賠償，辯方還是可以把訴訟轉換成更正啟事案。艾南堡的提案也包括其他誹謗法的改革。其中的一項改革是認定讀者投書是意見的陳述，而不在誹謗罪的範圍之內，如此一來，雪莉·麥瑰爾博士就不必為了她寫給《靈長類醫學期刊》的讀者投書，而和伊慕諾公司對簿公堂了。

最後，主審魏斯摩蘭案的皮爾·雷瓦法官也對誹謗法提出改革方案。他認為不需要修正法律，原告只要求更正啟事，而不要賠償，這樣就可以避免蘇利文案中的要求。這些改革的理想，莫不希望能像歐洲多數國家一樣地體制化。他們對誹謗官司的處理，主要在於釐清事實真相，至於金錢賠償，則只作出象徵性的判決，甚至沒有任何賠償。

不過這些改革方案遲遲未能實現。沒有任何一州曾立法試驗過艾南堡或富蘭克林教授的提案，而舒莫的法案根本就進不了國會。但是在最高法院裡，在懷特大法官不尋常的判決書裡，對於現行誹謗法的不滿已經到了頂點。在一九八五年「唐與布萊德街訴格林模斯建設公司案」中，他幾乎全盤推翻了以蘇利文案為基礎的憲法結構，以及根據這結構所作的判決。

懷特大法官在誹謗案的訴訟記錄非常的不一致。他支持布瑞南大法官在蘇利文案中的判決意見。一九六七年，他也贊成布瑞南大法官在「柯提斯出版社訴巴慈案」將蘇利文案判例從政府官員延伸至公眾人物的意見。次年，他在「聖阿曼訴湯普生案」的判決文中，更進一步地保護媒體，認為疏於查證不構成蓄意輕忽的誹謗。一九七九年，在「賀伯訴藍道案」（*Herbert v. Lando*）中，對於媒體是否必須回答原告關於不實報導的編輯流程的問題，懷特大法官說，最高法院已「重申」蘇利文案的判例為「符合第一修正案之精神」。但是六年後，在「唐與布萊德街案」協同意見書中，他推翻了這些論點。他說：「在蘇利文案中，最高法院未能在大眾知的權利和公眾人物的名譽損失之間取得平衡。」最高法院「矯枉過正……我們不一定要讓原告提出幾乎不可能得到的證明，只需要把賠償限定在合理的範圍，而不致於過度威脅媒體就可以了」。

賠償金額的限定

簡言之，現在的懷特大法官認為可以放棄蘇利文案的判例，而以憲法上賠償金額的限定取代之。如果是這樣，公眾人物或政府官員不需要證明該不實報導是已知或蓄意輕忽的，就可以贏得官司。懷特大法官說：「這樣便可以維護他的名譽，而周遭的蜚短流長也會銷聲匿跡。他或許也可以獲得適當的賠償，也或許只是足夠支付訴訟費用的金額。」但是懷特並沒有提出如何在憲法上限定賠償額度；他沒有解釋什麼是「適當的賠償」，也沒有說明如何才不致於「過度威脅媒體」。他沒有說明，最高法院要如何解釋第一修正案，才能適用於這項限定。他確實說過，法院可以限制推定的或懲罰性的損害賠償，但是鮑爾大法官早在葛茲案中就已經這樣做（當時懷特是持不同意見的），最後卻失敗了。總而言之，懷特惹出的問題比答案多得多！

懷特在「唐與布萊德街案」的判決意見令布瑞南大法官非常苦惱。他在該案的判決意見中很諷刺地說：「懷特大法官竟也冒險提出中庸方案，來更正現行賦予誹謗案被告的第一修正案保護。」這個嘲諷透露出，布瑞南大法官對於他引以為傲的蘇利文案原則感到憂心忡忡。最高法院柏格院長也參與「唐與布萊德街案」的判決意見，他同意懷特的看法，認為應該重新檢討蘇利文案。蘭奎斯特大法官似乎也對蘇利文案的判例有另一番質疑；他對於第一修正案所保護的言論與出版自由採取較狹義的看法。

媒體和他們的律師和布瑞南大法官一樣，都很關心蘇利文案中的明顯弱點——二十年後，該案判例可能會被最高法院撤銷。對他們而言，蘇利文案無異是一部自由憲章，也是支持現代媒體監督政府，摘奸發伏的關鍵。媒體所重視的，不只是布瑞南大法官所制定的個別判例（保護事實錯誤，除非是已知或蓄意輕忽的誹謗）。他們希望人們理解，要避免錯誤是多麼的難，而自由所需要的天空有多麼的大。許多編輯和律師相信，如果輕易地使用模稜兩可、假設性的損害賠償限制取代它，那將會是一場浩劫。

好色客雜誌訴佛威爾案

當蘭奎斯特法官於一九八六年繼柏格之後擔任院長一職，蘇利文案判例的前景又更加黯淡了。雷根總統選了另一位保守派人士安東尼·史蓋利亞（Antonin Scalia）遞補為大法官。兩年後最高法院審理「好色客雜誌訴佛威爾案」（*Hustler Magazine v. Falwell*），這是一件奇妙又十分重要的案子。在一個滑稽的情況下，該案出現一個嚴肅的問題，也就是，美國社會容許的言論自由究竟到什麼程度？

《好色客》是一本色情雜誌，一九八三年為「甘百利啤酒」刊載一系列「打油詩」的廣告。甘百利製作了許多與名人談論他們的「第一次」的廣告。裡面強烈暗示初夜經驗，但是話題最後都會回到「第一次喝甘百利啤酒」來。《好色客》這次打算訪問傑瑞·佛威爾（Jerry Falwell）牧師，他以電視佈道名聞全國，並且是極右派遊說團體「道德大眾」（Moral Majority）的領袖。廣告的標題是「傑瑞·佛威爾談他的第一次」，底下則以較小的字體寫道：「廣告打油詩，請一笑置之。」在「訪問」中，佛威爾說（在最高法院的供訴裡的含蓄說法）：「他的『第一次』是在酩酊大醉後，與母親在穀倉幽會時的『亂倫』。」佛威爾控告對方誹謗，以及某些州民法所承認的「蓄意的情緒干擾」罪。陪審團駁回控訴，理由是打油詩不能合理地解讀為對於佛威爾的事實指摘。但是在「情緒干擾」部分，他則獲得各十萬美元的補償性與懲罰性損害賠償，美國第四巡迴區上訴法院也確認該項判決。

當時最高法院裡的辯論很耐人尋味，卻也很嚴肅。辯方律師是亞倫．以薩克曼（Alan L. Isaacman）。史蓋利亞大法官作以下的陳述：「我們反駁文斯．隆巴第的意見，第一修正案不是一切。它是很重要的價值，卻不是我們社會的唯一價值，當然……你認為，如果你是政府官員或公眾人物，你就無法保護自己或是你的母親，免於受到『與母親在穀倉亂倫』的嘲弄……如果真是這樣，你認為華盛頓還會願意當個公務員嗎？」以薩克曼回答說，在華盛頓的時代，有漫畫把他畫成驢子。史蓋利亞大法官說：「對此，我不會在意，我想華盛頓也不會。但是這廣告是說『與母親在穀倉亂倫』！」以薩克曼：「我們現在談的是品味的問題嗎？我想是的。因為沒有人會相信佛威爾會犯下亂倫的罪。」而嘲弄公眾人物，一向是美國最古老的傳統，包括政治漫畫。

代表控方的古魯特曼（Norman Roy Grutman）律師一開場就說：「第一修正案並不保護蓄意的、惡意的中傷。」最高法院第一位女性大法官珊卓．歐康諾（Sandra Day O'Connor，一九八一年，在史都華大法官退休後，由雷根總統任命）問道：「你認為漫畫家要為他不入流的漫畫，負起潛在的法律責任嗎？」古魯特曼回答說：「是的，只要一般社會大眾認為那是文明人無法容忍的。」此時，大法官們面對一個問題：陪審團應該如何理解「無法容忍」這個名詞的界限在哪裡？史蓋利亞大法官說：「也許我們看過的政治漫畫不盡相同，有些確實把政客畫成面目猙獰的野獸，而你說的是把人描繪成犯下不道德的行為嗎？老實說，如果沒有哪個漫畫把政客畫成妓院裡的鋼琴師，那才教人奇怪呢。」

最高法院無異議地駁回了總計二十萬美元的賠償裁定。蘭奎斯特院長主稿判決文。他先是引述若干關於言論自由的經典論證，包括一九一九年何姆斯大法官在「亞伯瑞斯訴美國案」中的不同意見：「檢驗真理的最佳途徑，即是將之置於自由競爭的言論市場。」佛威爾辯稱，第一修正案不應該保護道德敗壞的、蓄意的精神傷害。「但是在公共事務的論辯當中，第一修正案卻保護許多更不值得稱許的行為。」如果不是這樣，所有的政治漫畫家和諷刺家都會寸步難行。他接著舉出美國歷史上的著名漫畫，包括把華盛頓畫成驢子的那一則，以及南北戰後湯馬士・耐斯特（Thomas Nast）損人的漫畫。（判決書中附有「法庭之友」的訴狀，代表美國社論漫畫家、美國作家聯盟，以及政治諷刺家馬克・羅素〔Mark Russell〕，其中列舉了十九則歷史上有名的漫畫。）蘭奎斯特院長反駁古魯特曼所說的，只有「道德敗壞的」（outrageous）傷害才可以提起訴訟，他認為在談到政治和社會問題時，「道德敗壞」是非常主觀的事，「這會使得陪審團根據他們的品味或觀點，甚至只是因為對於某些表述的好惡而進行裁決。」判決文作出結論說，受到像《好色客》甘百利啤酒廣告這類的文字暴力傷害的人，不能夠僅僅因為它的荒謬可笑就要求損害賠償，無論它是多麼的令人不悅。他必須指證出該媒體對他作出不實的報導，而這報導可能是已知或蓄意輕忽的。而因為在該廣告中，並沒有任何關於佛威爾的敘述會讓讀者認為是事實性的指摘，所以判他敗訴。

寬容

「好色客雜誌訴佛威爾案」對言論自由非常重要。它顯示出，即使是最高法院的保守派大法官，也充分瞭解到憲法要求美國社會在公共事務的討論上的寬容程度——不只是被畫成驢子的華盛頓，也包括和母親在穀倉幽會的佛威爾。

此案對於誹謗罪和蘇利文案判例，也具有非常重要的意義。蘭奎斯特院長在該案中的情緒侮辱部分，特別引用蘇利文案判例（要求證明已知或蓄意輕忽的不實報導）。就像布瑞南大法官一樣，他分析言論自由的價值，並引用蘇利文案的判決文所說的，公眾人物必須忍受「激烈的、挖苦的，甚至不愉快的尖銳抨擊」，而言論自由需要有「呼吸的空間」。他引述了蘇利文案之後的十幾宗誹謗案，其中有兩宗案子還是他在擔任大法官時持反對意見的。這彷彿是說：我現在是最高法院院長，而我正帶領著最高法院追求我們的司法理想。最高法院的所有大法官都支持蘭奎斯特的判決意見，只有懷特大法官例外，他個別提出協同意見。這訊息很清楚：在可預見的未來裡，美國關於誹謗案的法律，還是會以「紐約時報公司訴蘇利文案」為基礎。

第20章 後記

民主政治如果沒有普及的資訊，或是取得資訊的管道，那麼它只不過是一齣鬧劇或悲劇的序曲而已；知識永遠會宰制無知：而想要當自己的主人的人民，就必須以知識的力量來武裝自己。

——詹姆斯．麥迪遜（James Madison）

隨著蘇利文案的判決，第一修正案的法律產生了重大的改變。最高法院逐漸地為修正案中粗略的字眼賦予更充實的意義。自從一七九一年憲法增補這項條款後，一個多世紀以來，它對於言論和出版的保護已漸漸冬眠起來。第一次世界大戰時，各州和聯邦紛紛立法箝制言論自由，最高法院對自由的解釋也日益褊狹，甚至允許懲處反戰論者和基進的言論。接下來的四十年，最高法院才開始以有意義的方式引用這項條款，來保護非主流的或異議的言論。但是大法官們還是很排斥把那些顛覆既存秩序的言論納入第一修正案的保護傘下。

第一修正案的意義

然而，在蘇利文案後的幾年當中，最高法院徹底地實踐了第一修正案的承諾，在美國，「不會有任何法律……剝奪言論自由與出版自由。」最高法院並不特別以布瑞南大法官在蘇利文案中的歷史性分析為基礎，儘管它真正領悟到第一修正案在傑佛遜對抗一七九八年的妨害治安法案的努力中所顯示的意義。但是這些大法官卻也能像傑佛遜或麥迪遜一樣地解讀這項修正案，保障批評政府的權利——以激烈的、百無禁忌的語詞表達抗議的權利。

越戰為這個重大的司法改革下了個最好的註腳。朱利安．龐德（Julian Bond）是美國南方民權運動的黑人領袖，他在一九六四年被選為喬治亞州議會議員。但是議會拒絕讓他就任，因為他出於良心的反越戰立場，使他無法宣誓「效忠憲法」。龐德在「學生反暴力協調委員會」的一項聲明上背書說：「我們同情且支持這世紀裡拒絕軍事徵召的人們。」龐德說：「我願意當個反戰者，也衷心希望人們不要參與因任何理由而發動的戰爭。」當喬治亞州議會在聽證會中，問他對於那些焚燒召集令的人有何看法時，他說他很佩服他們的勇氣。他們問為什麼，他說：「我從未暗示、建議或鼓吹任何人焚燬他們的召集令。事實上，我的口袋裡還有我的召集令，我可以出示給你們看，如果必要的話。我想說的只是，對於那些明知道會面臨嚴重後果，卻又能堅持其信念而行動的人，我由衷地佩服他們。」

而第一次大戰時，尤金．戴柏斯說過差不多同樣的話，卻被控以間諜防治罪，判刑十年。而最高法院也支持這判決，在大法官何姆斯主稿的判決文中，完全略去第一修正案的抗議。但是在一九六六年，最高法院無異議地裁定，喬治亞州議會的拒絕龐德就任牴觸了第一修正案。首席大法官華倫說，雖然聯邦法律規定建議或教唆他人逃避兵役是有罪的（這條法律曾使戴柏斯鋃鐺入獄），但是在憲法上龐德是無罪的。首席大法官寫道：「正如最高法院在『紐約時報公司訴蘇利文案』的判決書中所說的，第一修正案的中心承諾是，『關於公共事務之辯論，應該是百無禁忌、充滿活力、完全開放的。』我們認為蘇利文案的理由說明足以證明龐德的陳述是在憲法的保護範圍……人民有權利在公共議題上獲取各方面的意見，我們不僅需要輿論的保護，也要立法者的保護。」

在一九二七年「惠尼訴加州案」中（在該案中，布藍迪斯大法官對於為什麼要保護言論自由，有非常經典的陳述），最高法院裁定「加州組織犯罪法案」（California's Criminal Syndicalism Act）違憲。在一九一七到二〇年間，許多州通過該法案，判定「教唆或支持暴力作為社會變遷工具的必要性」是有罪的。一九六九年，最高法院駁回「惠尼對加州案」的判決，認為這種典型的組織犯罪法是違憲的，它制定了嚴苛的法律，以箝制鼓吹暴力或非法行為的言論。在「布蘭登堡訴俄亥俄州案」案中，當事人不是像安妮塔·惠尼或其他案那樣的基進份子，而是三K黨徒。在俄亥俄州漢彌頓郡的三K黨聚會當中，一個戴頭巾的傢伙說：「我相信黑人應該回去非洲，猶太人也應該回去以色列。」說這話的人經過當局的指認舉發，並控告他因為支持恐怖主義或非法行為而違反俄亥俄州組織犯罪法。在一份未署名的判決意見書裡，最高法院放棄「明顯且立即的危險」作為判定支持暴力的標準，何姆斯和布藍迪斯曾呼籲以這標準保護言論自由，但是一九五一年，最高法院卻用同樣的標準判定共產黨的領袖有罪。現在最高法院制訂了新的慣例：「憲法對於言論和出版自由的保護，不容許美國禁止或剝奪支持武力或違法行為的言論自由，除非這種支持言論煽動或引起立即的犯罪行為，或是有此傾向。」

煽動性言論的標準

為韓德法官作傳的根特教授，他認為要求言論必須是「可能煽動或引起立即的犯罪行為」，是著眼於實際使用的話語，基本上和韓德法官在一九一七年的《群眾雜誌》案中試圖建立未果的標準一樣。新的慣例保護所的言論，無論它們和當時社會或政治是否有所衝突，只要它們不煽動直接的犯罪。布蘭登堡案的另一個標準，「引起不法行為的傾向」，則為「明顯且立即的危險」作更嚴格的界定。整體而言，「布蘭登堡訴俄亥俄州案」對於美國所有被認為是顛覆性的言論給予了最大的保障，這是其他國家所不能及的。該判決直接呼應了麥迪遜在第一修正案裡的理想，以及傑佛遜在他第一次就職演講中所表達的政治哲學：「如果有人想使這聯邦解體或是改變它的聯邦形式，那麼我們何不把他們看作安全的界石，相安無事，容忍錯誤的意見，讓各種理由自由地爭辯呢？」

表達意見的自由

在一九七一年，最高法院處理到侵犯性言論的問題，第一修正案是否容許傳播可能侵犯到閱聽人的政治性語言。當時發生「柯恩訴加州案」（*Cohen v. California*）。當該案在最高法院進行辯論時，柏格院長害怕該案事實會冒犯到法庭中的某些人。在柯恩的辯護律師尼默教授

（Melville B. Nimmer）開始他的辯論之前，院長告訴他：「院方已經很清楚本案的事實背景，我想你不必在案情上多做說明。」而尼默教授回答說：「我還是必須很簡短地陳述本案案情。」他說，根據加州的法律，柯恩被控妨害社會秩序。他接著說：「而這個年輕人只是出現在洛杉磯法院的走廊，穿著一件上面寫著『去他媽的召集令』的夾克而已。」

尼默教授很勇敢地說出他想說的話，因為院長一再制止他引述那句三字經。然而他這樣做有其重要的意義。因為如果他被恐嚇不得說這些話，這就意味著他也接受箝制這些話是正當的了。這樣他就會推翻自己的論點，而無法主張即使是侵犯性的語言，也有權受到第一修正案的保護，在言論的自由市場佔有一席之地。

哈藍大法官偉大的判決文

最高法院經過投票，以五比四駁回柯恩案的判決。最高法院的判決意見書是由哈藍大法官主稿，那是一篇非常偉大的判決文。哈藍大法官是位思想守舊的紐約紳士，但是他卻超然地抽離個人好惡（這是每個法官都要做到的）和行為的標準，認為在越戰期間，這種「不恰當的語助詞」只是政治語言的一種形式而已。哈藍大法官說：「雖然這句三字經非常沒有品味，但是我們不可忘記，『人各有好尚，蘭茝蓀蕙之芳，眾人所好，而海畔有逐臭之夫。』」而這正顯示出第一修正案的價值：

憲法保障的言論自由權利，在我們這樣多元複雜的社會裡，是一帖良藥。它可以防止政府箝制輿論，控制我們所能獲得的資訊，希望這樣的自由可以我們的公民更進步，讓我們的政治更完美，也相信這是我們政治體制所依賴的個人尊嚴與選擇的唯一途徑……或許，這自由會造成言詞的喧囂與不和諧，甚至是侵犯性的語言。然而在某個既定的限制下，它其實是開放公共討論的必要副作用。也許空中充滿言詞噪音，這卻是良性的訊息。

焚燬國旗的行為

最高法院在侵犯性的表現上最具爭議性的判決，是關於焚燬國旗的舉動。在一九八九年「德州訴詹森案」（*Texas v. Johnson*）中，對於德州法律判定以「嚴重侵犯人民」的方式「褻瀆」國旗為有罪，最高法院裁定違憲。在一次反對政府政策的示威遊行中，有人焚燒國旗。代表五票的多數的布瑞南大法官在主稿判決文時說，該舉動是表達政治觀點的一種溝通方式。他寫道：「如果第一修正案有個基本原則，那會是，政府不得因為社會認為某個觀念具侵犯性或是不喜歡它，就禁止該觀念的表達權利。」這判定引起一陣騷動，布希總統甚至要發動修憲來保護國旗。在憤怒的爭論過後，國會通過「保護國旗法案」，迴避最高法院在詹森案的判例，規定焚燒國旗為有罪，無論是否侵犯任何旁觀者（德州法律所設定的條件）。

最高法院很快的接到一起根據新法案所起訴的焚燒國旗案，在一九九〇年，院方多數裁定與第一修正案牴觸。布瑞南大法官再度主稿最高法院判決文，這是他退休前最後的判決文。他說，國會嘗試以國旗為國家象徵來保護它，而這樣做無異於箝制批判言論。他又說，焚燒某一面國旗「並不會損害象徵本身」。最後他談到美國精神：「我們知道，焚燒國旗的確冒犯了許多人。但是你也可以說，柯恩案中粗魯地拒絕徵召，《好色客》案中下流的打油詩，一樣冒犯了他們……懲罰焚燒國旗的行為，正好損害了這象徵之所以值得尊敬的自由。」

事先限制與「五角大廈文件案」

最高法院繼續否決所有對於言論的「事前限制」：修斯院長在一九三一年「尼爾訴明尼蘇達州案」中確立的司法觀點。在七〇年代，許多法院發出限制命令，以保護辯方接受公平的審判。例如命令媒體在審判之前不得出版未經證實的自白。一九七六年，最高法院審理一件對於被告可能很不公平的案子，在內布拉斯加州蘇特蘭郡的一個小鎮中，犯人被控屍姦一家六口人。內布拉斯加州禁止報導任何對於辯方有「強烈指控暗示」的自白或其他事實，以免陪審團產生偏見。但是最高法院駁回該項命令。柏格院長在主稿判決文時說：「事先限制言論和出版，是對於第一修正案的權利最嚴重、且無法容忍的侵害。」他說，除非沒有「任何其他辦法」，例如把審判移到遠處的法庭，或是延期審判，否則不應該有任何限制。

內布拉斯加州案的判決使得為了公平審判所做的限制問題平息了一陣子，到了一九九〇年，美國有線電視網（ＣＮＮ）重新引起了這問題的討論。ＣＮＮ播出一段關於巴拿馬前獨裁者諾瑞加將軍（Manuel Noriega）的報導，他在美軍入侵巴拿馬時被逮捕，囚禁在佛羅里達監獄，等待聯邦以販毒罪起訴。ＣＮＮ說，諾瑞加在監獄中的電話都被錄音，包括他和他律師的對話，而ＣＮＮ擁有其中某些錄音帶。在該報導中，記者揭發了政府對於辯方犯人的不公平陰謀，但是ＣＮＮ卻也進一步播放一段錄音帶的談話。諾瑞加的律師立即要求ＣＮＮ不得再播出其他錄音帶片段，認為這會暴露辯方的策略，而法官也發出該項命令。ＣＮＮ上訴到美國上訴法院，院方同意立即處理該案。然後，就在辯論的前夕，ＣＮＮ又播放了一段錄音內容，這顯然違反了法院的命令，也是對於法官的公然挑釁。因此上訴法院拒絕撤銷限制命令，最高法院也很快地拒絕審理該案。後來審判長讓一個治安法官聽看看那些爭議性的錄音帶，發現裡面根本沒有什麼重要的內容。於是法官撤銷他的命令，而ＣＮＮ也沒有繼續播放那些錄音帶（當然是因為它們沒有播出價值）。ＣＮＮ由於挑戰法庭，而偏離了真正的問題重點，它原先應該是著眼於政府竊取諾瑞加談話內容的行為上的。它處理問題的優先順序削弱了反對「事前限制」的保護主張。現在，其他法官可以說，他們有權先發出臨時約束令，然後審查準備播放或發行的內容，以決定需要限制多久，以及是否符合第一修正案的規定。

但是「事前限制」和報導未經證實的國家安全機密的權利之間，有極大的齟齬。一九七一年，紐約時報獲得由國防部整理的四十三冊越戰秘史，當時戰爭還在進行。這份「五角大廈文件」被列為最高機密。一九七一年，紐約時報刊載檔案中關於戰爭起源的摘要以及相關文件。兩天後，政府在口頭與書面警告無效後，要求法院發出禁止令，禁止紐約時報繼續刊載該文件。

很湊巧的，這個案子分到一位剛到任的聯邦法官莫瑞．葛芬（Murry Gurfein）身上。葛芬法官在二次大戰時曾擔任情報官，有些人想他可能會同情政府的主張，認定出版「五角大廈文件」會影響到還在進行當中的越戰，並且妨害準備佈署的和平談判。葛芬法官的確發出效期只有四天的臨時約束令。但是三天後，他審訊過政府證人，發現他們無法指出有哪些內容在刊載出來後會有危險，於是他拒絕發出禁止令。在判決文裡，葛芬法官表示：「我們的堡壘裡不光是只有國家安全而已。安全也奠基在我們自由體制的價值之上。政府當局本來就得忍受腐敗的媒體、頑固的媒體、如影隨形的媒體，以保障更重要的言論自由和人民知的權利。」

這個案子還沒有完。上訴法院延長這項臨時約束令的效期，並要葛芬法官多多聽取政府方面關於出版的潛在危險的證據。在這同時，華盛頓郵報也獲得一份副本文件，也開始刊載，當然也收到臨時約束令。該案迅速進入最高法院。司法部副部長格里斯伍（Erwin N. Griswold）告訴院方說，刊載該文件，會「影響到人命問題、終戰過程的問題……營救戰犯的問題」。

爭論後的兩個禮拜，最高法院以六比三的多數意見駁回政府申請禁止令的主張。在紛歧的多數意見中，有兩個很獨特的議題。首先是，國會並未通過任何法規，賦予法院禁止出版這類內容的權力。其次，如果要推翻第一修正案當中反對事先限制的前提，政府必須像史都華大法官所說的，「揭示它對我們國家和人民造成直接、立即、無法收拾的傷害」，而政府並沒有這麼做。

對於媒體，以及麥迪遜所說的「人民有知道政府在做什麼的權利」而言，「五角大廈文件」案是個著名的成功戰役。或者說看起來如此。後來的一些判決告訴我們說這場仗似乎不那麼令人興奮。接下來的幾年，當政府部門主張說國家安全面臨危險時，最高法院的意見逐漸紛歧起來。在「史耐普訴美國案」（*Snepp v. United States*）裡，這紛歧到達了一個極端。

國家安全與新聞自由

法蘭克．史耐普（Frank Snepp）是中央情報局的幹員，曾於越戰中服役。當北越於一九七五年贏得這場戰爭，美軍倉皇撤離西貢時，他很沮喪地看到美國如何背棄曾幫助過美國的南越，特別是放棄了情報資源。美國人不只是丟下他們，還留下南越情報員的名冊，使得這些人下場很淒慘。史耐普寫了一本《莊嚴時刻》（*Decent Interval*），沒有經過中情局批准就出版了，而這他不是原先承諾的。於是政府告他違約。最高法院同意這是違約行為，也同意政府尋求的特殊法律補救辦法。首先，政府規定，史耐普未經中情局的許可，終身不得再發表任何他擔任幹員時所知悉的情報資料。再者，由於只有中情局才可以裁定哪些資料是他在任職期間所獲悉的，所以他所有關於越南事務的作品，都必須送請中情局核准。（在往後的幾年裡，史耐普必須把他的書評、劇本，甚至小說，都送到中情局審查。）這是最高法院第一次同意「事前限制」關於政府事務的言論和出版。其次，最高法院對於史耐普從《莊嚴時刻》獲得的收入處以所謂「推定性信託」（constructive trust），意即，他必須把出版社的預付金和版稅轉交給國庫。當時那筆款項超過十八萬美元，比許多重大罪行的罰鍰都重。

「五角大廈文件案」中法院的兩項要求，在史耐普案裡都未被採用。並沒有任何成文法規授權政府對史耐普施以禁止令或扣押他的版稅，也沒有任何事實認定說他的書會對我們國家造成「直接、立即、無法收拾的傷害」。事實上，在辯論中，政府甚至承認該書並未涉及任何機密資訊。最高法院沒有提到「尼爾訴明尼蘇達州案」、反對「事先限制」的前提，也沒有提起第一修正案。它只進行簡易裁定，沒有訴狀或辯論，在未署名的判決文裡，大法官史蒂芬斯、布瑞南和馬歇爾持不同意見。中情局主張史耐普的行為會威脅到情報工作，這使得多數法官放棄過去的觀點，原先他們是反對為了社會利益而限制某些出版物的。

在其他的案子裡，最高法院同樣地遵從中情局和國家安全的主張，而為第一修正案區隔出某些例外來。它誇大了在國家安全體系當中的保密需要。在「五角大廈文件案」中為政府辯論的格里斯伍後來說：「他根本看不出刊登該文件對於國家安全有什麼威脅。」他在一九八九年華盛頓郵報上的一篇文章上發表如是的評論，當時政府正主張說，公布奧立佛．諾斯中校（Oliver North）伊朗軍售案的審判記錄，會危害到國家安全。格里斯伍說：「任何經常接觸機密文件的人都知道，隨便什麼文件都會被列為機密；分類的理由不是基於國家安全，而是要掩飾政府的尷尬。或許把正在進行的計畫或談判文件暫時列為機密是有些道理的，但是除了武器系統的細節以外，出版關於過去的交易事實，並不會危及國家安全的。這是我們從『五角大廈文件案』中得到的經驗。」

最高法院這麼尊重總統關於國家安全的主張，無疑的是二十世紀總統擴權的一種反映。在核戰和即時全球通訊的年代，關於戰爭與和平的問題，全世界的民眾不免都會以美國總統馬首是瞻。總統們也常常以國家安全為藉口，要求重要的政府措施必須予以保密。情報機關每年耗費數十億美元，而民眾卻不准知道這些錢去了哪裡，更不用說質疑它是否合理了。美國有一大筆機密的武器預算。所有這些機密的代價正是麥迪遜所說的：獨裁的出現，以及因為缺乏公開討論和輿論控制而導致的缺乏效率。

第一修正案所保護言論和出版自由，絕不只是為了個人利益而已；這是有智慧的政府所必需的。當政策像越戰那樣莫名其妙地失敗的時候，大眾必須要知道錯誤的決策是如何造成的。當戰爭像越戰那樣難看地收場，大眾應該聽聽看像法蘭克·史奈普這樣局內人的深度批評。要特別注意的是，法院已為那些以國家安全為託辭的主張，在第一修正案中悄悄開了後門。無論如何，最高法院必須重拾他們對於第一修正案的堅定信念。

除開國家安全的問題不談，自從「紐約時報公司訴蘇利文案」以後，言論和出版正享受著不比尋常的自由年代。我們當然不確定最高法院是否會繼續貫徹第一修正案的精神。有一些大法官認為保護得有些過火了。例如在焚燒國旗案，蘭奎斯特院長持不同意見說：「民主的最高目標當然是要懲忿窒欲，特別是制裁那些為害大眾的行為，無論是謀殺、侵佔公款、環境汙染或焚燒國旗。」

社會對於新聞自由的支持

言論自由不能只依賴法院或法院的保障，它還需要大眾的支持，就此而論，第一修正案看起來還算健全。美國人常常會被政府及其「國家安全需要有祕密的政府」的荒謬主張所蠱惑。當媒體試圖要求總統為戰爭的問題負起辯解的義務時（就像麥迪遜對媒體所期望的），群眾通常會怪罪媒體。而另一方面，到了二十世紀末，美國人民比從前更能夠寬容不同的意見。辛辛那提州的陪審團雖然被羅伯．梅波索普（Robert Mapplethorpe）的同性戀照片嚇壞了，但是當美術館長因為展示這些照片而被起訴時，他們卻能裁定他無罪開釋。佛羅里達州羅德岱堡的陪審團，裁定被控猥褻罪的一個饒舌樂團「2 Live Crew」無罪。更重要的，人們不再要求修憲保護美國國旗。在最高法院第二次審理國旗案時，國會中的修憲提案早已消聲匿跡了。或許美國人逐漸同意何姆斯大法官所說的：「我們還是要提防對於那些不受歡迎的或充滿死亡威脅的言論的審查企圖。」

如果說，人們對於蘇利文案以後最高法院諸多支持第一修正案判決有所疑慮的話，那應該是擔心美國社會訴訟成癖罷。第一修正案的崇高和生命力，當它到了律師的手裡，或是當法官開始劃分出許可與禁止的言論時，可能會黯然失色。「五角大廈文件案」中便有這類情況。當尼克森政府訴請禁止媒體出版，而律師和法院接手處理時，群眾的目光焦點便轉向「第一修正案的意義」，而忘了五角大廈文件本身正說明著，搞垮越戰的不是別人，正是這個腐敗的政治過程。

代表紐約時報的畢克教授後來寫道：

法律最能保護我們安全的時候，就是當我們不需要它的時候。不被挑戰或界定的自由是最安全的。在這意義下，在一九七一年媒體與政府的這場戰役（五角大廈文件案）之前，媒體要自由得多。在一九七年六月十五日之前，我們經歷過一七九八年、經歷過內戰、兩次世界大戰，以及其他大小戰役，聯邦政府從未想過要透過事前限制去檢查報紙，無論是直接的或是經由訴訟的。咒語被破解了，而在某個意義下，自由也受損了。

「紐約時報公司訴蘇利文案」使媒體開始熱中於法律，特別是誹謗官司。在一九六四年以前，美國沒有哪一家報社聘任律師專門處理誹謗罪的，也沒有什麼出版法。即使偶而有誹謗訴訟，他們也不認為是什麼大不了的事。現在，美國各大報社、雜誌社和廣播電台都有他們的律師，而且都得為誹謗官司傷腦筋。這個主題越來越錯綜複雜，有層層的聯邦憲法疊在各州的誹謗法上。布瑞南大法官在蘇利文案建立的原則（政府官員只有在能證明「真正惡意」——已知或蓄意忽略的不實報導——的情況下，才能訴請損害賠償），甚至被拍成電影《惡意的缺席》（*Absence of Malice*）。

名譽和言論自由平衡的代價

現代誹謗訴訟之所以那麼複雜，完全是因為當時最高法院在蘇利文案中選擇兼顧名譽和言論自由這兩個利益問題。如果院方採取布雷克大法官的意見，認定第一修正案完全禁止誹謗訴訟，那麼法律會簡單一些。衝突利益的協調總是會很複雜的。這需要法官劃定很好的界限，需要律師去辯論，需要學院去反省。這些問題都是個負擔，但是美國人沒有理由會接受布雷克大法官的建議，放棄名譽問題的考量。賀伯特．威克斯勒早在一九六四年就看出這問題的複雜性，當他回信答覆雷斯特．馬可對於蘇利文案判決的疑慮時。他在信末說：「這是個很使人迷惑的問題，我希望我有時間找到滿意的解答。而如果我一輩子也找不到完全沒問題的解決方法，那也不是令人意外的事。」

誹謗官司的複雜，是那大幅擴張所有美國人的言論和出版自由的判決所必須付出的代價。如果沒有「紐約時報公司訴蘇利文案」，媒體就不知道能不能像現在這樣透視政府的權力和祕密，或是把政治真相呈現給大眾。該判決對於蘇利文案的直接背景，也就是南方的種族問題，產生了重要的影響。在蘇利文案中為紐約時報辯護的艾瑞克．安伯瑞，在最高法院判決的二十年後被問到，如果判決結果剛好相反，那麼會怎麼樣。他回答說：「答案是，哥倫比亞廣播公司就不會繼續製播關於南方的節目。」最後的受惠者不是媒體，而是民眾，他們可以聽取批評，表達他們的心聲。著名的憲法學者，維吉尼亞大學的霍華德教授（A. E. Dick Howard）談到蘇利文案時說：「我想不出有什麼案子比蘇利文案更能影響整個國家的觀念溝通的了。」

二十年後，參與該案的人似乎都很滿意這結果。為警察局長蘇利文辯護的羅蘭．內克曼自嘲說：「我那時候是為蒙哥馬利的廣告日報和阿拉巴馬新聞處理誹謗案的辯護律師，如果我要為誹謗官司的原告辯護，得經過他們的同意。他們現在還是我的客戶，而他們覺得我做過最好的事，是為他們輸掉這場官司！」威克斯勒認為，雖然對蘇利文案的判例不斷有各式各樣的抱怨或改革的方案，憲法的誹謗罪規定還是以最高法院在一九六四年的判決為基礎。他說：「我想蘇利文案的判決之所以能夠『雖千萬人吾往矣』，是因為它忠實地反映了傑佛遜和麥迪遜的理想。麥迪遜說過，公民才是批評者，而不是政府。這是多麼偉大的理念！而在短短的國家歷史裡，得以見到國會和執政黨接受這理念，對於那些關於釋憲的司法功能的人而言，又是多麼的欣慰啊！」

言論自由精神傳播到世界各地

蘇利文案和其他以第一修正案為基礎的判決所蘊含的言論自由的美國精神，也逐漸地傳播到世界各地。在與極權主義這個二十世紀的恐怖現象抗爭時，人們慢慢地瞭解到民主與言論和出版自由的密切關係。一位勇敢的中國記者劉賓雁，被他的極權政府所放逐，他在談到代議政府的本質時說道：「民主意味著選擇的權力，但如果缺乏資訊，那麼選擇也只不過是妄想罷了。」麥迪遜地下有知，應該也會同意他的話吧。

和美國相比，英國的媒體受到的限制要大得多。行之有年的「事先限制」辦法，使得英國媒體無法轉載前反間諜彼德．萊特（Peter Wright）的書，雖然這本書已經發行到全世界了。柴契爾政府「官方機密法案」（Official Secrets Act）所謂的「改革版」，甚至禁止任何卸任的情報人員撰文談論他們的工作，消音之徹底，遠超過史耐普案的要求（前情報人員在出書前必須申請當局的核准）。然而受到美國的影響，英國也逐漸要求開放政府的封閉體系。

第二次世界大戰後，許多歐洲國家加入「歐洲人權公約組織」（European Convention on Human Rights），特別強調言論自由的保障，並且由「歐洲委員會」和「歐洲人權法庭」執行，而該法庭在解釋公約時，或多或少反映了美國的自由精神。一九七九年，它裁定英國「禁止報紙報導有害鎮靜劑沙利竇邁的受害者」違反公約。英國法院說，該報導是藐視法庭，因為它可能影響損害賠償的判決。但是歐洲法庭說：「那些發生悲觀的受難家庭，會很想知道事實的真相。」在這判決後，英國也修正了他們藐視法庭罪的法律。

一九八六年，歐洲人權法庭審理了一宗令美國人鼓掌叫好的誹謗案。一九七五年一位奧地利的記者彼德．林根斯（Peter Michel Lingens）撰文批評當時奧地利總理布魯諾．克萊斯基（Bruno

Kreisky），說他是「下流的牆頭草」。克萊斯基提出告訴，奧地利法院裁定他可以獲得損害賠償。而歐洲法庭認定奧地利的訴訟程序違反歐洲人權公約，要求給予林根斯國家賠償。歐洲法庭說：「言論自由……是民主社會的基石，也是進步的源泉……它不只是適用於悅耳的、無傷大雅的或無所謂的『資訊』或『觀念』，也適用於那些侵犯性的和顛覆性的言論。這是多元主義和寬容的主張，沒有了多元主義，就不會有『民主社會』。」法庭繼續說：

> 新聞自由是大眾表達對於政治領袖的想法和態度的最佳管道。更廣泛地說，政治辯論的自由是民主社會的核心概念……而政治人物接受批評的限度，應該比個人要寬鬆得多。不可免的，政治人物應有所自覺，其言行必須接受記者和大眾的檢驗，他本身也應該表現更大的包容度。

歐洲法院的這席話，使我們想起布瑞南大法官的評論，政治人物應該是「具有堅毅的性格，能在惡劣的環境中愈挫愈勇」，也呼應了蘇利文案以及其他美國誹謗訴訟的判決。

歐洲或世界其他國家未必會像美國的言論自由理論一樣，保護那為社會所不容許的言論。或許是歐洲有過太多痛苦的回憶了。法國一位傑出的憲法學者侯傑·艾何哈（Roger Errera），他不認為其他國家能夠容忍像在美國伊利諾州史考基郡的納粹黨遊行這樣「極端的政治語言」。他認為美國人有一種歐洲人不能有的性格——「無可救藥的社會和歷史樂觀主義」。

艾何哈是對的；美國人現在是樂觀主義的。麥迪遜一定是樂觀主義的，因為他相信只要人民「擁有自由檢查公器」的權利，民主就會在這新的聯邦政府中誕生。馬丁．路德．金恩也一定是樂觀主義的，因為他相信出於良知的言論，可以消弭種族歧視。而樂觀主義也是最高法院隱含的前提，當他們遵循著麥迪遜的理想去審理「紐約時報公司訴蘇利文案」的時候。

國家圖書館出版品預行編目資料

不得立法侵犯／安東尼・路易士 Anthony Lewis 著；蘇希亞 譯 --
初版. -- 臺北市：商周出版：家庭傳媒城邦分公司發行；1999
面： 公分（人與法律：1）
譯自：Make No Law: the Sullivan Case and the first Amendment
ISBN 957-667-264-3（平裝）
1. 妨害名譽罪 2.新聞自由 3.新聞業－法律方面

585.431　　88000096

人與法律 1

不得立法侵犯

原著書名／Make No Law: The Sullivan Case and the First Amendment
作　　者／安東尼・路易士 Anthony Lewis
譯　　者／蘇希亞
責任編輯／林宏濤、陳玳妮
版　　權／林心紅

行銷業務／李衍逸、蘇魯屏
總 編 輯／楊如玉
總 經 理／彭之琬
法律顧問／台英國際商務法律事務所　羅明通律師
出　　版／商周出版
城邦文化事業股份有限公司
台北市中山區民生東路二段141號4樓
電話：(02) 2500-7008 傳眞：(02) 2500-7759
E-mail：bwp.service@cite.com.tw
發　　行／英屬蓋曼群島商家庭傳媒股份有限公司城邦分公司
台北市中山區民生東路二段141號2樓
書虫客服服務專線：02-25007718・02-25007719
24小時傳眞服務：02-25001990・02-25001991
服務時間：週一至週五09:30-12:00・13:30-17:00
郵撥帳號：19863813　戶名：書虫股份有限公司
讀者服務信箱 E-mail：service@readingclub.com.tw
歡迎光臨城邦讀書花園　網址：www.cite.com.tw

香港發行所／城邦（香港）出版集團有限公司
香港灣仔駱克道193號東超商業中心1樓
Email：hkcite@biznetvigator.com
電話：(852) 25086231　傳眞：(852) 25789337

馬新發行所／城邦(馬新)出版集團 Cité (M) Sdn. Bhd.
41, Jalan Radin Anum, Bandar Baru Sri Petaling,
57000 Kuala Lumpur, Malaysia
電話：(603) 90578822　傳眞：(603) 90576622

封面設計／李東記
排　　版／新鑫電腦排版工作室
印　　刷／韋懋印刷事業有限公司
總 經 銷／高見文化行銷股份有限公司 電話：(02) 26689005
傳眞：(02) 26689790　客服專線：0800-055-365

■1999年 2 月 1 日初版
2012年 9 月 27 日二版
定價 380元

Printed in Taiwan

ISBN 957-667-264-3

廣　告　回　函
北區郵政管理登記證
台北廣字第000791號
郵資已付，免貼郵票

104台北市民生東路二段141號2樓

英屬蓋曼群島商家庭傳媒股份有限公司　城邦分公司

請沿虛線對摺，謝謝！

書號：BJ0001X	書名：不得立法侵犯	編碼：

請於此處用膠水黏貼

讀者回函卡

謝謝您購買我們出版的書籍！請費心填寫此回函卡，我們將不定期寄上城邦集團最新的出版訊息。

姓名：________________

性別：□男　□女

生日：西元＿＿＿＿年＿＿＿＿月＿＿＿＿日

地址：________________

聯絡電話：________________　傳真：________________

E-mail：________________

職業：□1.學生 □2.軍公教 □3.服務 □4.金融 □5.製造 □6.資訊
□7.傳播 □8.自由業 □9.農漁牧 □10.家管 □11.退休
□12.其他________________

您從何種方式得知本書消息?

□1.書店□2.網路□3.報紙□4.雜誌□5.廣播 □6.電視 □7.親友推薦
□8.其他________________

您通常以何種方式購書?

□1.書店□2.網路□3.傳真訂購□4.郵局劃撥 □5.其他________

您喜歡閱讀哪些類別的書籍?

□1.財經商業□2.自然科學 □3.歷史□4.法律□5.文學□6.休閒旅遊
□7.小說□8.人物傳記□9.生活、勵志□10.其他________

對我們的建議：

____

____

____

____

請於此處用膠水黏貼